BASTEI
LÜBBE

Von Peter Lauster ist bei Bastei Lübbe Taschenbücher lieferbar:

66377 Stark sein in Beziehungskrisen

Über den Autor:

Peter Lauster studierte Psychologie, Anthropologie und Kunst. Seit 1971 ist er in Köln freiberuflich mit eigener Praxis als Berater und Psychotherapeut tätig. Bekannt wurde er 1980 mit dem Bestseller »Die Liebe«. Seine Sachbücher erreichten bisher eine deutschsprachige Auflage von über vier Millionen Exemplaren und wurden in zwanzig Sprachen übersetzt.

PETER LAUSTER

Lebe leicht und frei

... UND NIEMAND KANN DICH AUFHALTEN

BASTEI LÜBBE

BASTEI LÜBBE TASCHENBUCH
Band 66379

1. Auflage: Juli 2001
2. Auflage: Januar 2004

Vollständige Taschenbuchausgabe
der im Gustav Lübbe Verlag erschienenen Hardcoverausgabe

Bastei Lübbe Taschenbücher und Gustav Lübbe Verlag
sind Imprints der Verlagsgruppe Lübbe

Einbandgestaltung: DYADEsign, Düsseldorf
Satz: Druck & Grafik Siebel, Lindlar
Druck und Verarbeitung: GGP Media, Pößneck
ISBN 3-404-66379-9

»Die meisten Menschen

machen das Glück zur Bedingung.

Aber das Glück findet sich nur ein,

wenn man keine Bedingungen stellt.«

Arthur Rubinstein

INHALT

VORWORT

Dieses Buch ist das Ergebnis aus vielen angeregten Diskussionen mit Klienten sowie mit Freunden und Bekannten.

Es ist gewiss nicht einfach – und dessen bin ich mir bewusst –, das Thema des vorliegenden Buches interessierten Lesern ans Herz zu legen. Da ist zuallererst einmal der Titel. »Lebe leicht und frei« – das bedeutet eine Provokation gegen unser traditionelles Denken. Aber dennoch – und vielleicht gerade deshalb: Es besteht eine große Sehnsucht danach, sein Leben so auszurichten, wie es der Titel aussagt. Das habe ich während unzähliger Beratungsstunden in den zurückliegenden drei Jahrzehnten in meiner Praxis erlebt. Auch Freunde und Bekannte kamen immer wieder auf dieses Thema zurück, wobei sich die Quintessenz in der Aussage widerspiegelte: »Die Menschen wollen loslassen und frei werden.« Nicht nur aus diesem Grunde hoffe ich, dass die nachfolgende Lektüre Balsam für Ihren Körper und Ihre Seele sein wird.

Ich greife in meinen Ausführungen, und zwar sehr bewusst, häufig die traditionellen Werte und Denkweisen an. Das könnte zwar vordergründig als »destruktiv«

empfunden werden, doch wenn Sie bereit sind, sich meditativ auf diese Lektüre einzulassen, werden Sie vor allem eines erkennen: Im Loslassen liegt nichts Destruktives, sondern darin ist das Geheimnis für die Heilung verborgen. Somit werde ich in diesem Buch das Falsche attackieren, damit das Richtige zum Vorschein kommt, denn erst dann kann das Konstruktive für Seele und Geist sichtbar werden. Gerade das Alte und Verkrustete der Konditionierungen muss aufgelöst werden, damit Heilung geschehen kann. Das erzeugt erst einmal innere Widerstände.

Es ist meist sehr schmerzlich, falsche Illusionen aufzugeben. Aber nur dadurch werden wir wach für die Gegenwart des Lebendigseins und der Liebe.

Peter Lauster

Köln, im Januar 1999

EINLEITUNG

Das antike Wort Balsam (aus der hebräischen und griechischen Sprache stammend) weist auf ein Gemisch hin, das aus verschiedenen Harzen und ätherischen Ölen besteht und in der traditionellen Medizin als Linderungsmittel (Labsal) verwendet wird. Die Wirkung soll »balsamisch« sein, was nicht nur lindernd und heilend, sondern auch wohlriechend meint.

Ich möchte Ihnen mit diesem Buch Balsam für Körper und Seele geben. Die Wirkung soll den Geist mit Frische durchfluten, die seelischen Schmerzen lindern und heilend über die Seele auf den Körper einwirken.

Können Sprache, Wörter, Sätze Balsam sein? Ich werde versuchen, einen Heilungsprozess durch Sprache in Bewegung zu setzen. Dabei geht es nicht um eine neue Heilslehre, und das hat auch nichts mit religiösem Sektengebaren zu tun. Ich bin weder kirchlich gebunden, noch verfolge ich politische Absichten, denn ich bin in keiner Religionsgemeinschaft und in keiner Partei. Ich hege auch nicht sonstige weltanschauliche Absichten, werbe weder für esoterische Standpunkte noch vertrete ich eine akademische Vereinigung. Ich werde von keiner Kirche, von keiner Partei, von keiner Universität oder einem Verein gesponsert oder unterstützt. Ich bin auch nicht abhängig von irgendeinem Arbeitgeber in der Wirtschaft, wie es mitunter Journalisten von Zeitschriften und Magazinen sind, die beispielsweise mit ihren Artikeln und Beiträgen auf das Umfeld ihres jeweiligen Pressemediums (nebst den dazugehörigen Anzeigenteilen), das durch Werbeeinnahmen finanziert wird, zu achten haben.

Ich halte auch keine Vorträge bei Veranstaltungen, die mit Eintrittsgeldern finanziert werden müssen. Ich muss keine Starqualitäten haben, um Menschen in einen Saal zu locken, die bereit sind, für ihr Idol Eintrittsgeld zu bezahlen. Ich muss also keine Säle, gar Hallen füllen, damit ein Veranstalter auf seine Kosten kommt.

Ich habe das Glück, Ihnen ein Buch vorlegen zu können, das weder durch Werbeeinnahmen noch durch den Einfluss irgendwelcher Unternehmer, die Werbung schalten sollen, beeinflusst werden kann.

Das gute alte Gutenbergsche Medium Buch ist heute das Medium, das am wenigsten korrumpiert ist. Als Autor muß ich lediglich die Hürde nehmen, meinen Verlag davon zu überzeugen, warum »mein« Thema Leser interessieren könnte, damit der wiederum seine Investitionskosten hereinholt und über den Ladenpreis einen Gewinn erwirtschaftet. Je mehr Leserinnen und Leser sich für ein Buchthema interessieren, um so besser ist das demnach für den Verlag – und natürlich auch für den Autor. Das ist ein klares und legitimes Produktmanagement, völlig unbeeinflusst von der Geldmacht der Werbeindustrie.

Warum hole ich so weit aus, was will ich Ihnen damit sagen?

Ich werde als Autor keiner Religion, keinem Pressemedium, keiner Partei, keiner Aktiengesellschaft nach dem Mund reden. Sie können also davon ausgehen, dass das, was Sie im Folgenden lesen, völlig unbeeinflusst von jedweden Interessengruppen entstanden ist. Es geht ausschließlich um ein Thema: Heilung für Körper und Seele.

Zwar bin ich seit 28 Jahren als Autor tätig, habe mich aber in der Presse nicht als Autorität etabliert. Deshalb geht es – und darauf möchte ich ausdrücklich verweisen – bei dieser Lektüre nicht um mich als Person, sondern nur um die Erkenntnisse, die ich, so hoffe ich, verständlich vermitteln kann. Sie können sie prüfen – und sie dann ablehnen oder ihnen zustimmen. Auf jeden Fall werden Sie nicht manipuliert. Wenn Sie das Geschriebene ablehnen, dann ist das völlig in Ordnung, denn seelische Heilung ist nur möglich, wenn sie frei für sich selbst wirkt, losgelöst von allen Dogmen und Systemen (also autoritätsfrei).

Ich werde in diesem Buch viele Illusionen in Frage stellen, aber nicht aus irgendeiner Interessenposition heraus. Somit erhalten Sie die Chance, sich mit sich selbst zu befassen. Als Autor will ich lediglich etwas vermitteln, will ich etwas anstoßen; dagegen möchte ich Sie nicht überzeugen oder belehren, denn es geht nicht darum, ob ich in einem, mehreren oder allen Punkten Recht habe. Wenn wir gemeinsam nachdenken und prüfen, leidenschaftlich fragen und forschen, dann werden wir feststellen, merken, fühlen, eventuell auch nur erahnen, was unwahr sein könnte. Somit ist es das Ziel, die Wahrheit, die jeder in sich trägt, zu erkennen – und dazu benötigt man weder Reklame noch Public Relations oder sonstige Propaganda.

ERSTES KAPITEL

WIR DOMESTIZIEREN, ANSTATT ZU ERZIEHEN

Kinder in diese Welt hineinzubegleiten, ihnen beim Heranwachsen zu helfen, das ist mitunter ein schwieriges Unterfangen. Das wissen alle Eltern, die das versuchen bzw. versucht haben. Nicht selten ist Erziehung mit einem Scheitern verbunden. Das spüren Eltern durchaus, aber da das betreffende Thema ein Tabuthema ist, wird darüber nur äußerst selten gesprochen. Das wiederum fühlen auch die Kinder, die spätestens in der Pubertät gegen die Eltern rebellieren und das genaue Gegenteil dessen leben wollen, was ihnen anerzogen worden ist. Protest ist angesagt. Für Eltern ist es mitunter grausam und erschütternd, wenn sich ihre Kinder gegen sie stellen und sich als »undankbar« erweisen. In meiner Praxis erlebe ich viele verzweifelte Eltern, die den seelischgeistigen Kontakt zu ihrem Kind verloren haben und sich (und mich) fragen: »Wie konnte das nur geschehen?«

Heute wird in den Großstädten etwa jede zweite Ehe geschieden, wobei, falls gemeinsame Kinder vorhanden sind, das Sorgerecht meist der Frau zugesprochen wird. Daraus ergibt sich folgende Konsequenz: Die Väter erhalten bestimmte Besuchszeiten, wodurch das Kind den oft lieblosen Umgang, den beide Partner dann miteinander »pflegen«, bewusst miterlebt. Wie zuvor in der Trennungsphase wird das Kind nun Zeuge, wie Vater und Mutter gegeneinander intrigieren – die Mutter gegen den Vater, der Vater gegen die Mutter – und »ihr« Kind in dieses Intrigenspiel mit einbeziehen. So etwas ist gewiss keine angenehme Erfahrung, und jedes Kind zieht, ausgerichtet an den jeweiligen Umständen, seine eigenen Schlussfolgerungen daraus.

Wenn rund 50 Prozent der Ehen (bezogen auf Großstädte) geschieden werden, bleiben demnach auch etwa 50 Prozent der Ehepartner zusammen. Das heißt aber nicht, dass diese Ehen alle in Ordnung sind. In vielen Fällen sind Vater und Mutter zwar nicht geschieden, aber sie bleiben nicht zusammen, weil sie sich lieben, sondern weil wirtschaftliche oder berufliche Gründe oder auch gesellschaftliche Zwänge es klüger erscheinen lassen, die Ehe fortzuführen. Hier erleben die Kinder dann häufig, dass der Vater eine Geliebte hat und die Mutter darunter leidet oder dass die Mutter fremdgeht und der Vater damit nicht klarkommt. Oder sie erleben einen Vater, der die innere Kündigung von der Ehe vollzogen hat und sich mehr und mehr seinen Hobbys zuwendet. Dann ist der Vater zwar vorhanden, aber nie präsent. Ein Elfjähriger sagte mir vor einiger Zeit: »Mama und Papa machen nie etwas gemeinsam, auch nicht mit mir.«

So wird oft eine Familiengemeinschaft erlebt, die nicht von der Liebe zwischen Mann und Frau getragen ist. Was soll das Kind davon halten? Was denkt es sich im Stillen dabei? Welche Schlussfolgerungen zieht es daraus für sich selbst und seine Zukunft? Wie sieht es die Mutter, die sich um seinen Alltag kümmert, und wie den Vater, der kaum da ist, aber als Autoritätsperson anerkannt werden möchte?

Dem Kind (dem / der Jugendlichen) fehlen in solchen Fällen die Möglichkeiten, sich Gehör zu verschaffen. Die Erwachsenen sind stärker, denn sie sitzen am Schalthebel der finanziellen Macht.

Mit sechs Jahren beginnt die Schulpflicht. Dann ist das Kind der sozialen Gemeinschaft in der Schule ausgesetzt und soll die Leistungsanforderungen der Lehrer und des Lehrplans erfüllen. Trifft das Kind dann auf verständnisvolle Lehrer, denen es seine Ängste und Irritationen erzählen kann? Natürlich nicht. Es ist der sozialen Struktur seiner Schulklasse ausgeliefert und muss damit zurechtkommen, welche Kinder aus welcher sozialen Schicht hier gerade zufällig aufeinander treffen. Das ist eine ungeheure Herausforderung für einen noch jungen und plastischen Menschen, der mit viel Hoffnung auf Lebensglück und Entfaltung seiner Möglichkeiten in ein Leben tritt, das sich erstmals mit Pflichten auseinander setzen muss. Es wäre eine große menschliche Herausforderung für einen Lehrer, diesen jungen, erwartungsvollen Schülern mit Freude und Menschlichkeit seine Begleitung anzubieten, denn das könnte erfüllend für ihn sein. Wir wollen uns aber nichts vormachen: Das ist in der Realität nicht so. Die Lehrer sind überfordert: Sie haben ihren Lehrstoff zu vermitteln, dabei die Klasse im Zaum zu halten – somit haben sie auch in der Regel nicht die Kraft, jeden Schüler anzuhören und zu verstehen.

Jeder Lehrer hat wie jede Lehrerin eine eigene Ehe zu bewältigen und dabei nicht selten den eigenen Kummer und das Leid der verlorenen Liebe und Hoffnung zu verarbeiten. Es bleiben dann keine Energie und keine Kraft mehr übrig, sich der seelischen Probleme eines Schülers bzw. einer Schülerin anzunehmen. In einer menschlichen Gemeinschaft, in der jeder seine individuellen Probleme hat, die seine Kraft absorbieren, kann kaum einer noch genügend Energie aufbringen, sich um das Leid bzw. die Sorgen eines anderen zu kümmern. So ist denn beispielsweise jeder Lehrer froh, wenn er seinen Lehrplan »durchgezogen« bekommt und er sich nicht mit irgendwelchen Intrigen auseinander setzen muß, die ihn von Seiten der Eltern oder der Kollegen oder der Schulleitung bedrängen. Das ist der reale Alltag. Jeder Lehrer, der das beschönigen oder nicht wahrhaben will, ob nun mit philosophischer, psychologischer oder sonstiger Argumentation, der redet an den Tatsachen vorbei. Der Mehrzahl geht es dabei nur peripher um das Wohl des Kindes, sondern vielmehr um den eigenen Job, um die Aufrechterhaltung ihrer Leistungsfähigkeit, was durchaus verständlich ist bei all dem Stress, den der Einzelne im privaten wie auch im Kollegenkreis hat – mit Intrigen und Machtkämpfen, mit Kritik und Gegenkritik, mit den Angriffen der Eltern und der Verteidigung der eigenen Position, mit dem Ringen um das eigene Selbstbewusstsein, der Findung der eigenen Stellung in dieser Welt, mit der Selbsterfahrung und der Sehnsucht nach sozialer Gerechtigkeit und nicht zuletzt mit dem Versuch, die normale Balance zu finden zwischen lieben und geliebt werden.

Die Thematik »autoritäre oder antiautoritäre Erziehung«, in den siebziger Jahren aktuell, hat sich mittlerweile definitiv erledigt. In der alltäglichen Schulpraxis interessiert das so gut wie keinen Lehrer. Dass die antiautoritäre Erziehung anscheinend »versagt«, ist beim näheren Betrachten des normalen staatlichen Schulalltags ja nachzuvollziehen, da hier Freiheit nicht realisierbar scheint. Das mögen irgendwelche privaten Internate ausprobieren. Aber Internate sehen sich gewiss nicht genötigt, »Experimente« in dieser Richtung durchzuführen, denn schließlich fordern – und bezahlen – die Eltern von den Lehrern Strenge und Regeln, während von den Schülern Anpassung, Leistung und Pflichterfüllung erwartet wird.

Vor allem aus diesen Gründen war antiautoritäre Erziehung nicht praktizierbar, und so blieb sie das, was sie, von wenigen Ausnahmen abgesehen, eigentlich schon immer war: ein theoretisches Modell für Diskussionen. Jenes Modell wurde nie von den Eltern wirklich gefordert und war schon deshalb zum Scheitern verurteilt. Andererseits haben auch die staatlichen Stellen, in diesem Fall die Kultusministerien, immerhin für Lehrpläne und -inhalte an den Schulen verantwortlich, das Modell »Antiautoritäre Erziehung« ernsthaft nie in Erwägung gezogen. Das Schulsystem kommt von »oben«, wird verordnet, wobei ein Protest von »unten«, also von den Eltern und den Kindern, so wichtig er manchmal wäre, nicht zu beobachten ist – natürlich schon gar nicht bei den Kindern, denn ihr Protest hätte nicht die geringste Chance, da hier die Macht der Artikulation fehlt. So äußert sich denn ihr Protest nicht selten in unsozialem Verhalten, ist mitunter gar an kriminellen Delikten festzumachen.

Wenn beispielsweise ein Schüler die Schule schwänzt und Drogen nimmt, dann ist das »sein« Protest. Das wird dann als »asoziales Verhalten« gebrandmarkt. Wenn einer, weil körperlich überlegen, andere Schüler terrorisiert und von ihnen eine Schutzgeldzahlung von 10 Mark pro Tag erpresst, ist er kriminalisiert. Das geschieht derzeit an vielen Schulen. Glücklicherweise sind einige dieser Erpressungen gegen Mitschüler ans Licht gekommen, doch wird das wohl die berühmte Spitze des Eisbergs sein, denn solche Erpressungen gegen Mitschüler werden an vielen Schulen stattfinden, ohne je bekannt zu werden. Bei all dem vergisst man allzu schnell die Opfer dieser kriminellen Delikte, denn die Brutalität, die sich in solch einem Vorgehen offenbart, bringt die betroffenen Kinder in schreckliche Angstqualen. Sie beleuchten übrigens kein neues Phänomen, denn das hat schon Hermann Hesse in seinem Jugendroman »Demian« beschrieben. So ist Angst und Schrecken vor unseren Mitmenschen vielerorts der Alltag, in den ein junger Mensch hineinwächst.

Ein Vater schilderte mir vor einiger Zeit Folgendes: »Ich bin seit zehn Jahren geschieden. Meine Tochter wurde von meiner früheren Frau erzogen. Jetzt ist sie 19 Jahre alt. Sie hat immer Schulprobleme gehabt und hat nach Abschluss der Hauptschule auch jede Lehre hingeschmissen. Seit zwei Jahren lebt sie in einem eigenen Appartement. Meine Tochter kann ihr Leben nicht finanzieren. Sie hat mich jetzt erpresst: Sie drohte mir, dass sie mich anzeigen würde, weil ich sie, als sie 14 Jahre alt war, sexuell missbraucht hätte – was natürlich gelogen ist! Wenn ich ihr jetzt sofort 5000 Mark geben würde, damit sie ihre Schulden bezahlen könne, würde sie diese Anzeige nicht machen ... Meine eigene Tochter erpresst mich! Ich finde das ungeheuerlich. Ich habe Angst, dass sie mit dieser Lüge bei Gericht sogar Erfolg haben könnte. Also habe ich ihr das Geld gegeben. Aber jetzt habe ich das Gefühl, als hätte ich damit eine Schuld eingestanden, die ich gar nicht auf mich geladen habe.«

Unsere eigenen Kinder richten sich gegen uns. Was haben wir falsch gemacht? Da bleibt die Diskussion um »antiautoritäre« und »autoritäre« Erziehung wirklich links liegen. Es geht wohl um etwas ganz anderes. Aber was ist das andere? Wer hat hier versagt? Wird das alles noch viel schlimmer? Wirft die zitierte Geschichte nur Licht auf ein Einzelschicksal? Oder ist das ein generelles Problem, das uns alle angeht? Ich meine, das betrifft uns alle, ob wir nun Kinder haben oder nicht.

DIE SCHULE LEHRT NICHTS ÜBER DAS LEBEN

Unser Schulsystem hat den Auftrag, Wissen zu vermitteln, und zwar über Sprachen, über Physik, Mathematik und Geographie, über Chemie, Biologie und so weiter. Die Schule bereitet meist schlecht, mitunter vielleicht auch recht auf das Berufsleben vor, auf die Informationen, die man benötigt, um sich zum Beispiel auf das Abitur vorzubereiten und die Hochschulreife zu erlangen. Geschult werden das Gedächtnis, die Konzentrationsfähigkeit und das logische Denken im sprachlichen wie im rechnerischen Bereich. Es wird also die formale Intelligenzstruktur trainiert, die in Intelligenztests mit dem so genannten IQ (Intelligenzquotient) gemessen werden kann.

Immer wieder hört man den Spruch: »Wir lernen nicht für die Schule, sondern für das Leben.« Ja, auf das spätere Berufsleben wird vorbereitet, und zwar wird der Schüler mit einem Grundwissen ausgestattet, das man auch Bildung nennen kann. So unzureichend dieses Wissen auch mitunter sein mag, so hat es doch seine Bedeutung als Basis für die berufliche Weiterbildung oder die Spezialisierung für ein Studiengebiet. Wir lernen aber nichts »für das Leben«, denn der spätere Beruf ist nur ein Teil unseres menschlichen Lebens.

Die 24 Stunden eines Tages bestehen, grob gedrittelt, aus 8 Stunden Arbeit, 8 Stunden Freizeit (Privatleben) und 8 Stunden Schlaf. Da die Woche aus 7 Tagen besteht und da samstags und sonntags in der Regel nicht gearbeitet wird, kommen im Jahr 52 Wochenenden mit jeweils 32 Stunden »privater Zeit« hinzu. Dazu gesellen sich noch circa 20 bis 36 Tage Urlaub im Jahr, also ebenfalls private Zeit – Lebenszeit. Hier könnte das eigentliche Leben stattfinden, doch für diese vielen Stunden unseres Menschseins lernen wir in der Schule nichts. Dabei besteht das Leben eines Menschen aus zwei elementaren Säulen: der beruflichen Säule, die dazu dient, für den Lebensunterhalt zu sorgen, und der privaten Säule, die dazu dient, sich als Person zu entfalten, wobei sich letztere Säule aufteilt in Partnerschaft (Eheleben, Sexualität, Geselligkeit usw.) und Freizeitaktivitäten (Hobbys, Kultur, Reisen, Sport usw.). Wie gesagt: Für die Gestaltung jener privaten Säule erfahren wir in der Schule so gut wie nichts, denn es gibt beispielsweise kein Unterrichtsfach Psychologie zu den Themen Liebe und Sexualität, Sozialpsychologie, Selbstentfaltung, Partnerschaft, Menschenkenntnis und Kreativität. In diesem Bereich entlässt man uns ohne Grundausbildung, ohne Informationen, ohne Kenntnisse über Mitmenschen, über uns selbst und über das Leben.

Staat und Gesellschaft gehen davon aus, dass dieses Wissen von den Eltern an ihre Kinder vermittelt werden sollte und müsste. Was sollen uns die Eltern aber lehren, wenn sie selbst nichts gelehrt bekommen haben? Was sollen sie weitergeben? Staat und Gesellschaft stehen auf dem Standpunkt, dass dies nicht von oben, also von amtlichen Stellen, verordnet werden sollte, sondern in den Privatbereich falle. Das klingt tolerant, einleuchtend und verständlich. Wohl die wenigsten wünschen sich, dass sich der Staat - vertreten durch die Schule - mit der Entwicklung zum Menschsein befassen soll, denn was staatliche Manipulation anrichten kann, zeigt ein Blick auf die jüngere deutsche Geschichte. Manipulation? Um Gottes willen nein! Liberalität ist in diesem Fall angebracht. Somit wird ein positives Licht auf diese Position geworfen.

Ich nehme jedoch eine ganz andere Position ein und behaupte: Die staatlichen Stellen halten sich hier bewusst heraus und überlassen die Menschwerdung (Persönlichkeitsentwicklung) den Eltern, weil dann, wie man weiß, keine Entwicklung geschehen kann. Der Staat und auch die zweite Macht, die christliche Kirche, wollen kein Wissen über den Menschen vermitteln, schon gar nicht unter Einbeziehung der Psychologie oder der Psychotherapie. Jeder Einzelne soll sich selbst überlassen bleiben und soll von den Eltern manipuliert werden, die gleichfalls sich selbst überlassen wurden.

Basiswissen für den Beruf ja, weil die Wirtschaft den arbeitenden und gut funktionierenden Mitarbeiter in der Industrie und in Behörden und Verwaltungen braucht. Gewünscht wird der angepasste Mitarbeiter, der seine Kenntnisse gut funktionierend einsetzt und zur Verfügung stellt, denn dafür wird er ja schließlich entlohnt. Ob er eine harmonische Partnerschaft lebt und ein glücklicher, entspannter, zufriedener, gar reifer erwachsener Mensch wird, das bleibt seine Sache. Oberflächlich betrachtet, scheint es liberal und tolerant, wenn sich der Staat hier nicht einmischt, doch ich wiederhole: Der Staat zieht sich hier ganz bewusst zurück, und zwar mit der Absicht, dass die Menschen sich selbst überlassen bleiben, verbunden mit dem Wissen, dass dann die Anpassung am besten funktioniert. Es handelt sich hier also um bewusste Manipulation.

Ich gebrauche jetzt einen Vergleich, der, wie jeder Vergleich, irgendwo hinkt: Wenn eine Tauchschule einer Person, die noch nie mit einer entsprechenden Ausrüstung die Unterwasserwelt erkundet hat, einen Tauchanzug ausleiht (mit Sauerstoffgerät etc.) und sie lediglich mit den Worten entlässt: »So, nun tauche mal schön in den Korallenriffen und erlebe die wunderbare Welt unter Wasser«, handelt sie durchaus liberal, und manipuliert wird diese Person auch nicht. Wenn der betreffende Taucher aber nach seinem Ausflug in jene wunderbare Welt auf einmal leblos an der Wasseroberfläche treiben würde, wäre das Geschrei groß ob der groben Fahrlässigkeit und der unterlassenen Informationspflicht.

Aber ist es nicht genauso fahrlässig, wenn die Schule uns nur beruflich zu verwendendes Wissen vermittelt, aber nichts über Partnerschaft, Ehe und Liebe? Ist das Schulsystem dann nicht mitschuldig an dem ganzen seelischen Leid und Kummer, den jede Scheidung zwangsläufig mit sich bringt – und davon gibt es ja, siehe oben, mehr als genug. Deshalb fordere ich seit zwei Jahrzehnten in meinen Büchern, dass Psychologie Unterrichtsfach in allen Schulen werden sollte. Das aber wollen weder Politiker noch Unternehmer, schon gar nicht die Kirchen.

Eine Folge davon sind die steigenden Kosten im Gesundheitswesen. Von den Schulmedizinern wird bestätigt, dass über 50 Prozent aller Krankheiten psychosomatische Symptome aufweisen, also durch die Psyche auf den Körper übergehende Symptome haben. Die Ursache für über 50 Prozent der besagten Kosten ist demnach auf die Psyche zurückzuführen – und ist nicht körperlicher Natur. Davon profitiert die Pharmaindustrie. leben niedergelassene Ärzte und Apotheken, finanzieren Krankenkassen ihre Verwaltungsgebäude, davon profitieren auch Heilpraktiker und große Kurkliniken. Das alles gehört zu einem immer bedeutender werdenden Wirtschaftsbereich – dem Wirtschaftsbereich Gesundheitswesen. Wehe, an diesem Bereich wird gerüttelt!

Ein Beispiel. In Deutschland haben circa 15 Millionen Männer Potenzprobleme. Dank der Pharmaindustrie ist seit einiger Zeit Viagra auf dem Markt, jene Pille, welche (angeblich) das betreffende Problem löst und eine Therapie überflüssig macht. Nach dem Verständnis der Pharmaindustrie braucht der Mann nun nicht mehr zu lernen, mit sich ins Reine zu kommen und somit seine Sexualität, die ja zum großen Teil auch mit Liebe zu tun haben sollte, durch seine Persönlichkeitsentwicklung selbst zu regeln. In den USA jedenfalls steigen die Aktien der Firma Pfister immens – jenes Unternehmens, das Viagra produziert. Das wird wohl auch so bleiben, denn welches Interesse sollten Aktionäre daran haben, wenn Therapeuten natürliche Methoden einsetzen, um die Potenzprobleme der Männer zu lösen?

Die Naturwissenschaften Biologie, Chemie und Physik werden, vornehmlich in den Industrieländern, nahezu angebetet. Vor den Erkenntnissen dieser Fakultäten kapituliert die Politik. Die Geisteswissenschaften Psychologie und Philosophie werden dagegen meist arrogant belächelt und beiseite geschoben. Viagra ist ein Wirtschaftsfaktor mit handfesten Daten; schließlich ist solch eine Pille ein materiell kalkulierbarer Faktor. Eine Erkenntnis, die mit Liebe und Sexualität zu tun hat, ist dagegen diffus, weil philosophisch, und nicht materiell greifbar. Und doch schafft eine solche Erkenntnis mehr Energie, als Politik, Wirtschaft und Kirche zu denken wagen …

IST PUBERTÄT DER RICHTIGE PROTEST?

In der Pubertät, der Phase der Geschlechtsreifung, erlebt das Mädchen die erste Menstruation, entdeckt der Junge Erektion und Ejakulation. Das sind dramatische Veränderungen, die mit einer Beschleunigung des Wachstums einhergehen. In nur wenigen Jahren, zwischen dem 11. und 16. Lebensjahr, also innerhalb von nur 5 Jahren, geschieht aber nicht nur ein bloßes körperliches Wachstum, sondern es findet auch eine neue Positionierung innerhalb der sozialen Gemeinschaft statt. Die Zeit der Kindheit, in der man sich (vor allem zwischen sieben und zehn Jahren) intakt erlebt hat – man fühlte sich rund, klar, ganz, einheitlich und heil –, geht vorüber, und plötzlich fühlt man sich nicht mehr rund und ganz. Besonders die Teilung der Menschen in weibliche und männliche Wesen wird bewusst. Es geht jetzt darum, die eigene Rolle zu finden, als maskuliner bzw. als femininer Jugendlicher.

Hinzu kommt die Entscheidung über die weitere Ausbildung. Für den Hauptschüler stellt sich die Frage nach dem passenden Beruf und somit auch nach der Lehre, für den Realschüler und den Gymnasiasten mit der Mittleren Reife die Frage nach der Gestaltung der nahen Zukunft. Berufliche Ausbildung? Abitur? Vielleicht Studium? Wenn ja, welche Studienfächer? Diese Fragen stehen fordernd und für viele bedrohlich im Raum. Wie soll ich mich entscheiden? Kann sich ein Pubertierender bei solchen schwerwiegenden Fragen, deren Beantwortung im Unbekannten der Zukunft liegt, wirklich losgelöst entscheiden, also ohne Furcht und Sachzwang? Die Herausforderungen erscheinen ihm meist zu übermächtig und zu groß, und so sucht er Unterstützung von außen. Aber die meisten Eltern sind nicht in der Lage, wirklich zu raten, denn sie sind gefangen in ihren Eheproblemen und projizieren ihre eigenen Sehnsüchte, ihren Ehrgeiz, ihre Ängste, mitunter auch ihren Hass in solche Fragen und Probleme ihrer Kinder hinein.

Und die Lehrer? Oh Gott, diese Verantwortung! Ein Lehrer sagte mir einmal: »Da verweisen wir doch besser auf die Berufsberatung des Arbeitsamtes. Die führen psychologische Tests durch und geben Ausbildungsinformationen.«

Man kann sich natürlich wunderbar einer Verantwortung entziehen, indem man eine andere Behörde für zuständiger, weil »kompetenter«, erklärt. Letztlich ist also der Jugendliche allein derjenige, der »seine« Entscheidung treffen muß. Vor wenigen Jahren aus der intakten Kindheit herauskatapultiert und mit der Hormonumstellung konfrontiert, von Medien beeinflusst, die Tag für Tag Sichtweisen unterbreiten, die für ihn neu sind, durch das erste starke Liebesgefühl für eine(n) andere(n) Heranwachsende(n) verwirrt – in solch einer Situation des Aufgewühltseins soll der Jugendliche nun über seine weitere Ausbildung und über einen Beruf entscheiden, der für die nahe Zukunft ganzen Einsatz fordert sowie Durchstehvermögen und Selbstbehauptung. Jetzt bräuchte man Rat, jetzt wären liebevolle Anteilnahme und Gespräche notwendig und sinnvoll. Aber gerade jetzt bleibt das aus.

Oder man fühlt, dass man von seinem Vater oder seiner Mutter in eine Richtung gedrängt wird, die aufgezwungen scheint, und so wähnt man Manipulation und spürt die Unfreiheit, die daraus entsteht. Man wehrt sich dagegen, ist aber unglücklich darüber, sich wehren zu müssen und sich dadurch nicht mehr weiter offenbaren zu können. Die Einsamkeit ist groß. Keiner versteht einen. Man schreibt Tagebuch und vielleicht sogar Gedichte. Man malt Aquarelle auf Papier und sprüht Graffitis an die Wand, man schließt sich einer Band an und spielt dort Gitarre oder Piano oder Synthesizer. Es ist eine Zeit für Kreativität, weil die innere Spannung nach außen expressiv herausgelassen werden muss, in welcher Form auch immer – Hauptsache ausdrücken, herauslassen, Spannung ablassen. Das entlastet, befreit aber nicht von der Drohung der beruflichen Ausbildung und der Zukunft. Sie bleibt bestehen.

Parallel dazu ist die erste Liebe aufgetaucht. Nach einer Forsa-Umfrage gab es für 49 Prozent der Frauen im Leben »nichts Romantischeres als die erste Liebe«. Bei 46 Prozent der jungen Männer war die erste Liebe ja immerhin auch ihre erste sexuelle Erfahrung. Aber andererseits: Jeder dritte junge Mann kommt beim Verliebtsein übers »Händchenhalten« nicht hinaus. Dieses Händchenhalten besitzt eine emotionale Energie, die oft später nie mehr so intensiv erlebt wird.

Hier eine Aussage einer vierzigjährigen Frau im Gespräch: »Nichts war schöner, als das erstemal Hand in

Hand beim Eisessen zu sitzen. Ich habe das später nie mehr so intensiv erleben können, obwohl ich es versucht habe.« Das wurde und wird mir immer wieder von sehr vielen Menschen bestätigt, mit denen ich darüber gesprochen habe und spreche. Dem ersten Mal ist ein ganz besonderer Zauber, ein ganz besonderes Prickeln inne, etwas, das in dieser erlebten Kraft für viele nicht mehr wiederholbar ist.

Diese erlebte Erfahrung kommt also verwirrenderweise in jener Phase der Berufsfindung und Selbstfindung noch hinzu. Man wäre bereit, sich völlig diesem Gefühl auszuliefern und sich dem anderen Menschen hinzugeben, zu dem man – völlig unerwartet – solche Gefühle entwickelt, wenn nicht all diese Probleme gegenwärtig wären. Wer steht einem jetzt beratend zur Seite? Wer hat einen das Leben gelehrt? Niemand. Es gibt keinen, dem man vertraut.

Diejenigen, die sich jetzt als Ratgeber aufdrängen, nämlich Vater oder Mutter, denen misstraut man, denn sie zeigen durch ihr Beispiel (Scheidung oder Sprachlosigkeit oder Lieblosigkeit), dass sie nicht in der Lage sind, liebevoll mit ihrem Partner umzugehen (indem sie getrennt ihre eigenen Wege gehen). So steht man verlassen, ratlos und einsam in dieser Situation eines Gefühlsausbruchs, in dem Liebe, Erotik und Sexualität eine Einheit zu bilden scheinen, um dann morgen auseinander zu driften ... so steht man also verlassen vor einer Entscheidung über die eigene Verwirklichung im Leben, die als Beruf bezeichnet wird, womit man Geld verdienen soll, jenen so wichtigen Lebensunterhalt, der notwendig ist, um sich von den Eltern wirtschaftlich abzunabeln. Man fühlt sich verloren und hilflos.

Dann sind da noch die Medien. Die sind auf Knopfdruck parat. Eine Sechzehnjährige sagte zu mir vor kurzem: »Du schaltest das TV-Programm ein und betrachtest in den Talk-Shows, dass die anderen noch viel schlimmere Probleme haben, und du siehst einen Film, in dem sie sich ermorden oder betrügen und unabhängig davon in den Armen liegen und sich küssen. Das beruhigt mich dann. Oder einfach nur Spaß haben, Comedy, vergessen, so richtig ablachen, das entspannt mich. Aber es löst nicht meine Probleme. Ich bewundere die Stars, die sich ausleben können und prominent sind. Wenn sie sich neu verlieben, dann steht das in der Presse. Sie haben Aufmerksamkeit, sie werden beachtet. Ich aber, wenn ich mich verliebe, das gibt mir zwar einen emotionalen Kick, ich bleibe aber immer noch in meinem grauen Alltag. Keinen interessiert das. So sind das TV und die Zeitschriften für mich nur ein Herumzappen oder Rumblättern: Alles ist dort so spitze und super. Aber in Wirklichkeit ist nichts super. Ich bin, wenn ich ausschalte oder die Zeitung weglege, noch einsamer – so kommt es mir jedenfalls vor. Vielleicht bin ich selbst schuld. Aber was soll ich machen? Ich bin kein Model, ich bin kein Popstar, ich bin kein Talkshowgast, ich bin halt so, wie ich bin. Das interessiert niemanden, außer vielleicht meine Mutter, die meint, dass ich viel mehr aus mir machen könnte. Aber was kann ich machen? Deshalb fühle ich mich so verloren.«

Und weiter: »Mein Freund hat mich verlassen. Ich

war ihm wohl nicht erotisch oder interessant genug. Wie soll ich mich aber interessant machen, wenn nichts interessant ist oder vergleichbar mit dem, was in den Medien geschieht? So fühle ich mich als ein Nichts. Ich kann niemanden fragen.«

Ich antwortete ihr: »Du bist kein Nichts, denn du bist diejenige, die du bist. Das reicht, um sich wertvoll zu fühlen. ›Wer bin ich?‹ lautete die philosophische Frage der Griechen. ›Sei derjenige, der du bist, und sei stolz darauf‹, ist meine Antwort. Das aber widerspricht dem Zeitgeist. Es ist nur derjenige etwas, der viel leistet und konsumieren kann. Das Haben triumphiert über das Sein. Der Psychotherapeut Erich Fromm hat schon vor Jahrzehnten in seinem Buch ›Haben oder Sein‹ davor gewarnt. Aber er hat den Trend nicht aufhalten können.«

WERDE, DER DU BIST?

Ich möchte mich hier nicht mit den vielfältigen Typologien und Charakterologien großartig auseinander setzen, welchen der Einzelne, gleich einer Schublade, zugeordnet wird. Nur soviel dazu: In den letzten zehn Jahren ist das jahrhundertealte »Enneagramm« wieder recht populär geworden. Sein exakter Ursprung ist nicht bekannt. Der Spiritist G. J. Gurdjieff griff jenes Enneagramm in den zwanziger Jahren auf, und in den Sechzigern beschäftigten sich viele Bücher in den USA damit. Das sind die neun Enneagrammtypen in einer kurzen Beschreibung:

1. *Perfektionisten:* Sie sind gewissenhaft und haben Prinzipien und Ideale, denen sie nachleben.
2. *Helfer:* Sie sind fürsorglich und besorgt und nehmen die Bedürfnisse anderer wahr.
3. *Macher:* Sie sind optimistisch, selbstbewusst und suchen Aufgaben und Ziele.
4. *Romantiker:* Sie sind sensibel, gefühlvoll und einfühlsam.
5. *Denker:* Sie sind wissensdurstig, neugierig und analytisch.
6. *Loyale Skeptiker:* Sie sind verantwortungsvoll und loyal gegenüber der Familie, den Freunden oder einer Sache.
7. *Vielseitige:* Sie sind unternehmungslustig, optimistisch und lebhaft.
8. *Bosse:* Sie sind direkt, selbstbewusst und wollen andere beschützen, anleiten oder führen.
9. *Friedliebende:* Sie sind aufgeschlossen, gutmütig und hilfsbereit.

Hier handelt es sich, dessen bin ich mir bewusst, um eine sehr verkürzte Darstellung dieser neun Menschentypen. Es macht auch wenig Sinn, etwa darüber zu diskutieren, ob diese modische Typologie vollständig ist, und wie kompliziert es wird, wenn man die Mischformen mit einbezieht.

Wegen ihrer Popularität aber verwende ich diese Typologie, um mit ihr darzustellen, wie wir im Elternhaus und durch die Erziehung zu einem Typ gemacht werden und deshalb nie wissen, ob wir wirklich so sind oder ob wir nur zufällig zu einem bestimmten Typ konditioniert wurden.

- *Perfektionisten:* Im Elternhaus ist meist ein Elternteil sehr streng und legt großen Wert auf Prinzipien und hohe Ideale. Aus Angst vor Strafe werden diese Prinzipien und Ideale übernommen, um sich »lieb Kind« zu machen und somit emotionale Sicherheit zu erlangen.
- *Helfer:* Oft muss das Kind eine jüngere Schwester oder einen jüngeren Bruder beaufsichtigen – es wird ihm also früh Verantwortung für andere übertragen. Die Eltern sind ihm gegenüber meist fürsorglich und warmherzig.
- *Macher:* Im Elternhaus wird Aktivität nicht störend beurteilt, sondern gefördert. Die Eltern handeln nach dem Wahlspruch: »Es gibt nichts Gutes, außer man tut es.« So wird der Mut unterstützt, aktiv zu sein, und Abenteuer werden nicht ängstlich gemieden, sondern positiv gesehen.
- *Romantiker:* Die Eltern sind selbst sensibel, einfühlsam und oft musisch veranlagt – sie loben Sensibilität, anstatt sie zu verurteilen. So wird die Bahn frei zur Entwicklung der eigenen Sensibilität.
- *Denker:* Meist ist der Vater sehr rational, logischanalytisch orientiert und unterstützt die Neugier und den Wissensdurst bei seinen Kindern. Er lenkt ihre Aufmerksamkeit auf die Analyse und lobt jeden Ansatz in dieser Richtung.
- *Loyale Skeptiker:* Die Loyalität innerhalb der Familie und Freunden gegenüber wird von den Eltern beson-

ders geschätzt und meist auch vorgelebt. So erfährt das Kind, dass dieser Wert Anerkennung und Lob einbringt.

- *Vielseitige:* Die Eltern sind vielseitig und unternehmungslustig, wobei der Vater oft als Selbständiger arbeitet und mehrere Hobbys hat. In der Familie geht es lebhaft und abwechslungsreich zu. Es herrscht ein Klima der Aufgeschlossenheit und der vielfältigen Kommunikation.
- *Bosse:* Die Eltern unterstützen lobend die Selbständigkeit und Eigenverantwortlichkeit ihrer Kinder. Sie geben oft selbst ein Beispiel, indem die Mutter oder der Vater Elternsprecher(in) oder Vorsitzende(r) eines Vereins sind.
- *Friedliebende:* Sie erfahren im Elternhaus oft eine Atmosphäre von Harmonie und Aggressionsfreiheit. Konflikte werden entweder unter den Teppich gekehrt oder im Gespräch ausführlich besprochen, um gemeinsam eine Lösung zu finden.

Welcher Persönlichkeitstyp man wird, hat also nicht etwas mit Genen bzw. zwingenden Anlagen zu tun, sondern hängt davon ab, in welcher Familie man unter welchen Umständen seine Kindheit und Jugend verbringt und wie man sich damit arrangiert. Als Erwachsener glaubt man dann, man wäre jener oder dieser Typus – als wäre das geradezu von Geburt an so vorgezeichnet gewesen.

Aber nicht nur der Erziehungsstil im Elternhaus manipuliert das Kind so, als wäre es Wachs in den Händen der Eltern. Oft entstehen auch Protesthaltungen in der Pubertät, in denen sich die Persönlichkeitsstruktur des Jugendlichen nochmals überprüft und eventuell das Pendel in die Gegenrichtung schwingt. Die häufigsten Änderungen, die aus Protest in der Pubertät stattfinden, sind die folgenden:

- *Perfektionisten* lehnen Prinzipien und Ideale ab und entwickeln sich zu Romantikern oder Vielseitigen.
- *Helfer* halten warmherzige Verständnisbereitschaft für falsch und werden Denker oder Macher.
- *Macher* werden nachdenklich, poetisch oder künstlerisch tätig und werden Romantiker oder Friedliebende.
- *Romantiker* nehmen Abstand von der Einfühlsamkeit und werden analytische Denker.
- *Denker* verurteilen die Rationalität und werden Romantiker oder Perfektionisten.
- *Loyale Skeptiker* werden zu eigennützigen Denkern oder profitorientierten Bossen.
- *Vielseitige* entdecken plötzlich ein spezielles Interessengebiet und werden fanatische Perfektionisten.
- *Bosse* verlieren das Interesse am selbstbewussten Führen anderer und werden friedliebende Helfer.
- *Friedliebende* wollen nicht mehr gutmütig und ausgleichend sein, sondern suchen die kämpferische Konfrontation als Bosse oder Macher.

Nach der Pubertät nehmen die Pendelschwünge ab. Es gibt aber nicht nur diese eine Pubertät zwischen 11 und 16 Jahren, denn auch danach sind Pubertäten möglich, nur verwenden wir dann nicht den Fachbegriff Pubertät. Jede Lebenskrise bringt Pendelschwünge mit sich, beispielsweise berufliche Krisen, aber vor allem Ehe- und Partnerschaftskrisen. Aus einem Saulus kann ein Paulus werden (natürlich auch umgekehrt), und aus einem Menschen, der das Leben liebt, ein Lebens- und Menschenhasser.

So sind wir also niemals in eine Typologie einzuzwängen. Wir halten uns vielleicht einige Jahre darin auf, um dann aber zu wechseln und ein anderer zu werden oder werden zu wollen. Schließlich sind wir nicht auf dieser Welt, um uns in einem Menschentyp häuslich einzurichten, wie das natürlich viele tun (die meisten ihr Leben lang), sondern wir sind ständigen Herausforderungen ausgesetzt, die uns wieder aufbrechen und offen dafür machen, unser Verhalten infrage zu stellen, um uns neu zu orientieren und andere Seiten unserer Möglichkeiten auszuprobieren. Es ist langweilig, ein Leben lang ein Perfektionist oder ein Macher oder ein Helfer oder ein Denker zu sein.

Ist es falsch, sich in der Pubertät für eine Typologie zu entscheiden? Gerade in der Pubertät haben wir nicht den Abstand, denn wir wollen ja wissen, wer wir sind und wohin wir gehen: Werde, der du bist. Es ist so simpel zu denken, ich müsste werden, der ich bin. Als wäre das schicksalhaft vorbestimmt, als müsste man sich in diese Vorgabe hineinbegeben, um ein glücklicher und zufriedener Mensch zu werden.

Auch aller Protest in der Pubertät ist ja nur der verzweifelte Versuch, eine eigene Identität zu finden – und sei sie nur das Gegenteil dessen, was vom Elternhaus in der Kindheit gelehrt und mit Lob und Tadeln konditioniert wurde. Wie kann man denn nun endgültig der Manipulation, der Konditionierung entkommen? Oder ist das unmöglich? Wenn es unmöglich wäre, dann gäbe es für uns keine Freiheit und dann wäre die Liebe begrenzt.

Ich habe nicht vor, jene Typologisierung, wie oben beschrieben, als eine Methode, andere Menschen zu beurteilen und zuzuordnen, in Bausch und Bogen vom Tisch zu wischen. Wir versuchen uns selbst und die Mitmenschen zu verstehen, und eine Typologie erleichtert sicherlich dieses Verständnis. So ist die Popularität des Enneagramms zu verstehen, das einem alten Menschheitsbedürfnis entspricht. Aber das reicht eben nicht aus, um uns selbst und die Mitmenschen wirklich zu verstehen. So stehen wir immer wieder fassungslos vor dem Verhalten unserer Mitmenschen, die wir typisiert zu haben glaubten und die plötzlich völlig »typenwidrig« etwas tun, das wir so nicht erwarten konnten. Dagegen verspüren wir selbst den Kitzel, aus unserer Typisierung auszubrechen und etwas zu tun, von dem wir nicht erwartet hätten, es jemals in Erwägung zu ziehen.

Deshalb ist unser Leben ein ständiges Rütteln an unseren Konditionierungen und ein täglicher Aufbruch zum Ausbruch aus allen Konventionen. Manchmal fühlen wir uns wie gelähmt, scheint es aus einer Situation keinen Ausweg zu geben. Dann träumen wir voller Sehnsucht von einem Ausbruch. In kurzen Momenten fühlen wir auch den Spalt ein wenig geöffnet, sehen wir eine Chance, um unsere Typologie aufzubrechen. Dann aber werden wir angefeindet, und zwar meist von jenen

Menschen, mit denen wir häufig in Kontakt stehen: »Bist du jetzt verrückt geworden? Du musst doch wissen, wer du bist und was du willst! Bist du ein Fähnchen im Wind? Gehe den Weg, den du eingeschlagen hast, konsequent weiter. Du musst doch in deinem Alter wissen, was du willst.«

Und dann kommt der Tag – glücklicherweise für mich und unglücklicherweise für meine nächsten Mitmenschen –, an dem ich nicht mehr weiß, ob ich Denker oder Perfektionist, loyaler Skeptiker oder Vielseitiger, Boss oder Friedliebender bin. Wer bin ich?

Das ist das wunderbare an solch einem Tag, wenn ich das alles infrage stelle, denn dann bin ich in dieser Krise herausgefordert, mich meinen Problemen neu zu stellen. Dann ist die Psyche da, mit Angst und Ehrgeiz, mit Eifersucht, Liebe und Neid, mit Hoffnung und Skepsis, dann brechen alle Typologien und Zäune in sich zusammen, dann fühle ich mich vielleicht gefährdet, und manche werden dann auch psychosomatisch krank: Das Herz beginnt zu stolpern, ja zu rasen, die Verdauung ist gestört (Durchfall bzw. Verstopfung), ebenso der Schlaf (Einschlafschwierigkeiten sowie ständiges Aufwachen), die Erektionsfähigkeit klappt nicht mehr, plötzlich habe ich Schweißausbrüche in der Nacht wie am Tag, ich spüre Nierenziehen, habe überfallartige Angstzustände (Panikattacken), Konzentrationsschwierigkeiten und Allergien aller Art, Asthma, Hautausschläge. Wir gehen zum Arzt – und der kennt das alles, diagnostiziert, kann meist nichts Somatisches finden, verordnet uns aber Medikamente (mit Nebenwirkungen).

Der Arzt macht das, was er in diesem kassenärztlichen Wirtschaftssystem nur darf bzw. kann: Diagnosen stellen, Medikamente verschreiben und schließlich Rechnungen stellen. Da die Probleme und Konflikte zunehmen, nehmen die Patienten zu, und alles scheint in Ordnung. Der Gesundheitsminister kürzt dann die Kosten für die Erstattung von Rezepten, denn das Kassensystem ist kurz vor dem Zusammenbruch.

Das alles habe ich vor rund zwei Jahrzehnten prophezeit. Damals hat keiner auf mich gehört, und auch heute wird es nicht anders sein. Die Ärzte wollten seinerzeit nicht mit Psychologen und Psychotherapeuten zusammenarbeiten, wohl auch, weil sie einen Rückgang ihrer Umsätze befürchteten. Heute wollen sie es auch nicht, denn nahezu jede Praxis kämpft ums Überleben – und das nicht, weil die Patientenzahlen abnehmen, sondern die Praxen zunehmen. Einen Patienten abzugeben zieht unweigerlich einen weiteren Umsatzverlust nach sich.

So sind wir von den Typologien auf die Konflikte, Ängste und auf die psychosomatischen Symptome gekommen. Banales Fazit: Hilf dir selbst, sonst kann dir keiner wirklich helfen – es sei denn, es geschieht aus reinem Eigeninteresse.

DIE KRIMINALITÄT NIMMT ZU

1997 begingen in Deutschland nach der Statistik 144 000 Kinder Straftaten. Das ist ein Anstieg von 10,1 Prozent im Vergleich zum Jahr 1996. Bis zum 14. Lebensjahr gelten Kinder als strafunmündig, weshalb sie nach ihrer Festnahme von der Polizei wieder ins Elternhaus entlassen werden. Es gibt heute nur noch geschlossene Heime für kriminell gewordene Kinder in Bayern und Baden-Württemberg. Heime für »schwer erziehbare Kinder« wurden in den meisten Bundesländern in den siebziger und achtziger Jahren abgeschafft, weil niemand mit einem solchen Anstieg kriminell werdender Kinder gerechnet hat.

Was ist geschehen, dass Kinder auf die Frage: »Hast du überhaupt kein Vertrauen in Erwachsene?« sehr oft antworten: »Nein.« Und auf die Frage: »Was sagen deine Eltern zu deinen Straftaten?« heißt es nicht selten: »Meine Mutter sagt gar nichts, mein Vater regt sich auf. Der soll mich bloß nicht dumm anlabern!«

Wie ist es möglich, dass der Glaube an Erwachsene, an Eltern, Lehrer und auch an normale Mitmenschen so zerfällt? Wie ist es möglich, dass Kinder von einer Autobahnbrücke Steine auf hindurchfahrende Autos werfen, dass auf Autos wahllos geschossen wird, dass parkende Autos mutwillig zerkratzt werden? Und vor allem: Warum nehmen diese Verhaltensweisen von Kindern zu?

Es wäre einfach, nur den Eltern dafür die Schuld in die Schuhe zu schieben und das soziale Milieu – das sicherlich eine Rolle spielt – hierfür verantwortlich zu machen, etwa dann, wenn beispielsweise der Vater arbeitslos und die Mutter Alkoholikerin ist. Ich kenne aufgrund meiner Beratungen viele Mittelschicht- und

Oberschichtfamilien (die zwar gut situiert leben, aber Eheschwierigkeiten haben), in denen sich die Kinder zwischen 12 und 14 Jahren und die strafmündigen Jugendlichen zwischen 15 und 18 Jahren kriminelle Akte gegenüber ihren Familien und Gleichaltrigen erlauben, die allerdings nach außen sehr gut vertuscht und von den Eltern finanziell reguliert werden.

Wenn in einer Ehe der Vater mit akademischem Beruf eine Geliebte hat und im Einfamilienhaus die Mutter in den Keller ausquartiert wird, sich aber nicht scheiden lässt, weil sie keinen Beruf hat, um ihren Lebensunterhalt selbst verdienen zu können, und deshalb an der Ehe festhält und vom siebzehnjährigen Sohn gesagt bekommt: »Halte du den Mund, du hast hier nichts mehr zu sagen«, dann ist das zwar kein krimineller Straftatbestand, aber für die Mutter eine immense Demütigung, die so sehr schmerzt, dass sie darüber psychosomatisch erkrankt. Nicht nur Schläge führen zu Körperverletzungen, sondern auch verbale Äußerungen.

Oft werden Lügen in die Welt gesetzt, die einem anderen schaden sollen, um ihn zu diskriminieren, vom Vater gegenüber der Mutter, von der Mutter gegenüber dem Vater, mitunter im Bunde mit den Kindern. Soll eine Ehefrau ihren Mann wegen Rufschädigung anzeigen, wenn der Vater dem Sohn im Vertrauen sagt: »Deine Mutter ist eine Nutte, sie hat mich hintenherum mit anderen Männern betrogen«, obwohl das nachweislich nicht stimmt, nur um den Sohn auf die eigene Seite zu ziehen und gegen die Mutter aufzuwiegeln? Welche Ehefrau erstattet dann Anzeige und benennt den minderjährigen Sohn als Zeugen, um eine Unterlassungsverpflichtung mit Geldstrafandrohung gerichtlich zu erwirken? Die meisten Mütter schämen sich, deswegen einen Anwalt zu konsultieren. Erst einmal muss dieser Schock verarbeitet werden, dass so etwas überhaupt geschieht, dass das Unmögliche – nachdem man 15 Jahre verheiratet ist und sich einmal geliebt hat – überhaupt möglich ist und einem tatsächlich widerfährt. Es ist verständlich, dass man dann den Rat bei einem Psychologen sucht und den Gang zum Anwalt zurückstellt, denn man will verstehen und nicht durch eine Klage weiteres Öl ins Feuer gießen.

So muß ich immer wieder (leider) feststellen, dass sehr viele Intrigen, Verletzungen und Bedrohungen geschehen, die niemals öffentlich bekannt werden. Auch das nimmt seit etwa zehn Jahren zu. Außerdem nehmen die Delikte zu, die sich direkt gegen das Leben des Ehepartners richten. Es werden Mordaufträge erteilt, es wird versucht, den Partner in eine Unfallfalle laufen zu lassen, damit er sein Leben lässt und die Lebensversicherungssumme kassiert werden kann, um endlich frei zu sein von der »Tortur der Partnerschaft« und um das Leben unter »neuen Voraussetzungen nochmals durchzustarten«.

Ich weiß davon, dass vor allem in Klein- und Mittelbetrieben der Inhaber von den Mitarbeitern mit vielen Tricks und kreativen Ideen betrogen wird. Es hat sich die Mentalität entwickelt: »Nimm dir, was du brauchst, und bediene dich, wo du nur kannst.« Die Intelligenz der Mitarbeiter geht dabei in Richtung cooler Schlauheit.

»Du musst pokern können«, sagte mir einmal ein Gesprächspartner, »um gut über die Runden zu kommen; das machen alle; der Dumme ist, der das nicht macht, denn Ehrlichkeit dauert am längsten.« Er meinte, das wäre ein Joke gewesen, über den ich lachen müsste. Das Lachen blieb mir jedoch im Hals stecken.

»Skrupel?«, fragte er mich irritiert.

»Oh, ja«, war meine Antwort. Er drehte sich abrupt um und zeigte mir so, dass er das Gespräch mit mir für beendet ansah. Dann wandte er sich, gut gelaunt, easy und happy, anderen Gesprächspartnern zu.

Eine Antwort von mir war gar nicht mehr gefragt. Ich rang nach Worten, und als ich sie endlich zusammengerafft ... hatte, brach der Nebentisch schon in Gelächter aus, und der »Pokerspieler« stand auf, um an der Theke neue Bekannte zu begrüßen. So schnelllebig ist unsere Zeit – und so schnell wechseln heute die Statements von einer Person zur nächsten.

»Du kannst nicht plötzlich so baff sein«, sagte mir ein Bekannter, der das alles beobachtet hatte, »und dann nach einer Überlegungsfrist deine Sätze sammeln. Du hättest sofort antworten müssen, um glaubwürdig zu sein.«

So schnell geht das mit der Glaubwürdigkeit. Man darf nicht einmal mehr eine Schrecksekunde einplanen. Ich antwortete deshalb: »Wir dürfen uns von schnell dahingeworfenen Argumenten nicht ins Bockshorn jagen lassen. Wir brauchen wirklich etwas Zeit, um das alles zu verstehen.«

Wir sind entsetzt und fragen uns, warum das alles möglich ist. Die Gründe dafür stürmen auf uns ein, und sie müssen erst alle geordnet werden. Was ist in den letzten Jahren geschehen, und wie ist es dazu gekommen? Kann man das überhaupt verstehen, und gilt heute noch der Satz: »Verstehen heißt, alles verzeihen.«? Wenn man nicht verzeihen kann, wie soll man dann handeln? Hinzu kommt, dass diese Gewalt gegen andere als Freiheit deklariert wird. Die Intriganten und Lügner, die Egoisten und Erpresser – sie nehmen sich die Freiheit, so zu reden und zu handeln. Ist das Freiheit oder ist das Frechheit, ist das Unverschämtheit oder einfach nur kriminell? Mein Fazit lautet: Es ist Aggression und Gewalt, Unterdrückung und Erpressung. Mit dem Wort »Freiheit« wird Schindluder getrieben, um all das zu beschönigen. Das Wort »Freiheit« wird korrumpiert und in den Schmutz gezogen – so wie das Wort »Liebe« seit über zwei Jahrzehnten von vielen Medien und Small talkern mit Schmutz beworfen wird. Die Erkenntnis daraus: Die Wörter »Freiheit« und »Liebe« müssen von dem ganzen Dreck und Intrigengespinst gereinigt werden, damit ein klares Denken und Argumentieren wieder möglich wird.

EMOTIONALE ERPRESSUNG

Sie haben sich vielleicht gewundert, warum ich so ausführlich auf die Pubertät und auf die Kinder- und Jugendkriminalität eingegangen bin. Vielleicht haben Sie sich im Stillen gefragt, was das mit der Thematik dieses Buches – *leicht und frei zu leben* – zu tun haben soll.

Mir ging es darum, den Ursprung aufzuzeigen, der für unsere Ausreifung als Persönlichkeit mit bestimmten Eigenschaften (Typologien) in Kindheit und Jugend gelegt wird. Ich wollte die Typologien infrage stellen, nicht nur das Enneagramm, obwohl jenes Festmachen einer Person mitunter ihre Bedeutung hat.

Die Kinderkriminalität nimmt zu. Das ist zwar beklagenswert, aber was hat das mit unserem Thema zu tun? Es hat damit zu tun, dass wir fast alle in der Kindheit mit Abhängigkeit, Anpassung, Macht und Ohnmacht konfrontiert werden. Hier handelt es sich um ein sehr subtiles Geflecht von gegenseitigen Abhängigkeiten, welches das Kind bei den Eltern erlebt: Die Mutter ist vom Vater abhängig, der Vater auch – aus den Augen des Kindes – auf mysteriöse Weise von der Mutter. Als Kind sind wir alle von Vater und Mutter abhängig, denn wir brauchen ihre Fürsorge, da wir uns nicht selbst ernähren können. So entsteht die Angst, dass Vater oder Mutter etwas zustoßen könnte, weil wir sie für unsere Lebensgrundlage und unsere Sicherheit brauchen. Es ist völlig legitim, dass das Kind Sicherheit sucht, um sich geborgen zu fühlen und Vertrauen zu entwickeln. Dieses emotionale Geflecht scheint kompliziert zu sein, ist es aber, genauer betrachtet, gar nicht.

Um der Sicherheit und der Geborgenheit willen passen wir uns als Kind an. Das Kind gehorcht Vater und Mutter, um durch ihre Anerkennung Sicherheit zu bekommen. Die Mutter orientiert sich oft nach den Wünschen des Mannes (Vaters), um von ihm nicht verlassen zu werden. Der Vater erfüllt mehr oder weniger die Wünsche der Mutter, um keinen Streit heraufzubeschwören. Es besteht täglich ein Ausbalancieren zwischen Mutter-Kind, Vater-Kind, Mutter-Vater um Anpassung und Erfüllung des Harmoniebedürfnisses, dem Streben nach Sicherheit und Aufrechterhaltung eines Sicherheitslevels. Dafür ist man bereit, sich anzupassen, sich bestimmten Forderungen zu beugen. So schwebt über solch einer kleinen sozialen Gemeinschaft ein unausgesprochenes Reglement von Macht und Ohnmacht: Jeder testet es aus und weiß dann vielleicht, wie weit er gehen kann, welchen Freiraum er hat und ab welchem Punkt eine Grenzüberschreitung seine Sicherheit gefährden würde. Jeder testet täglich Grenzen aus, versucht sie ein Stück zu erweitern, um sich dann eventuell wieder zurückzuziehen. So lernt jeder eigene Macht wie eigene Ohnmacht in einem Strukturgefüge kennen:

- Macht und Ohnmacht des Vaters,
- Macht und Ohnmacht der Mutter,
- Macht und Ohnmacht des erstgeborenen Kindes,
- Macht und Ohnmacht des zweitgeborenen Kindes.

Davon unabhängig bestehen Macht und Ohnmacht bei den jeweiligen Schwiegereltern, den beiden Omas und Opas, wird besagte Balance zwischen der Mutter und den eigenen Eltern sowie den Schwiegereltern gesucht, was auch gleichermaßen für den Vater und dessen Eltern sowie dessen Schwiegereltern gilt. Es scheint immer komplizierter zu werden: Macht, Einfluss und Angst von allen Seiten. Hinzu kommt noch die Gesellschaft, in der wir leben, der Beruf, den wir ausüben. Es spielt eine Rolle, ob wir angestellt (bei einer Behörde oder in der Industrie) oder freiberuflich tätig sind. Alles dreht sich immer wieder um Anpassung und Unangepasstheit, um Macht und Ohnmacht, also letztlich um Gewinnung von Sicherheit, um einer Angst vor der Unsicherheit zu entkommen.

Für jeden Einzelnen in diesem System stellt sich die Frage, wie viel Angst und Unsicherheit er aushalten kann, bis er bereit ist, sich anzupassen, um wieder das Gefühl von Sicherheit zu erlangen. Also ist jeder erpressbar in seiner Angst vor Unsicherheit. Das nenne ich »emotionale Erpressbarkeit«. Der eine ist mehr, der andere weniger erpressbar, je nach seinem Sicherheits- und Harmoniebedürfnis oder nach seiner Angststabilität. Den Grad der eigenen Angst zu erkunden bedeutet, den Grad der eigenen Mächtigkeit herauszufinden. Menschliche Beziehungen spielen sich in einem Rahmen der Erpressbarkeit ab, denn es geht stets um Macht und Ohnmacht. Selbsterkenntnis bedeutet also in erster Linie, den Grad der eigenen Angst und Erpressbarkeit bei sich selbst festzustellen. Kinder können damit oft flexibler umgehen als Erwachsene.

Deshalb war es mir mit den vorangegangenen elementaren Ausführungen so wichtig. Sie sollten zeigen, in welchem Spannungsverhältnis sich Kinder, Jugendliche, Väter und Mütter bewegen. Das Bedürfnis nach Sicherheit und die Angst vor der Unsicherheit ist bei einem Kind verständlich, da es auf die Verlässlichkeit der Grundversorgung angewiesen ist. Mit der Pubertät gewinnt das Kind aber die Kraft, sich gegen die Macht der

Eltern zu stemmen, Angst zu überwinden und mehr Unsicherheit zu wagen, da es nun in der Lage ist, sich möglicherweise selbst »durchzuschlagen, wenn die Eltern einen rausschmeißen«.

Die Drohung: »Solange du deine Füße unter meinen Tisch stellst, erwarte ich von dir …« greift heute nicht mehr wie früher, erzeugt nicht mehr jene Angst und Anpassungsbereitschaft, wie sie noch vor zwei Dekaden zu beobachten war. So dreht sich in Kindheit und Jugend in der Familie alles um die Angst vor Unsicherheit und die Macht oder Ohnmacht, die Sicherheit bietet oder Unsicherheit erzeugt. Das sind die psychischen Grunderfahrungen, aus denen Kinder herauswachsen: Wir haben erfahren, dass wir emotional erpressbar sind, dass Vater und Mutter das auch sind, und wir neigen dazu, uns dafür selbst zu verachten, aber auch die Mutter und den Vater dafür zu verachten.

Wir erfahren das auch bei unseren Geschwistern und auch bei unseren Freunden und Freundinnen. Ferner sehen wir, dass nahezu alle erpressbar sind, und erkennen, dass es darum geht, jenseits von Angst Macht zu erlangen, um andere emotional erpressen zu können. Ich erkenne, was die Eltern von mir wollen, um sich mit mir brüsten zu können, und ich kann mich subtil verweigern. Das ist durchaus eine Machterfahrung: So habe ich die Eltern in der Hand, da sie ja abhängig von meinem Leistungserfolg sind, wie ich verblüfft feststelle. Die Tochter beispielsweise beginnt zu fühlen, dass die Mutter den Vater mit ihrer liebevollen Zuwendung – oder kühlen Ablehnung – »im Griff« hat. Es ist die Erkenntnis, dass die emotionale Macht der Zuneigung und Abneigung eine bedeutende Macht ist. Die Tochter lernt von der Mutter auch, dass man mit Kleidern, Schminke und Parfum die Gunst des Vaters, also der Männer, erreichen und dadurch Macht ausüben kann.

Ich will hier nicht alle Varianten dieser Strategien ausbreiten. Wir werden später wieder darauf zurückkommen. Als Fazit sei vorab so viel gesagt: Es dreht sich im sozialen Bereich um emotionale Macht oder Ohnmacht, um Sicherheit oder Unsicherheit – um Angst. Und damit ist der Beginn emotionaler Erpressbarkeit deutlich. Wenn jemand erkannt hat, dass er den anderen emotional erpressen kann, wird er diese Macht auch ausspielen. Und das geschieht dann leider auch mit der Liebe, so traurig und schrecklich das ist. Davor dürfen wir nicht die Augen verschließen: Die Liebe eignet sich ganz besonders gut zur emotionalen Erpressung. Kann man von alledem als Betroffener und Handelnder völlig frei werden?

ZWEITES KAPITEL

EIN NEUES MENSCHENBILD MACHT FREI

Unser seelisches Hauptproblem und das unserer Mitmenschen im sozialen Alltag ist die Angst. Nahezu jeder kennt die verschiedenen Ängste, die mit vielen Fragen verbunden sind – Fragen, die Unsicherheit verraten wie etwa die folgenden:

- Werde ich von meinem Partner noch geliebt?
- Kann ich die beruflichen Leistungsanforderungen weiter erfüllen?
- Werde ich einen neuen Partner (eine neue Partnerin) finden? Bin ich noch attraktiv genug?
- Werde ich meine Gesundheit und meine Fitness erhalten?
- Geht meine Firma in Konkurs? Werde ich dann einen neuen Job finden? Wie lange werde ich möglicherweise arbeitslos bleiben?
- Kann ich in Zukunft noch die Hypotheken für die Eigentumswohnung (das eigene Haus) bezahlen?
- Werden meine Kinder die Leistungsanforderungen in der Schule erfüllen?
- Kann ich vor meinem Partner (meiner Partnerin) verbergen, dass ich fremdgegangen bin?
- Wird mein Partner die Drohung wahr machen, sich von mir zu trennen?
- Wird die Umstellung der D-Mark auf den Euro dazu führen, dass ich Geld verliere?
- Wird mich mein Vater enterben, weil er mit meinen Leistungen und meiner Karriere unzufrieden ist?
- Wird sich meine Frau von mir trennen, weil ich abends oft zu erschöpft bin für Sex? fragt sich der

Mann. Bin ich für meinen Mann sexuell noch anziehend genug? fragt sich die Frau.

- Halte ich mit der rasanten technischen Entwicklung im Computerwesen Schritt? Kann ich mich auf die neuen Internet- und Intranet-Aufgaben einstellen? Bin ich noch konzentriert und lernfähig genug?
- Werden sich Mama und Papa scheiden lassen? fragen sich die Kinder.
- Kann ich die neuen Forderungen erfüllen, nachdem ich beruflich befördert wurde?
- Kann ich in Gesellschaft bei den Themen über Geldanlage, Kultur und Bildungsfragen mithalten? Bin ich über alles informiert? Wo stehe ich? Habe ich vielleicht einen Wissensrückstand?
- Werde ich bei den vielen beruflichen Reisen auf der Autobahn oder andernorts verunglücken und womöglich zum Pflegefall werden?
- Um mich vom Tagesstress zu entspannen, brauche ich abends etliche Gläser Wein oder Whisky. Werde ich zum Alkoholiker?
- Werde ich Krebs (Aids) bekommen und nicht mehr lange leben?
- Wird meine Geliebte meine Frau anrufen und so meine Ehe in Gefahr bringen?
- Werde ich durch die Scheidung meinen gewohnten Lebensstil verlieren und nur noch das Existenzminimum behalten? Bin ich dann für eine andere Frau überhaupt noch attraktiv?
- Wird mein zwanzigjähriger Sohn, der sich von mir abgewandt hat und in der Drogenszene gelandet ist,

wieder Vernunft annehmen – oder wird er zum berufsunfähigen Sozialfall?

- Wird das finanzielle Risiko, das ich als Selbstständiger eingegangen bin, zum Erfolg oder zum Desaster führen? Was mache ich, wenn ich zahlungsunfähig werde?
- Wird meine Tochter mit ihrem Freund, der nicht arbeitet, ins Unglück laufen und womöglich, da sie schwanger ist, allein erziehende Mutter werden?
- Lebe ich mein Leben, so wie ich es lebe, richtig, oder habe ich die Weichen falsch gestellt?
- Was mache ich falsch, weil weder ich selbst noch meine Frau glücklich sind in unserer Beziehung?
- Werde ich die neue Ausbildung mit Erfolg abschließen? Wie kann ich die Prüfungsängste in den Griff bekommen?
- Ich liebe meinen Partner nicht mehr. Wie kann ich die Liebe wieder zurückholen?
- Es wird negativ über mich geredet. Ich traue mich nicht, den Intriganten direkt zur Rede zu stellen. Bin ich ein Versager?
- Ich werde betrogen und muss einen Prozess führen. Die Gegenseite verdreht alle Tatsachen gegen mich. Werde ich den Prozess gewinnen oder verlieren – und dann mit hohen Anwalts- und Gerichtskosten zu rechnen haben?
- Die Presse hat über meine Person abwertend berichtet. Wie kann ich das wieder richtig stellen, um meinen beschädigten Ruf zu verteidigen?
- Immer wieder erlebe ich, dass andere mich nicht

respektieren. Ich habe keinen Mut, um auf den Tisch zu hauen. Wie werde ich innerlich stärker und selbstbewusster?

- Ich habe mich von der Kirche getrennt, um keine Kirchensteuer mehr abgezogen zu bekommen. Wird Gott mich dafür strafen?
- Wird sich meine geschiedene Frau, die ja zu cholerischen Gesten neigt und mich in der Vergangenheit immer wieder bedroht hat, an mir rächen? Wird sie dem Finanzamt mitteilen, dass ich Steuern hinterzogen habe?

Ich könnte diese Liste noch über viele Seiten fortsetzen. Die Angst ist unser ständiger Begleiter. Es gibt wohl nur sehr wenige Menschen, die keine Ängste dieser oder ähnlicher Art haben.

Die Angst ist das Zentrum, um das sich unser tägliches Leben dreht. Glücklicherweise leben wir nicht in einer Kriegszeit. Noch vor 60 Jahren tobte in Europa der Zweite Weltkrieg, und während dieser schrecklichen Zeit drehte sich die Angst beispielsweise darum, ob der Ehemann im Feld verwundet wird, gar fällt, ob das Haus zerstört wird und man allen Besitz in einer Bombennacht verliert.

Unser Leben kreist um das Thema Angst, aber keine psychologische Theorie, keine psychologische Therapie hat bisher der Angst die Bedeutung entgegengebracht, die ihr gebührt, auch nicht Sigmund Freud, der geniale Erfinder der Psychoanalyse. Er meinte, dass sich alles um Sexualität und Libido drehen würde und dass alle unsere Neurosen damit in Zusammenhang stünden. Freud hat damit um die Jahrhundertwende ein Tabu eingerissen; das ist sein größtes Verdienst. Das Tabuthema Angst aber ist wissenschaftlich bis heute nicht ausreichend analysiert und ins Bewusstsein gerückt.

Mit der Angst wollen sich vor allem Männer nicht auseinander setzen, und zwar weder privat noch wissenschaftlich.

Das Thema Aggression wurde dagegen von vielen Fakultäten, so den Biologen und Zoologen, den Anthropologen, Philosophen und Psychoanalytikern, vorurteilsfrei aufgegriffen. Somit wartet hinter der Aggression die Angst, dieses große Tabuthema, noch darauf, bewusst zu werden. Die Wissenschaft hat keine Probleme mit dem Thema Aggression, aber sie hat Angst vor dem Thema Angst, weil den Wissenschaftler die Angst selbst berührt: Er hat Angst vor der Angst und verdrängt sie deshalb.

Angst ist nicht wissenschaftsfähig, nicht gesellschaftsfähig – und deshalb auch nicht medienfähig. Das Thema Angst ist zu belastet; es verspricht keine Einschaltquoten. Über Angst will niemand etwas wissen, obwohl wir alle Angst haben, wie beispielsweise die vielen Fragen zu Beginn dieses Abschnitts deutlich gemacht haben.

Angst ist das große Verdrängungsthema zum Ausklang dieses Jahrtausends. Mit dem Thema Angst kann man zum Feind in jedem gesellschaftlichen Smalltalk werden. Angst widerspricht dem Zeitgeist, denn der esoterisch geprägte Zeitgeist hat das »positive Denken« auf den Schild gehoben. Angst, Kummer, Leid, Sorge, seelische Schmerzen – alles Papperlapapp, denn »positiv denken« ist die Devise. Die Welt gehört den extrovertierten Optimisten, den risikofreudigen, fitnessstarken Machern. Angst? Igitt! Das ist ja so was wie die Spinne im Badezimmer: Handtuch draufdrücken – und weg damit!

Angst aber – und ich weiß, dass ich damit völlig gegen den Trend schreibe – ist das Zentrum, um das sich alles dreht. Deshalb dürfen wir uns von diesem Thema nicht ablenken lassen, sollten es auch nicht verdrängen, sondern müssen uns damit befassen, selbst auf die Gefahr hin, dass der ein oder andere Leser bzw. die ein oder andere Leserin das Buch jetzt aus der Hand legt und nicht mehr weiterlesen will.

WER SIND WIR?

Angst ist, wie gesagt, das zentrale Thema unseres Lebens. Diese Erkenntnis ist vielen sehr unangenehm. Über Angst will kaum jemand nachdenken – und schon gar nicht darüber sprechen. Vielleicht verspüren Sie wirklich die Tendenz, das Buch zur Seite zu legen, denn selbst über die Angst »nur« etwas zu lesen, das ist vielen unangenehm. Nahezu jeder klammert die Angst in seinem Bild vom Menschen aus.

Es fällt, wie schon gesagt, vorwiegend Männern schwer, Ängste zuzugeben, weil das in ihren Augen ein Eingeständnis von Schwäche ist. Frauen sind dazu zwar eher bereit, doch auch bei ihnen ist die Tendenz zu beobachten, Ängste zunehmend zu verdrängen, vor allem dann, wenn sie sich im Berufsleben behaupten wollen und sich der Karriere verschrieben haben.

Es sei deutlich betont, dass Angst keine seelische Krankheit ist, sondern zur Natur des Menschen gehört, also etwas Natürliches ist. Die so genannten Phobien (zum Beispiel die Angst vor Schlangen, die Angst, einen Fahrstuhl zu besteigen) sind besondere Symptome, die mit der Verhaltenstherapie und ihren Spezialmethoden behandelt werden können. Von solchen Phobien spreche ich hier nicht, auch nicht von so genannten Panikattacken, die plötzlich zu sehr unangenehmen Angstanfällen führen. Hier handelt es sich um sehr spezielle Formen von Angstzuständen, und es würde im Rahmen dieses Buches zu weit führen, auf diese und ähnliche Symptome näher einzugehen.

Es geht hier vor allem um die Erkenntnis, dass wir von Kindheit an unser ganzes Leben hindurch mit Ängsten zu tun haben. Die Angst ist etwas Elementares, das zu jedem Leben gehört; sie hat eine grundlegende Bedeutung für unsere Entwicklung als Mensch. Es ist daher entscheidend, wie wir mit unserer Angst umgehen. Da die meisten sie nicht wahrhaben wollen, verleugnen sie sie, vor allem natürlich vor anderen, aber auch vor sich selbst. Das zu wissen ist im Hinblick auf ein neues Menschenbild sehr wichtig.

Sigmund Freud hat vor allem der Aggression (Todestrieb) und der Sexualität (Libido) in seiner Trieblehre die höchste Priorität gegeben. Ich habe hingegen in meiner Praxistätigkeit festgestellt, dass die Angst das Elementare ist. Aggressionen sind meist nur die Folge von Angst. Deshalb ist die Angst der eine Pol im Leben und ist die Liebe der andere. Sexualität ist ebenfalls ein elementares Grundbedürfnis, unabhängig von Liebe, aber sehr oft mit Angst verknüpft. Die Liebe dagegen ist der Gegenpol der Angst, weil im Zustand der Liebe – auf die ich später noch eingehen werde – die Angst völlig verschwindet, denn Liebe und Angst schließen sich aus. Wo Angst ist, kann keine Liebe erblühen, und wo Liebe ist, besteht keine Angst. Das ist vor allem deshalb sehr schwer zu verstehen, weil Liebe und Sexualität miteinander verbunden sind und Sexualität sehr wohl eine Quelle für Angst sein kann, die Frigidität oder Impotenz im Gefolge hat und so weitere Angst entstehen lässt.

Kehren wir zurück zu den Reaktionen auf Angst. Durch Angst können Minderwertigkeitsgefühle entstehen, weil, wie wir feststellten, Angst als eine Schwäche empfunden wird. Und dieses Gemisch von Angst und Minderwertigkeitsempfindungen führt zur Depression. Depression bedeutet, sich bedrückt zu fühlen, die Freude an Aktivitäten zu verlieren; Konzentration und Arbeit fallen schwer, der Optimismus ist weg, Hoffnungslosigkeit breitet sich aus, die Energie zur Aktivität ist blockiert, man fühlt sich leistungsunfähig – man ist wie gelähmt. Deshalb macht es keinen Sinn, nur die Symptome einer Depression zu behandeln, denn es muss die Angst angesprochen und ins Bewusstsein gebracht werden. Dann klären sich Minderwertigkeitsgefühle und Niedergeschlagenheit.

Eine weitere Reaktion auf Angst ist, wie schon angedeutet, die Aggression. Es scheint zunächst widersprüchlich, dass aggressive Menschen Angst haben, weil sie durch ihr Gehabe und ihr Vorgehen mutig, resolut, energiegeladen und vital wirken. Aber sie überspielen lediglich ihre Angst, die sie vor sich selbst nicht zugeben können, durch aggressive Reaktionen, die wiederum verbal, aber auch durch körperliche Angriffe ihren Ausdruck finden. So haben zwei so verschiedene menschliche Reaktionsweisen – die mutig erscheinende Aggression und die entmutigt erscheinende Depression – ein und dieselbe Ursache: Angst.

Warum wird aber der eine aggressiv und der andere depressiv? Warum wehrt sich der Erste blindwütig mit Attacken, während sich der Zweite völlig kraftlos zurückzieht und in seinen Aktivitäten gelähmt ist? Die Ursachen hierfür liegen in den Erfahrungen, die in der Kindheit und der Jugend gemacht worden sind: Wer gelernt hat, dass man mit Aggressionen andere einschüchtern und so Macht gewinnen kann, weil etwa der Vater der Mutter gegenüber so erfolgreich agiert hat, der wird in Aggressionen den Weg suchen. Wer sich dagegen anpassen musste und seine eigenen Impulse verleugnet hat, weil etwa der Vater sehr angepasst und selbstverleugnend bestimmte Situationen erduldet hat, der wird in Anpassung und Ge- und Bedrücktheit auf Angst reagieren. Er wird lediglich versuchen, sich, als seelisch depressiv erkrankt, einen kleinen Vorteil zu verschaffen. Der Aggressive dagegen sieht seine Vorteile im Angriff, obwohl er sich dadurch meist mehr Schwierigkeiten einhandelt, als er das tatsächlich bewusst will. Er stärkt sein Selbstbewusstsein, indem er sich sagt: Ich wehre mich! Ich lasse mich nicht an den Rand drängen! Mit mir müsst ihr rechnen! So versucht er von seiner Angst abzulenken.

Der Depressive und der Aggressive: Sie entwickeln psychosomatische Krankheitssymptome, die jeweils völlig anderer Art sind. Neigt der Eine zu Antriebslosigkeit und Energielosigkeit, niedrigem Blutdruck und körperlichen Symptomen wie Allergien, Darm- und Magenbeschwerden sowie Nierenerkrankungen, treten bei dem anderen bevorzugt Blutdruckschwankungen, Herzbeschwerden, Nervosität, Schlafstörungen und Schweißausbrüche sowie innere Unruhe auf. Behandelt werden muss aber immer die Angst und nicht beispielsweise die Schlafstörung (etwa durch Schlafmittel) und nicht die Impotenz (etwa mit Viagra). Es nützt auch nichts, die Angst medikamentös durch ein angstlösendes Psychopharmakon zu therapieren zu versuchen, denn sobald die Chemie vom Körper abgebaut worden ist, kehrt ja der ehemalige Zustand zurück.

Vor allem Alkohol ist ein Angstlöser, aber nur dann, wenn nicht mehr als ein bestimmtes Maß konsumiert wird. Wird diese imaginäre Menge – die je nach Person unterschiedlich ist – jedoch überschritten, dann verstärken sich die Symptome: Der Aggressive wird aggressiver und der Depressive trauriger und müder. Vor allem für den Aggressiven ist Alkohol gefährlich. Das ist eine Binsenweisheit, aber weitgehend unbekannt ist, dass hier die Angst im Hintergrund steht.

Wir sollten also im Alltag nicht nur uns selbst, sondern auch andere genau betrachten. Alle haben wir Angst. Der Grad der Angst ist natürlich nicht sofort sichtbar, wobei dennoch festzustellen ist: Je größer das Macho-Gehabe, desto größer ist die Angst. Allerdings gilt nicht: Je kleiner sich jemand macht, desto weniger Angst hat er. Sich klein, bescheiden und demütig zu geben ist, wie schon die Ausführungen über Depressivität andeuten, auch eine Form der Angstbewältigung. Wie kann man nun die echte von der gesteuerten Bescheidenheit unterscheiden, also jener Zurückhaltung, deren Ursache auf Angstsymptome zurückzuführen ist? Der wirklich Bescheidene hat keine Probleme damit, seine Angst zuzugeben, und er ist wohlwollend sich selbst und anderen gegenüber. Der gespielt Bescheidene neigt zum depressiven Typus und versucht seine Angst so zu verbergen; er ist nicht wohlwollend anderen gegenüber, sondern begegnet ihnen streng und verurteilend, wobei er Honig aus der Verurteilung anderer zieht, die er gerne erniedrigt (ohne aggressiv zu wirken), um sich so in aller Bescheidenheit selbst zu erhöhen.

Das Feld der Angst ist ein weites Feld. So bestätigen neueste wissenschaftliche Erkenntnisse den Zusammenhang zwischen Stress und Depressionen. Der Leiter einer betreffenden Studie, Witte Hoogendijk, Professor am Niederländischen Institut für Gehirnforschung in Amsterdam, fand heraus: »Stress und Depression stehen miteinander in Wechselbeziehung.« Im Gehirn depressiver Menschen fand er viermal so viele Zellen, die das Stresshormon Cortisol produzieren, wie bei anderen Menschen. Vor allem Stress von außen, so Witte Hoogendijk, könne zu Depressionen führen, etwa beim Verlust des Arbeitsplatzes. Dabei handle es sich um ein Zusammenspiel von biologischen, psychologischen und sozialen Faktoren.

Mein Fazit: Angst ist die Ursache für Stress! Der Verlust des Arbeitsplatzes, die Trennung vom Partner, Scheidung sowie berufliche Überforderung und wirtschaftlicher Abstieg – alles das bezeichnen wir als Stress, wobei das Wort »Stress« nach meinen Erfahrungen mittlerweile ein Wort ist, das von der Gesellschaft akzeptiert wird, mitunter gar »gesellschaftsfähig«, weil durchaus positiv besetzt ist, während man die dahinter stehende Angst tabuisiert. Stress kann man zugeben, Angst nicht, denn Stress gilt als normal, Angst dagegen als Schwäche.

Welche gehirnphysiologischen Vorgänge eine Rolle spielen, damit Aggression anstatt Depression entsteht, ist nach meinem Wissen gehirnphysiologisch bisher noch nicht erforscht. Vielleicht ist in einer mir nicht bekannten Untersuchung bereits ein Hormon entdeckt worden, vielleicht wird ein solches in naher Zukunft entdeckt werden, sobald man die Gehirne aggressiver Menschen eingehend untersucht. Das ist bisher vielleicht deshalb noch nicht geschehen, weil Depression in der Medizin (Psychiatrie) als Krankheit gilt, Aggression aber nicht. Aggression gilt nur als eine Verhaltensstörung.

SICH SELBST – UND ANDERE – VERSTEHEN

Ich sage in meinen Beratungsgesprächen immer wieder: »Zuerst musst du dich selbst verstehen, bevor du deine Mitmenschen verstehen kannst.« Deshalb ist es so wichtig, die Angst bei sich selbst zu verstehen, um schließlich ihre Macht, die sie über uns hat, überwinden zu können.

Unsere gesamte traditionelle Erziehung ist auf Angst aufgebaut, beispielsweise der Angst vor Tadel, vor Strafe, vor Liebesentzug. Das konservative Menschenbild geht davon aus, dass sich das Kind den Forderungen und Erwartungen der Eltern (später der Lehrer) zu fügen und anzupassen hat, damit die Gesellschaft funktionieren kann. Freiheit erscheint äußerst suspekt. Ja, wir haben sogar Angst vor freien Menschen, weil die sich weniger mit Angst manipulieren lassen. Keiner will den freien Menschen wirklich, weder der Staat noch die Unternehmer, noch die Kirchen. Selbst der Mann will keine freie Partnerin, die Frau keinen freien Partner. Deshalb wird die traditionelle Erziehung, die Tadel, Strafe und Liebesentzug einsetzt, auch nicht in Frage gestellt.

So also werden wir von frühester Kindheit an mit Angst konfrontiert. Ein entscheidender Punkt ist dabei der, es anderen recht zu machen. Wir passen uns an, und zwar vor allem aus Angst, um Sicherheit zu erlangen: als braves Kind und ordentlicher Schüler, als gelehrsamer Student und gut funktionierender Arbeitnehmer.

Gut und richtig zu sein bedeutet, die Wünsche anderer zu erfüllen. Also entwickeln wir uns fremdbestimmt und nicht selbstbestimmt. Deshalb wird für uns, wenn wir dann erwachsen sind, irgendwann die Selbstbestimmung zu einem Problem, weil dann Unsicherheit und Angst entstehen. Da wir als Kind vom Wohlwollen (von Liebe möchte ich gar nicht erst reden) der Eltern abhängig sind, um uns sicher zu fühlen, gehorchen wir und entwickeln wir uns im Sinne der Eltern – aus Angst, uns »nicht richtig« zu verhalten. Was die Eltern und Lehrer von uns erwarten, gilt als richtig, was sie nicht wollen, als falsch. Als Kind hinterfragen wir das nicht; das geschieht erst in der Pubertät. Aus Angst vor Strafe oder Tadel wird so die Lüge geboren. Angst und Lüge sind Verbündete.

Manchmal gelingt eine Lüge, wodurch wir uns dem Tadel entziehen. Oft aber wird die Lüge aufgedeckt, und die Strafe wie die kritische Abwertung unserer Person ist dann um so größer. Das unterstützt die Angst, bekämpft aber die Lüge nicht. Bei Bagatellen wird somit die Wahrheit gesagt, in bedrohlicheren Fällen hingegen abgewogen, welchen Vorteil die Lüge bringen könnte, selbst auf die Gefahr einer Aufdeckung hin. Die Lüge ist eine Folge der Angst. Wie schön wäre es doch, wenn wir nicht mehr lügen müssten, denn zu lügen entfernt uns von dem Wichtigsten, das wir für unsere Zukunft brauchen: Die Wahrheit erkennen, zu der Wahrheit stehen, sie erforschen und sie akzeptieren.

Da in Kindheit und Jugend die Grundlage gelegt wird, bei Bedarf die Wahrheit vor anderen zu verleugnen, versuchen wir, um »besser« leben zu können, die

Wahrheit vor uns selbst zu verleugnen. Das führt dann beispielsweise zur Rationalisierung, aber auch zu den so genannten Abwehrmechanismen, die ich in früheren Büchern ausführlich beschrieben habe, beispielsweise zur Verdrängung ins Unterbewusste und zur Überspielung durch Ablenkung, um nicht weiter über Unangenehmes nachdenken zu müssen. Wir »übergeben« das Betreffende dann einfach einem Ablagefach und meinen, das wäre nun erstmal nicht mehr so wichtig. Die Angst aber ist ein elementares Gefühl und bleibt bestehen. Wer sich anpasst, sich fremdbestimmen und manipulieren lässt, wird seine Angst dadurch nicht los. Die Angst kann zwar geleugnet und durch Aggression oder Depression überspielt werden, bleibt aber dennoch als Angst bestehen.

Der angstangepasste Mensch wird vielleicht sehr erfolgreich, weil er sich jede Menge Mühe gibt, sich konzentriert, lernt und gute Examina macht, sich in einer Firma integriert, dort von seiner besten Seite präsentiert, indem er aktiv und vital für neue Aufgaben bereitsteht. Aber trotz aller Verdrängungsaktivitäten: Die Angst bleibt. Deshalb werden auch Gespräche über psychische Hintergründe vermieden. Jener Aussage scheint zu widersprechen, dass Psychologie und Psychoanalyse einen beachtlichen Siegeszug in diesem Jahrhundert angetreten haben. Die Begriffe, die Sigmund Freud zu Beginn unseres Jahrhunderts prägte, die weder von der Kirche noch von der Politik goutiert wurden, sind am Ende des 20. Jahrhunderts in jedem Smalltalk als Psycho-Slang präsent.

Freuds Psychoanalyse ist zwar in dem Sinn populär, dass sie mit ihrer Terminologie seit den sechziger Jahren »in« war (und immer noch ist), doch haben sich die seelischen Probleme von Jahrzehnt zu Jahrzehnt erhalten, sind mitunter noch komplexer geworden, und so ist mit Begriffen wie »anale Phase«, »Ödipuskomplex«, »Penisneid«, »Todestrieb« und »Traumsymbole« die vorhandene Realität der menschlichen Psyche nicht allein zu erklären.

Die Probleme bleiben, die Erklärungsmodelle kommen und gehen, doch die Angst jedes Einzelnen vor Kritik und Strafe bleibt bestehen. Und das hat nichts mit unterdrückter oder irgendwelcher sonst gearteter Sexualität zu tun. Die Sexualität ist Ende der neunziger Jahre befreit, heißt es. Ich schränke ein: Sexualität ist befreiter im Vergleich zu den dreißiger Jahren dieses Jahrhunderts, ist aber immer noch mit Angst verbunden. Angst ist das zentrale Thema, das Freud nicht erkannte. Sein Schüler Alfred Adler hat zwar den Minderwertigkeitskomplex und seine Überwindung ins Zentrum seiner theoretischen Psychologie gestellt, hat erkannt, dass Minderwertigkeit ein enormes Energiepotenzial hervorbringen kann, um großartige Leistungen zu vollbringen, aber er hat nicht erkannt, dass all dies einzig und allein aus der Angst heraus geschieht, nicht anerkannt und nicht gelobt zu werden.

Deshalb sind wir heute geradezu gezwungen, über die Themen Angst, Lob und Anerkennung neu nachzudenken. Wir müssen die Wahrheit akzeptieren und die Lüge erkennen. Die Verschleierung der Wahrheit und die Lüge haben in diesem zu Ende gehenden Jahrhundert triumphiert. So standen und stehen Verschleierung und Verdrängung immer noch im Vordergrund, wobei wir die Angst, die der elementare Ursprung für die traditionelle Erziehung ist, einfach nicht erkennen wollten und wollen. Die Lüge haben wir verurteilt, zu Recht, denn die Lüge kann uns nicht wirklich helfen, das Grundproblem zu lösen. Da wir nicht gelernt haben, mit der Angst umzugehen, nehmen wir die Lüge mit ins Boot und wissen mit der Wahrheit und ihrer Realität nur wenig anzufangen, denn die Wahrheit ist angstbesetzt. Dieses Jahrhundert hat sich in Ausreden vor der Realität geflüchtet. Wir können offenbar nicht die Wahrheit ertragen, dass wir in unserem Verhalten von Ängsten gesteuert sind. Angst zu haben gilt geradezu als Beleidigung. Warum beleidigt uns das? Weil Anpassung eine Beleidigung an die Freiheit und Selbstbestimmtheit einer Person ist.

Wir haben das Menschenbild von Freiheit, Selbstbestimmung und Individualität, Klarheit, Redlichkeit und Wahrheit, Ehrlichkeit, Gerechtigkeit und Korrektheit, von Selbstverwirklichung zwar im Kopf, denn wir wissen um die Richtigkeit dieses Bildes, aber die elementare Angst, der wir nicht ins Gesicht sehen wollen, hindert uns daran, das zu leben, was wir als richtig erkannt haben. So leben wir falsch – falsch mit der richtigen Erkenntnis. Das ist das Problem. Wenn wir das bei uns selbst verstehen, können wir auch andere verstehen, etwa jene, die in die falsche Richtung laufen und sich, wie die Lemminge, den Abgrund hinunterstürzen. Das neue Menschenbild ist schon da. Es bedarf keiner Propaganda, ist in den Seelen als Sehnsucht tief verankert, aber es lässt sich nicht umsetzen und leben. Die Gegenkräfte sind stärker als die neuen Kräfte; Angst ist stärker als die Hoffnung, die Angst zu überwinden. Das Elementare ringt mit der Vision. Liebe wäre Heilung, aber leider ist die Liebe sehr durch die Angst in ihrer Entfaltung behindert. Bisweilen jedoch – und das trifft auf nicht wenige Menschen zu – erhebt sich die Liebe über Angst und Anspassung. Das wiederum lässt hoffen.

DENKEN VERSTÄRKT DIE ANGST

Wenn Angst auftaucht, die wir als unangenehm empfinden und deshalb nicht akzeptieren wollen, schaltet sich das Denken ein. Das Denken beschwichtigt und entschuldigt die Angst. Schon oft bin ich in der Praxis auf Führungskräfte (Manager) getroffen, die nach einem Karrieresprung plötzlich vermehrt Ängste erlebten. So hatte plötzlich ein zweiundvierzigjähriger Ingenieur – für ihn unerwartet – in Meetings Angstgefühle, die sich auf die Enge des Raumes bezogen und auf die Menschen um ihn herum. Dann bekam er Schweißausbrüche, die sich auf der Stirn, um die Nase herum, an den Händen und am gesamten Oberkörper bemerkbar machten. Er sagte: »Das ist mir natürlich äußerst peinlich. Ich gehe dann meist hinaus auf die Toilette, um mich im Gesicht mit einem Handtuch abzutrocknen. Ich habe bisher niemandem davon erzählt. Ein Mitarbeiter sprach mich einmal darauf an, als er die Schweißperlen auf meinem

Gesicht beobachtete. Ich antwortete, ich würde mich nicht wohl fühlen, hätte eine leichte Grippe mit Fieber. Das hat er akzeptiert und meinte, ich solle mich dann besser zu Hause auskurieren. Ich sagte, dass ich das bei den derzeitigen Firmenaufgaben, die jetzt von uns alles abverlangen, nicht könnte. Das verstand er, und es war damit glatt gebügelt.«

»Sie wollten nicht zugeben, dass Sie Angst fühlten«, sagte ich.

»Nein, das kann man doch nicht richtig begründen. In meiner leitenden Position kann ich doch keine Angst zugeben. Dann würde man denken, dass ich der neuen Aufgabe nicht gewachsen wäre.«

»Fühlen Sie sich Ihrer beruflichen Herausforderung tatsächlich nicht gewachsen, weil jetzt viel Neues und Unbekanntes auf Sie zukommt?«, fragte ich ihn.

»Das ist wohl der Grund für meine Angst. Plötzlich habe ich ein Minderwertigkeitsgefühl, das ich nicht haben müsste, denn ich bringe alle Voraussetzungen für den Job mit. Ich habe mich deshalb gedanklich versucht zu beruhigen, habe Bücher über positives Denken gelesen. Aber auch das hat mir nicht geholfen ... Jetzt habe ich sogar diese Ängste, wenn ich in unserem Anglerverein, deren Vorsitzender ich bin, eine Rede halten muß. Bisher habe ich das mit Freude gemacht, aber jetzt ist die Angst da. Vor kurzem versuchte ich mich zu drücken und habe die Rede meinen Vertreter und späteren Nachfolger halten lassen – mit der Ausrede, dass er in die Nachfolge als Vorsitzender hineinwachsen solle. Er hat es ehrgeizig und mit Bravour gemacht... Jedes Mal, wenn in der Firma ein Meeting terminiert ist, mache ich mir Gedanken, was ich tun soll, wenn die Angst wieder auftaucht. Schon alleine bei dem Gedanken tritt mir leichter Schweiß aus; die Vorstellung alleine genügt schon. Ich kann mich einfach nicht mit Sätzen, dass ich gut bin und Erfolg haben werde, beruhigen. Deshalb bin ich heute bei Ihnen, damit Sie mir helfen.«

»Es ist leider eine Tatsache, dass Ängste auftreten. Keiner ist ganz angstfrei. Sobald Ängste mit Symptomen verbunden sind, wie Schweißausbruch oder auch Erröten oder Handzittern, Dinge also, die für andere sichtbar werden, kommt die Peinlichkeit hinzu, denn je mehr man diese Symptome verbergen möchte, desto stärker wird offensichtlich die Angst. Der Gedanke, möglicherweise einen Fehler zu machen, ist verständlich. Er kommt vielen Menschen in ähnlicher Lage, allerdings ohne die somatischen Begleiterscheinungen wie Schweißausbrüche. Solange scheint alles okay. Sobald aber die Psychosomatik einmal so heftig reagiert wie jetzt bei Ihnen, sind somatische Reaktionsbahnen gelegt, die der Körper als Ausdruck, als eine Expression gefunden hat, um sich von innerem Druck zu befreien. Der Körper weiß ja nichts davon, dass Ihrem Ego das peinlich ist. Das Ego ist das Denken, das sagt: ›Das darf keiner sehen, das soll keiner wissen.‹ Und dann entwickelt das Denken mit Hilfe der Vorstellung eine Abwehr gegen den Körper. Es entsteht Widerstand – Denken, Fühlen und Körperreaktionen sind miteinander uneins. Der Körper aber hat eine Expressionsrichtung entdeckt und wird sie immer wieder einschlagen. Das

Denken, also das Ego, ist absolut dagegen. So liegen Sie im Widerstreit mit sich selbst. Das Denken und die Vorstellung produzieren ein Gefühl von Angst – und sofort reagiert der Körper mit seiner Expression. Das Denken an Angst und seine somatischen Folgen erzeugten die Angst vor der Angst. Das ist das Problem.«

»Dann sagen Sie mir, wie ich das Denken an die Angst abschalten kann«, sagte er.

»Sie übertragen als Ingenieur Ihr technisch-mechanisches Verständnis auf Körper, Seele und Geist. Hier gelten aber ganz andere Gesetzmäßigkeiten. Sie können das Denken nicht als einen Befehl des Denkens an das Denken einfach ausknipsen. Es gibt keinen Schalter! Das Denken ist äußerst problematisch im Zusammenhang mit der Angst. Ich habe mich mit vielen Personen unterhalten, weil ihr Denken daran denkt, dass beispielsweise ihre Frau ihnen fremdgeht, dass das Flugzeug, mit dem sie fliegen wollen, abstürzen oder dass der Zug, in den Sie gerade steigen, entgleisen wird. Das Denken macht uns ängstlich, obwohl noch gar nichts passiert ist und mit hoher Wahrscheinlichkeit auch nichts passieren wird. Deshalb sage ich immer wieder: Denkbar ist alles. Aber nicht alles Denkbare wird Realität ... Verstehen Sie, was ich meine? Denkbar ist wirklich alles; das Denken kennt keine Realitätsgrenzen. In Gedanken ist alles möglich; nichts ist undenkbar. Aber hat es auch mit der Realität zu tun? Ich kann denken, dass ich bei einem Waldspaziergang mit dem über mir kreisenden Bussard in eine gedankliche Verbindung treten kann und der Bussard mir Botschaften übermittelt und ich ihm. Da das nicht gelingt, sagt man, das wäre ein verrückter Gedanke. Oder ich kann denken, dass ich meine Gedanken meiner verstorbenen Mutter ins Jenseits schicken kann und sie mir aus dem Jenseits Botschaften übermittelt, Ratschläge für mein tägliches Leben. Auch hier würden Sie sagen, ich sei verrückt, denn so etwas sei nicht möglich, denn es sei nicht real. Aber denkbar ist es.«

Ich fuhr fort: »Wenn Sie sich mit positivem Denken befassen, sich also positivere Gedanken als bisher über Ihr Leben und den Tag und Ihre Zukunft machen, dann soll das Denken die Realität beeinflussen. Ist das nicht auch verrückt? Das Schlagwort in den neunziger Jahren war bei auftretenden Krisen und Problemen: ›Positiv denken!‹ Es klingt wie ein Befehl: ›Denke positiv – und du wirst Erfolg haben.‹ Viele Seminare und Erfolgskurse basieren auf diesem Muster: ›Denke positiv, habe keine Angst, und du wirst alles erreichen, was du willst: Du wirst reich werden, du kommst beruflich vorwärts, du wirst die Frau deines Lebens bekommen, von der du schon immer geträumt hast.‹ Es ist ja alles so einfach...

Ja, denkbar ist das alles. Man wird das Positive ja wohl denken dürfen. Natürlich, alles in Ordnung, denkt besser positiv als negativ, sage ich. Positives Denken zieht den Erfolg an, negatives Denken zieht den Misserfolg an. Sicherlich, es ist besser, positive als negative Erwartungen zu haben, und es ist besser, eher Optimist als Pessimist zu sein. Der Optimist handelt noch, wenn auch gar nichts mehr Erfolg verspricht – der sich, wenn auch selten, dann womöglich sogar einstellt. Der Pessimist aber, der alles nur negativ betrachtet, sieht in solch einer Situation überhaupt keine Chance mehr und lässt das letzte Fünkchen Hoffnung verglimmen. Optimismus stärkt, Pessimismus schwächt die Energie. Aber auf dieser Basis eine Lebensphilosophie des positiven Denkens zu entwickeln, die in Trainingsseminaren gelehrt wird, ist eine Übertreibung... Typisch, der Glaube an das Denken: Denke positiv, mache ein Seminar daraus, verkaufe es – und werde reich. Mit dem Slogan: ›Denke negativ‹ könnte man zwar auch ein Seminar gestalten, aber man kann es nicht verkaufen. Keiner will negativ denken, denn alle wollen positiv denken. Aber in der konkreten Angstsituation und der Erfahrung der Angstsymptome hilft uns das nicht. Unser Denken lässt sich nicht durch ein »übergeordnetes Denken« reglementieren.

Wir teilen den Menschen ein in Körper (untere Stufe), Seele (mittlere Stufe) und Denken (obere Stufe). Dabei stellen wir uns vor, dass der Körper unten steht und er vom Geist, also vom Denken, beherrscht wird. Diese Meinung ist falsch. Der Körper hat Priorität, denn er ist der Herrscher über unser Wohlbefinden. Die Seele ist mit unserem Körper verbunden. Das Denken aber, das sich als oberste Stufe sieht, muß seine – vermeintliche – Macht aufgeben, weil Körper und Seele zusammen viel stärker sind.

Ich bezeichne das Denken als kreativen Clown. Das Denken macht seine lockeren Späße und spirituellen Spirenzchen, und es mag durchaus positiv eingestellt sein, doch bringt das herzlich wenig, wenn die Realität das Umsetzen jenes Denkens nicht zulässt. Denke, so viel du willst, und baue meinetwegen Denkmodelle auf, die als Psychologie daherkommen – es nützt absolut nichts, denn die Realität schert sich letztlich nicht darum. Angst ist und bleibt Angst; sie stresst uns, sie hat ihre Ursachen, sie kann nicht durch irgendeine positive Philosophie beeinflusst werden. Wir glauben zwar, das Denken wäre stärker als es die Gefühle und der Körper sind. Aber dem ist nicht so. Positives Denken ist richtig – und gleichzeitig auch falsch.

Wir sträuben uns gegen die Realität, also müssen wir das Wirkliche verleugnen. Realität ist: Ich habe Angst. Diese Angst ist zwar gesellschaftlich nicht akzeptabel, also verleugne ich sie, diese Lüge aber rächt sich bitterlich durch die gesteigerten somatischen Symptome. So werde ich das Opfer einer Denkvision, die mich ins Abseits bringt, oder auch Herr einer Realitätserkenntnis, die mich ins Zentrum der Wahrheit bringen könnte. Dagegen aber spricht so viel. Können wir nicht endlich dazu stehen, wie wir wirklich fühlen, wie wir wirklich Angst empfinden, was uns wirklich Sorgen macht, auch wenn solch ein ehrliches Fühlen mit dem Verlust von Sicherheit zu tun hat? Können wir nicht frei sein, also keine Sicherheit mehr haben? Wir können das nicht ertragen. Das erzeugt eine Angst, die in alle Ängste, die wir haben, einfließt. Angst ist die Basis. Freiheit heißt auch Angstfreiheit, denn nur, wo Angstfreiheit existiert, hat Liebe Raum.

Von dieser Liebe aber wollen wir nichts wissen. So fallen wir zurück in die Angst. Wir wollen ein Rezept dagegen. Aber dass das mit Liebe zu tun haben könnte, davon wollen wir nichts wissen, denn das ist ja ein Thema, das erneut wieder Angst erzeugt. So sind wir in der Angst gefangen, die das Denken unterstützt. Positives Denken ist zwar besser als negatives Denken, aber es macht uns nicht frei. Kein Denken, das die Realität leugnet, macht einen Menschen jemals frei.

Dem Gefühl misstrauen wir. Die Liebe ist etwas Seelisches, hat also mit Gefühlen zu tun. ›Stopp!‹ sagt die Gesellschaft, ›Liebe ist nicht frei.‹ Du kannst demnach nur lieben, wenn du bereit bist, die Verantwortung dafür zu übernehmen. So sind Liebe und Angst eng miteinander verbunden.«

ANGST VERSCHWINDET NIE GANZ

Angst taucht oft dann auf, wenn wir mit etwas Neuem konfrontiert werden, mit etwas, das wir noch nicht gut genug, eventuell überhaupt nicht kennen. Auch das gehört zu unserer Natur, ist also normal. Angst hat eine biologisch wichtige Funktion: Sie lässt uns vorsichtig sein, und indem sie den Selbstschutz fördert, dient sie dem Überleben. Auf der psychischen Ebene hat Angst die gleiche Funktion wie der Schmerz im körperlichen Bereich. Schmerz sagt uns: Halt, hier ist etwas Verletzendes, was für dich lebensbedrohlich werden könnte! Achte auf deinen Fuß, denn du bist auf eine Glasscherbe getreten. Also Vorsicht!

Ähnlich signalisiert uns die psychische Angst, dass wir mit etwas Neuem konfrontiert werden (was uns durchaus gefährlich werden könnte). Die Angst sagt: Vorsicht, hier sind Menschen, die du noch nicht kennst; sei erst einmal aufmerksam – und prüfe das Terrain, auf das du dich begibst.

So ist Angst etwas Positives, weil sie unsere Wachheit und Aufmerksamkeit erhöht. Durch sie werden die Sinne geschärft, damit wir hellwach und voll präsent in der Gegenwart sind, denn wenn wir etwas Neuem in unserem Alltag begegnen, ist erhöhte Aufmerksamkeit mitunter (lebens)notwendig. Allein schon aus diesem Grund kann Angst nie gänzlich »überwunden« werden. Nur ein Roboter und eine Maschine ohne Seele sind angstfrei.

Kein Therapeut der Welt kann einen Menschen völlig von Ängsten befreien; das wird er auch nicht im Sinn haben. Wenn aber das Denken die Angst steigert oder wenn Angst erst durch Denken erzeugt wird, kann ein Therapeut eingreifen. Es geht aber dann nicht um die Vernichtung der Angst, sondern um das Verständnis für die Zusammenhänge. So wird uns beispielsweise in der Therapie bewusst gemacht, dass wir selbst die Angst nähren, obwohl hierfür keine reale Grundlage vorhanden ist. Unser eigenes Denken macht nämlich aus der gesunden natürlichen Angst eine neurotische Angst, die uns dann behindert.

Angst gehört als Ausdruck seelischer Ausgewogenheit zu einem gesunden Leben. Da die meisten Menschen leider diese positive Einstellung zur Angst verloren haben, versuchen sie, eben weil sie die Angst nicht bekämpfen können, ihr auszuweichen.

In einer Atmosphäre der Sicherheit fühlen wir uns angstfrei. Sicherheit besteht im Bekannten, in der Routine, kurz in allen Bereichen, die uns vertraut sind. Unsicherheit tritt auf, sobald etwas Unbekanntes daherkommt, etwas, das nicht mit Routine erfasst werden kann, also etwas, das wir nicht kennen. Sicherheit bietet das Bekannte, das Alte, während Unsicherheit durch Neues und Unbekanntes erzeugt wird. Im Bekannten fühlen wir uns angstfrei, und im Neuen entsteht Angst. So ist es zu verstehen, warum sich die meisten Menschen Sicherheiten schaffen, um sich im Alten und Bekannten gemütlich (und geschützt) einzurichten. Deshalb verteidigen wir ja auch Traditionen und Konventionen. Das wird natürlich auf Dauer langweilig und öde.

Deshalb konnte das Fernsehen (neben anderen Gründen) einen solchen Siegeszug antreten, weil man sich zu Hause, in vertrauter Atmosphäre, dennoch etwas Neues, dazu noch völlig keimfrei, weil auf elektronischem Wege, anschauen kann. Kriminal- und Horrorfilme sind ganz besonders beliebt, weil wir ja die Lust nach etwas Neuem durchaus in uns tragen, uns diesem Neuen am Bildschirm aber in Sicherheit nähern können. Beim Betrachten eines spannenden Krimis entsteht in der Seele durchaus Angst, aber da wir uns zu Hause sicher und geborgen fühlen, kann die Angst nicht um sich greifen. So werden wir immer angstverwöhnter und schmälern unsere Fähigkeit, wirklicher Angst bei real Neuem im Alltag zu begegnen. Wir puffern uns sozusagen vor dem wahren Leben ab, um die Angst in Grenzen zu halten. Dadurch versäumen wir das wirkliche Leben und werden körperlich und seelisch träge. Wir können deshalb immer weniger reale Angst im wirklichen Leben aushalten, weshalb wir auch mehr und mehr davor zurückschrecken, Neues zuzulassen, geschweige denn zu beginnen. Deshalb scheint es uns äußerlich zwar gut zu gehen, doch wirklich glücklich sind wir nicht.

Wir sollten uns deshalb näher mit dem Komplex Sicherheit und Unsicherheit befassen, der Thematik Neues und Altes. Im Alten gibt es ein Wohlgefühl der Bequemlichkeit, da alles seinem bekannten Gang folgt. Das aber macht uns seelischgeistig alt. Andererseits aber steht dem ein Jugend- und Fitnesskult von Freiheit und Flexibilität entgegen. Das ist aber ein Ideal, das wir uns aus der Sicherheit heraus mit Abstand ansehen.

Dieser Jugendkult hat übrigens nichts mit seelischer Freiheit zu tun. Sie ist hier nicht möglich, denn Jugendfitness ist gebunden an ein Schönsein, das der Konvention dient: Nur wenn du schön bist, wirst du anerkannt und bewundert werden. Solch ein Denken macht unfrei – da nutzt selbst die größte Bewunderung herzlich wenig.

Das Neue hat keinen Platz, denn es erzeugt Angst. Freiheit heißt aber, das Neue zu begrüßen und es nicht ins Netz des Alten zu integrieren versuchen. Freiheit heißt Angst fühlen, heißt, diese Angst nicht zu unterdrücken oder zu verbergen. Freiheit heißt aber niemals Angstfreiheit! Neues wirkt zwar vitalisierend, aber dennoch sind wir nicht in der Lage, der Angst zu entkommen – weder im sicheren Nest unserer Eigentumswohnung, viel weniger natürlich im Abenteuerurlaub bei einer Expedition, die durch den Dschungel von Brasilien führt.

Wer das Neue im Leben sucht, ist nicht angstfrei, ist allerdings dazu bereit, die eigene Angst zu erleben, ohne sie verdrängen zu wollen. Er lernt mit ihr zu leben. Auf einem T-Shirt eines Touristen in Spanien las ich einmal den Spruch: »No risk, no fun.« Das ist sehr treffend, denn wir brauchen Risiko, um das Prickeln des Lebens zu empfinden. Wir sind geradezu gezwungen, die Insel der Sicherheit zu verlassen, um Spaß, Freude und Glück erleben zu können. Treffend wäre in diesem Zusammenhang auch der Spruch: »No news, no happyness.«

Im Urlaub, wenn wir unsere Wohnung verlassen, jenen durch unsere Versicherungspolicen abgesicherten Hort der Routine, neues Terrain betreten und neuen Menschen begegnen, erleben wir zwar Angst, jedoch auch die Lebenslust, die damit verbunden ist. Für viele aber geht die Konfrontation mit neuen Städten, neuen Kulturen und neuen Mentalitäten mit einem großen Angststress einher. Deshalb entstehen an den Traumstränden dieser Länder Hotelkomplexe, in denen wir uns wie zu Hause fühlen können: Wir haben ein Bad mit Dusche, ein Zimmer mit Telefon und TV – das alles gibt uns ein großes Stück Sicherheit, eben weil es uns vertraut ist. Da wir Neues nur portionsweise ertragen, soll es zunächst einmal so sein, wie wir es gewohnt sind, mit etwas mehr Sonne, mit etwas anderem Essen – und natürlich darf es auch Sandstrand sein, damit wir keinen steinigen Weg zu den heranbrandenden und sanft auslaufenden Wellen haben. Ein bisschen etwas Neues, aber nicht zu viel, denn das wäre Stress und keine Erholung – weil Angst Stress ist.

Wir suchen das Neue, sehnen uns danach, und zwar in vielen Bereichen. Nur: Es darf wiederum nicht zu neu sein, denn sonst macht es uns Angst. Das ist bei der aktuellen Kunst, bei politischen Strömungen, bei unserem Partnerschafts- und Sexualleben zu beobachten. Jenes Neue hat eine große Bedeutung für das, was wir als Trend begrüßen – und andererseits ablehnen. Wir suchen das Neue, aber es darf nicht zu neu sein, damit wir nicht Gefahr laufen, es nicht sofort zu verstehen. Wir wollen eine neue Lebensphilosophie, die uns hilft, Traditionen und Konditionierungen zu verlassen, wollen Neues wissen über Sexualität und Liebe, wollen es sogar im Urlaub erleben, denn »no risk, no fun«, aber bitte nicht zu viel »risk«. Das Problem sind wir selbst, ist nicht das Neue.

Wer steht denn schon zur Sommerzeit Ende Juni, Anfang Juli einmal morgens um vier Uhr auf, um einen Spaziergang am Waldrand zu machen, wenn in der Morgenluft die Vögel ihre Lieder singen und die Sonne hinter dem Horizont hervorkommt? Das wäre etwas außerhalb der Routine, was uns bewusst machen könnte, dass wir um acht Uhr zu unserer Arbeitsstelle fahren müssen, mit all den Gewohnheiten, all den Intrigen der Mitarbeiter – auch das schon Routine, denn das alles dreht sich um etwas Vertrautes, darum, wer Macht hat, Macht verliert und Macht bekommt. Das wiederum erzeugt ebenfalls Angst – obwohl es vertraut ist. Diese Angst jedoch ist alt, wird deshalb verdrängt – und sie macht uns neurotisch. Niemals lässt sie sich überwinden. Ich meine: Wenn schon Angst, dann richtige Angst, nämlich Angst vor dem wirklich Neuen. Die alten Ängste stinken ja wirklich unerträglich. Zu dieser Erkenntnis wird man beispielsweise gelangen, wenn man Pfade betritt, die nicht ausgetreten sind – etwa bei einem Morgenspaziergang, wenn die Sonne aufgeht.

UNSERE ANDEREN GEFÜHLE

Da neben der Sexualität die Angst zu unserem elementaren Leben gehört, dreht sich alles um diese beiden Hauptachsen. Mit der Angst werden wir schon als Kinder konfrontiert, während wir die Sexualität erst mit der Geschlechtsreifung in der Pubertät erleben, obwohl die Grundlagen für die spätere Sexualität ebenfalls in der Kindheit gelegt werden. Die Seele dagegen erfährt in der Kindheit Angst und Sicherheit sowie mutiges Versuchen, was wiederum Scheitern und Gelingen impliziert. Und wir erfahren in der Kindheit den Vergleich: Ein Freund hat zum Beispiel schon einen kleinen Computer, ich aber nicht; meine Eltern fliegen mit mir nach Mallorca in Urlaub, während meine Freundin mit den ihrigen nach Amerika fliegt, nach Kalifornien. Als Kind stelle ich mir dann die Frage: Bin ich etwa schlechter als mein Freund (meine Freundin)?

Sobald Menschen aufeinander treffen, ist der Vergleich anwesend. Meine Eltern haben das, deine Eltern besitzen jenes. Was ist wertvoller? Ich habe diese Freundin, du hast jene Freundin. Welche ist schöner oder attraktiver, welche interessanter oder intelligenter? Ich habe diesen Jungen erobert, du hast jenen Jungen erobert. Wer hat die bessere Eroberung gemacht? Wenn ich das bei einem Vortrag während einer Buchpräsentation so platt sage, geht stets ein Gelächter durch die Zuhörerschaft. Ich sage dann: »Lachen Sie nicht. Das ist leider die Realität, und das betrifft uns alle. Wir vergleichen Werte und Leistungen; das ist Alltag, und das begleitet uns von Kindheit und Jugend an. Was hat sie, was ich nicht habe? Warum hat er etwas oder kann er etwas, was ich nicht habe oder nicht kann?«

Es geht beim Vergleich um Neid. Neid ist ein unangenehmes Gefühl, das, gleichfalls wie die Angst, ein Tabu ist, denn keiner will offen zugeben, dass er Neidgefühle hegt. Sogar vor uns selbst wollen wir das nicht eingestehen. Gerade deshalb gehört Neid zu den wichtigsten Gefühlen, mit denen wir uns zu befassen haben, denn es kann keine Freiheit gelingen, solange wir neidisch sind. Angst vor dem Neuen darf sein, wenn wir die Schwelle überschreiten und das Neue zulassen. Neid darf natürlich auch sein, wenn wir bereit sind, den Neid zu erkennen und ihn nicht zu verdrängen.

Ein weiteres negatives Gefühl ist die Eifersucht, die mit dem Neid in enger Beziehung steht. Wenn ich neidisch bin, entsteht Eifersucht auf das, was jemand hat, das ich nicht habe. Bei all dem handelt es sich auch gleichzeitig um Angsterzeuger (die wiederum jeder Vergleich mit anderen hervorbringt). Ich bin neidisch und habe Angst, dass ich im Vergleich mit einem anderen vielleicht schlechter abschneide und nicht das bekomme, worauf ich neidisch bin. Ich bin eifersüchtig auf den Erfolg und die Leistung eines anderen und habe Angst, eine solche Leistung nicht erbringen zu können. So gehen Neid, Eifersucht und Angst eine Verbindung ein, welche die Brisanz der Gefühle steigert. Jetzt wird nochmals verständlich, warum Angst so sehr abgewehrt werden muss, denn sie verbindet sich mit Neid und Eifersucht. Angst ist zwar, wie wir festgestellt haben, durchaus etwas Positives; Neid und Eifersucht aber sind etwas Negatives. So bekommt die natürliche Angst eine negative Strahlung ab.

Neid und Eifersucht sind Gefühle, die wir nicht akzeptieren wollen. Es wird heftig abgewehrt, wenn ein anderer zu uns sagt: »Du bist ja neidisch!« oder: »Du bist ja eifersüchtig!«, denn oft ist in solchen Aussagen ein triumphierender Unterton enthalten. Wir wollen doch nicht etwas zugeben, womit andere uns triumphierend mit einer Schwäche stigmatisieren, oder? Es gilt jedenfalls als Schwäche, neidisch und eifersüchtig zu sein, obwohl das ja fast alle in unserer Zivilisation tatsächlich sind. Das ist wirklich beklemmend in unserer Gesellschaft: Nahezu jeder hat Angst, nahezu jeder ist auf den anderen neidisch und eifersüchtig, aber nahezu jeder verleugnet es bei sich selbst – es sind nur immer die anderen. Deshalb verstecken die meisten Menschen diese Gefühle, deshalb werden sie tabuisiert; sie dürfen nicht sein, denn sie werden als Waffe gebraucht.

Wenn aber diese elementaren Gefühle verborgen werden müssen, weil sie als Angriff gegen uns gerichtet werden, dann sehen wir uns gezwungen, sie zu verleugnen: »Ich? Ich bin doch nicht neidisch – und eifersüchtig bin ich schon gar nicht!« So wird die Wahrhaftigkeit unserer Seele verborgen und geleugnet. Wir stehen nicht zu unseren wahren Empfindungen, denn zwangsläufig sind wir durch Wettbewerb und Vergleich neidisch und eifersüchtig – und so sagen wir bewusst die Unwahrheit: »Ich habe keine Angst, ich bin nicht neidisch – und eifersüchtig schon gar nicht.« So belügen wir andere und versuchen uns (durch das Denken) einzureden, es sei tatsächlich so, bis wir das schließlich selbst glauben, denn es ist ein zu großer Schmerz, vor sich selbst zugeben zu müssen, so schwach zu sein, dass wir uns selbst und andere belügen.

Deshalb versuchen wir uns von unserer eigenen Seele, von unseren wahren Gefühlen zu distanzieren und zu sachlichen, rationalen Personen zu werden, die nach der Logik des Verstandes handeln und Gefühle als Sentimentalität, als eine Schwäche, als etwas Diffuses, Unreales, nicht Beachtenswertes ablehnen, ja gar verachten. Nur die Ratio zählt, nicht das Emotionale. Die Gefühle gelten als das Primitive, die Ratio dagegen als das Fortschrittliche. Ja, die Gefühle sind dann das Falsche, das Irreführende, während der Verstand und das Denken mit der jeweiligen Sachlichkeit das Richtige sind. Dann sind wir auch ganz schnell dabei, folgende Schlussfolgerungen zu ziehen: Gefühle sind das Krankhafte, Verstand und Denken das Gesunde. Somit werden letztlich viele Gefühle als krankhaft abgewertet und das Denken als das einzig Gesunde aufgewertet.

Auf solch eine Weise gelangen wir in folgendes Dilemma: Die Seele wird generell abgewertet, denn alles, was mit Seele zu tun hat, ist ja mit Gefühlen verbunden; die aber erscheinen gefährlich, weil sie unsere Lügen aufdecken könnten. Darin liegt auch der Grund, warum die Psychologie – als Wissenschaft von der menschlichen Seele – nicht in ihrer Bedeutung akzeptiert werden kann, obwohl Psychologen als Wissenschaftler und Therapeuten durchaus akzeptable Medienbeachtung besitzen, denn kaum ein Verbrechen, zu dem nicht ein Psychologe in Zeitschriften oder TV-Sendungen ein Statement abgeben soll. Wenn ein Prominenter seine Frau schlägt, weil sie einen Liebhaber hat, dann soll der Psychologe über Eifersucht und verletzte Eitelkeit etwas aussagen, dann ist das Thema gefragt. Auch wenn es darum geht, die Eifersucht in der Ehe zu bewältigen, dann ist des Psychologen Rat gefragt: Er soll schnell zehn Tips beisteuern, wie der Einzelne im Alltag mit der Eifersucht fertig wird. So wird das Problem, mit dem wir alle konfrontiert sind, auf äußerst bequeme Art personalisiert: Der oder die sind neidisch und eifersüchtig. Wie können sie nur?! Wie entsetzlich, dass sie sich so falsch verhalten und solche Fehler machen, denn zehn Tips hätten das ja vermeiden können. So glaubt der Leser wie der Zuschauer, dass ihn das alles nicht ernsthaft selbst betrifft, denn das sind ja nur diese Promis. Und somit kann man all das weit von sich schieben.

Jeder kleine Angestellte, der vor seinem Fernseher zufrieden seine Chips knabbert und sein Bier trinkt, ist aber ebenfalls neidisch, etwa auf den Nachbarn, ist ebenfalls eifersüchtig, etwa auf seine Frau, die einen Fitnesskurs mitmacht. Die Frage, warum sie das macht, vielleicht, um nur mal dem langweiligen Einerlei des Ehealltags zu entfliehen – diese Frage stellt sich ihm erst gar nicht. Wir können nicht wirklich frei werden, bevor wir uns nicht mit unserer eigenen Angst, unserem Neid und unserer persönlichen Eifersucht befassen. Es gibt keine Freiheit, bevor der eigenen Seele nicht zu ihrer Anerkennung verholfen wird. Wir können erst frei werden, wenn all diese Vorurteile und Lügen abgebaut werden. Es kann keine Freiheit geben, bevor die Seele und die Gefühle in der Gesellschaft Anerkennung finden und nicht mehr stigmatisiert werden.

Den Zeitgeist, der in einer Gesellschaft herrscht, kann ich als Autor nicht ändern. Ich kann lediglich Defizite aufzeigen und darauf aufmerksam machen, das ins Bewusstsein bringen. So kann ich nur jedem einzelnen Leser helfen, auch jeder Person, die mich konsultiert, das zu erkennen. Deshalb sage ich: Erkenne deinen Neid und deine Eifersucht, die von anderen so scheinheilig verurteilt wird. Mache dich selbst frei davon, denn es wird dich kein anderer befreien.

DRITTES KAPITEL

DIE BEZIEHUNGEN ZWISCHEN MANN UND FRAU SIND IM WANDEL

Mein Buch »Stark sein in Beziehungskrisen«, das 1997 im Gustav Lübbe Verlag erschienen ist, hat das Thema Beziehung und Liebe ausführlich behandelt. Anlässlich dieses Buches habe ich erstmals Vorträge in Buchhandlungen gehalten, und ich war überrascht, auf welch großes Interesse – sowohl bei Lesern als auch bei Leserinnen – diese Vorträge gestoßen sind. Die Stühle in den Buchhandlungen wie in den Volkshochschulen waren bis auf den letzten Platz besetzt. Am Schluss eines Vortrages konnten Fragen gestellt werden. Diese Fragestunde war auch für mich besonders interessant, denn hier wurde mir bewusst, welche große Ratlosigkeit unter Männern und Frauen nach wie vor besteht, und ich war überrascht über die aggressive Spannung, die nicht selten in einem Raum lag. Die Thematik Beziehung macht offenbar allen große Angst.

In der Bundesrepublik haben wir mittlerweile rund 20 Millionen Single-Haushalte, und in den Großstädten wird, wie gesagt, etwa jede zweite Ehe geschieden, wobei die Scheidungsrate jährlich weiter zunimmt. Darüber hinaus ist ein Anstieg der psychosomatischen Störungen und der Depressionen zu beobachten, was mitunter zu Alkoholismus führt (hier sind gleichfalls steigende Zuwachsraten zu beobachten). Das damit verbundene seelische Leid ist enorm. Darunter leiden auch viele Beziehungen zwischen Mann und Frau, wobei die Beziehungen eh schon seit Jahrzehnten in einem Wandel begriffen sind (wodurch das Ganze nicht gerade einfacher zu handhaben ist). Ist das positiv oder negativ? Die Irritationen jedenfalls sind groß.

Die Sehnsucht nach Liebe, Verständnis und romantischer Zweisamkeit besteht nach wie vor, und die überaus hohe Erwartung an Ehe und Liebe ist ungebrochen. Andererseits ist aber auch die verdeckte Angst gewachsen, die auf mögliche Probleme in der Ehe ausgerichtet ist. Jedenfalls will niemand in einer Ehe unglücklich werden, doch die Mehrzahl fürchtet sich davor.

Wenn die Sexualität nicht wäre, so behaupte ich, würden Männer und Frauen das »Wagnis« einer Ehe viel seltener eingehen. Die meisten Frauen sind heute im Arbeitsleben voll integriert, und da sie ihre berufliche Leistung schätzen, würden sie nicht heiraten wollen, wenn da nicht auch der Wunsch nach Kindern wäre und die finanzielle Absicherung durch den Ehepartner, damit die Kinder versorgt werden können.

Für beide Geschlechter gilt: Der Glaube an die Liebe ist ungebrochen. Und beide denken, dass die Liebe die Probleme, die mittlerweile ja jeder kennt, schon lösen könnte. Alle hoffen und vertrauen auf die Liebe, obwohl die meisten gar nicht wissen, was Liebe wirklich ist. Das, was wir unter Liebe verstehen, dieses prickelnde Gefühl, das als »Schmetterlinge im Bauch« beschrieben wird, dieses freudige Erwarten des anderen zu einem Rendezvous, weil das wiederum mit romantischen Stunden und gegenseitigen Komplimenten verbunden ist... daran wollen wir festhalten und das durch die Lebensgemeinschaft Ehe noch steigern. Die Realität aber führt oft leider nicht zur Steigerung der Liebesgefühle, sondern in 95 Prozent aller Fälle zu einem Nachlassen und Abklingen dieser Gefühle. Das ist die traurige Realität, und alles Schwärmen von der schönen

Lebensgemeinschaft, die Vertrauen schafft und Geborgenheit erzeugt, scheint nichts bewirkt zu haben. Fatal dabei: Wir neigen dazu zu glauben, dass es nur uns, ganz individuell, so schlecht gehe und dass andere Paare viel glücklicher seien. Dass jede zweite Ehe geschieden wird, na gut, die haben eben Fehler gemacht ... aber immerhin scheinen doch 50 Prozent der Ehen zu funktionieren.

Klar, aus dem Bekanntenkreis wissen wir, dass es hier und dort auch nicht klappt, weil er diese und sie jene Fehler gemacht hat. Wenn wir, so unsere Überzeugung, solche Fehler nicht machen, dann müsste es bei uns funktionieren. Wir aber machen ähnliche Fehler und sind uns dessen oft gar nicht bewusst.

Partnerbeziehungen sind wichtig, denn sie sind neben der Säule Beruf die zweite Säule für das Lebensglück. Wenn die Ehesäule in sich zusammenfällt, entstehen Angst, Frustration und Stress. Und was ist mit der Liebe? Habe ich selbst wirklich geliebt – wurde ich geliebt? War die Liebe nicht stark genug? Lag es an der Liebe oder an anderen Dingen? Diese Fragen stellen wir uns – und das ist gut so.

Hat vielleicht die Liebe nichts mit der Ehe zu tun? Liegt die Liebe vielleicht auf einer ganz anderen Ebene? Weiß ich überhaupt, was Liebe ist? Bin ich liebesfähig? Bin ich beziehungsfähig? Was ist mir wichtiger: die Liebe oder die Beziehung? Und welche Rolle spielt die Sexualität? Ist ein beglückendes sexuelles Erlebnis automatisch mit Liebe gleichzusetzen?

Wir sind ja alle so aufgeklärt, sind durch die Medien informiert und gehen mit dem Zeitgeist mit. Wir bedienen das Faxgerät, telefonieren mit Handy und holen uns Informationen aus dem Internet. Wir sind doch wirklich fortschrittlich, pflegen unseren Freundeskreis, interessieren uns für Politik und Kultur. Wir wissen, was Emanzipation der Frau bedeutet, und sind ja auch dafür; der Partner ist kein Macho, die Partnerin keine Feministin; wir sind aufgeschlossen und tolerant, haben Verständnis für Selbstentfaltung und sind auch nicht extrem eifersüchtig. Aber trotzdem klappt es nicht – weder sexuell noch emotional, noch kommunikativ.

Vielleicht macht der Mann sogar Karriere und kann es sich leisten, für sich und seine Lieben ein Einfamilienhaus bauen zu lassen, ist er treu und hilft gar im Haushalt mit – und dennoch versteht man sich nicht mehr, sind die »Schmetterlinge im Bauch« davongeflogen. Stattdessen scheinen überall Fledermäuse im Gebälk zu nisten. Eine geheimnisvolle, verbal nicht zu benennende Energie ist plötzlich weg. Das Kraftfeld zwischen den drei Energiepunkten Sexualität, Sicherheit und Sensitivität ist aus dem Gleichgewicht geraten. Die »Beziehungskrise« legt sich wie ein Grauschleier über die Möbel, die Fensterscheiben, auf das strahlende Glitzern der Augen, auf alles, was man mit so viel Elan versuchte aufzubauen.

Ein Urlaub scheint die Rettung: Raus aus dem Alltag, nichts wie weg aus der Routine. Aber in das fremde Land nimmt jeder seine Probleme und Sorgen mit. Sie kommen beim Abendessen im Terrassenrestaurant, mit Blick auf das Meer, wieder hoch, sind existent. Man versucht darüber zu sprechen und sagt schließlich, dass man besser doch nicht darüber sprechen sollte. Die Musik ist leise und romantisch, der Blick auf das Meer wundervoll, aber trotzdem hat man das Gefühl, es sei zu schwül, der Kellner sei zu lax, der Fisch zu trocken, die Fliegen zu aufdringlich – die Schmetterlinge fliegen nicht mehr in den Bauch.

Es entsteht Angst, dass man etwas falsch macht, weil alles nicht »richtig« läuft ...

Sie entschuldigt sich: »Schatz, es ist alles wundervoll, aber ich fühle mich heute nicht so wohl; meine Tage kommen morgen. Außerdem denke ich an den Stress zu Hause mit den Handwerkern, die unser Bad renovieren.«

Er anwortet: »Mach dir keine Sorgen. Ich habe Sonnenbrand und fühle mich auch nicht wohl. Der Stress der letzten Wochen steckt mir noch in den Knochen. Die Hauptsache ist, dass es hier schön ist.«

»Ich warte schon seit einer halben Stunde auf mein Dessert.«

»Die haben hier wohl viel zu tun. Wir sind ja nicht die einzigen Gäste hier. Komm, gib mir deine Hand.«

»Es ist zu schwül dafür; mir ist jetzt nicht nach Händchenhalten.«

»Du sagst das so, als wäre Händchenhalten etwas Kindisches.«

»Nein, so meine ich das nicht; verstehe mich nicht falsch. Es ist nur die Schwüle hier.«

»So heiß ist es aber nun auch wieder nicht.«

»Zum Händchenhalten jedenfalls schon.«

»Genieß doch die schöne Atmosphäre. Wir sind im Urlaub, wir entspannen, und einen schöneren Blick auf das Meer kann man sich doch gar nicht mehr vorstellen.«

»Du hast ja Recht, aber irgendwie kann ich es heute einfach nicht genießen.«

»Habe ich dich geärgert, Schatz, habe ich etwas falsch gemacht?«

»Nein, du hast mich nicht geärgert ... Aber wann kommt der endlich mit dem Dessert?«

»Ober! Hallo! Das Dessert!«

Diese gereizte Unterhaltung zeigt, dass bei diesem Paar das erotische Begehren weg ist. Es ist sicherlich objektiv richtig, dass es schwül ist, die Fliegen herumschwirren, das Dessert auf sich warten lässt, aber die Ehefrau empfindet keine Gefühle, die mit »Schmetterlingen im Bauch« zu vergleichen wären. Das ist der Grauschleier, von dem ich gesprochen habe – vielleicht ein nicht sehr treffendes Wort, doch das tut in diesem Zusammenhang nichts zur Sache, denn es handelt sich ja lediglich um ein Symbol. Wenn das Prickelnde, das Spannende, das Neue, das etwas Angst erzeugende fehlt, weil zu viel Sicherheit eingekehrt ist, dann macht Langeweile nervös. Jetzt fehlt plötzlich das Positive der Angst! Es muss Angst vor etwas Neuem sein, damit es prickelt. Wenn man glaubt, alles zu kennen, und die Sicherheit erreicht hat, entsteht sogar ein Angstdefizit in der Beziehung.

In den ersten beiden Kapiteln haben wir von den eher unangenehmen Seiten der Angst gesprochen, und jetzt erkennen wir ihre positive Seite. Das Neue darf, ja muss Angst machen, denn diese Angst mobilisiert auch die »Schmetterlinge im Bauch«. Wenn alles klar und sicher ist, entsteht kein Angstprickeln, und dann wird – um im Bild des Beispiels zu bleiben – die gesamte schöne Atmosphäre mit Meeresblick zu etwas Langweiligem. So kommt zu der Enttäuschung über das Ausbleiben des Prickelns die Realität hinzu, dann turnt um so mehr ab, dass lästige Fliegen herumschwirren. Das Negative steigert sich, wenn das erwartete Positive ausbleibt. Wir entschuldigen uns dann mit Ausreden. Andererseits wollen wir dieser Situation auch nicht auf den Grund gehen, denn die gesamte Problematik erscheint uns zu schwierig und zu anstrengend. Außerdem liegt es überhaupt nicht im Trend des Zeitgeistes, über »so etwas« zu »philosophieren«, denn es geht ja nur darum, glücklich zu sein. Wer hätte denn jemals gedacht, dass das in der Partnerschaft schwierig sein und darüber diskutiert werden könnte, denn »entweder ist man glücklich oder nicht«, oder? Wenn wir es aber nicht sind – woran können wir uns dann halten? Was hilft uns jetzt? Zum Psychotherapeuten geht man jedenfalls deswegen nicht. Was ist schief gelaufen? Wir geben uns selbst die Schuld dafür. Das erzeugt Angst, Schuldgefühle – und das ist Stress.

WIE EINE ZWANZIGJÄHRIGE DENKT

Eine Mutter meldete vor einiger Zeit ihre zwanzigjährige Tochter zu einem Gespräch an. Sie mache sich Sorgen, sagte sie, die Tochter, die vor einem Jahr Abitur gemacht habe, könne auf die »falsche Bahn« geraten, bedingt auch womöglich durch ihr Aussehen, da sie ausgesprochen hübsch sei. Das könne unter Umständen den »Fall« beschleunigen, so die Mutter.

Als die Tochter an einem schönen Herbsttag – die Sonne schien quer durch das Zimmer – vor mir steht, bin ich überrascht, wie gepflegt und gut gelaunt sie erscheint. Sie trägt ein graues Kostüm und sieht in dieser dezent eleganten Kleidung etwas älter aus.

»Ich freue mich, dass Sie heute gekommen sind«, beginne ich die Unterhaltung. »Ihre Mutter hat den Termin für Sie gemacht. Ich hoffe, dass Sie nicht nur Ihrer Mutter zuliebe hier sitzen. Was erwarten Sie von unserem Gespräch?«

»Einerseits bin ich tatsächlich meiner Mutter zuliebe hier, aber andererseits bin ich auch neugierig, was für eine Art Typ Sie sind und wie ein solches Gespräch abläuft.«

»Warum möchte Ihre Mutter, dass Sie mit mir reden?«

»Sie ist der Meinung, dass ich mein Leben nicht richtig führe, dass ich zu oberflächlich sei und nicht so viel in den falschen Kreisen herumflirten soll.«

»Hat sie damit Recht?«

»Aus ihrer Sicht hat sie vielleicht Recht. Ich komme aus einer guten Familie, wie man so sagt; mein Vater ist erfolgreicher Unternehmensberater, und meine Mutter hat ein Dekorationsgeschäft. Meine Eltern haben sich scheiden lassen, als ich elf war. Da haben sie mich auch nicht gefragt, ob mir das Recht sei. Durch die Scheidung wurde mein Elternhaus mit dem schönen Garten verkauft. Danach hatte mein Vater neue Freundinnen, aber meine Mutter hatte auch neue Partner.«

»Wo lebten Sie nach der Scheidung? Beim Vater oder bei der Mutter?«

»Bei der Mutter, obwohl meine beiden Eltern sich das Sorgerecht teilten. Ich habe versucht, meine Eltern wieder zusammenzubringen, aber das hat nicht geklappt. Für mich war schwer zu verstehen, dass Papa und Mama sich so auseinander gelebt haben sollten, denn bis heute hat keiner mehr eine vernünftige Partnerschaft auf die Reihe bekommen. Dann hätten sie ja auch zusammenbleiben können.«

»Wie war das Zusammenleben mit der Mutter?«

»Das war schon in Ordnung. Meine Mutter hat sich gut um mich gekümmert; der Papa war auch immer für mich da. Wenn ich ihn brauchte, haben wir uns zu einem Abendessen in einem Restaurant getroffen. Aber was ich unmöglich fand, dass die Mama über den Papa schlecht gesprochen hat und er gleichfalls über die Mama. Sie wollten mir wohl sagen, dass der andere schlecht ist, um sich vor mir zu rechtfertigen. Ich halte das für intrigant, obwohl ich die gute Absicht schon verstehe. Es ist mir aber heute, ehrlich gesagt, völlig egal. Ich habe mich von beiden abgenabelt, wie man so sagt. Schließlich muss ich mein eigenes Leben leben, und das werde ich auch.«

»Sie haben das Abitur vor einem Jahr geschafft. Was haben Sie danach gemacht?«, frage ich.

»Erst mal habe ich bis jetzt nichts Konkretes gemacht, was meine Ausbildung betrifft. Ich weiß noch nicht, ob ich eine Ausbildung bei einer Bank machen soll oder ob ich studieren werde. Papa will, dass ich Jura studiere; die Mama möchte, dass ich eine Ausbildung im TV-Medienbereich machen soll, weil ich gut aussehe und Ausstrahlung hätte und die Medienbranche Zukunft hätte.«

»Und was ist Ihre Meinung?«

»Ich bin gegen alles, was meine Eltern mir vorschlagen. Ich will meinen eigenen Weg finden.«

»Haben Sie noch Geschwister?«

»Nein, ich bin Einzelkind.«

»Haben Sie derzeit einen Freund?«

»Ich habe viele Freunde, aber keinen Partner. Will ich auch nicht. Ich will frei leben und mich nicht binden.«

»Sind Sie in einen der Freunde verliebt?«

»Ich bin gerne verliebt, aber ich will frei sein. In mich sind viele verliebt. Ich brauche nur abends weggehen, in Restaurants oder Discos – und schon sind ein oder zwei Jungs in mich verliebt. Ich weiß, dass ich gut aussehe. Sie sehen alle nur mein Aussehen und mein Outfit. Ich kann jeden haben, wenn ich will. Wenn ich in ein Restaurant gehe, dann folgen mir alle Blicke, und die Gespräche verstummen plötzlich. Ich stehe immer im Mittelpunkt, und deshalb glaube ich, dass meine Mutter eifersüchtig auf mich ist, denn wenn wir zusammen sind, dann interessieren sich jetzt – früher war das anders – alle Männer, ob jung oder älter, nur für mich.«

»Schmeichelt das dem Selbstbewusstsein?«

»Ich habe überhaupt kein gutes Selbstbewusstsein; ich bin eigentlich sehr unsicher. Was Männer anbetrifft, ja, da habe ich ein gutes Selbstbewusstsein. Aber das hilft mir nicht; das macht mich eher noch unsicherer.

Ich habe einen sehr klaren Verstand; mein Abiturdurchschnitt ist eins Komma acht. Ich denke sehr logisch und habe eine Sensibilität zu Menschen, die mich manchmal erschreckt. Ich habe, glaube ich, mehr Menschenkenntnis als mein Vater oder meine Mutter. Ich bin zwar verträumt, aber sobald ich Menschen begegne, hellwach. Meine Mutter will mich beeinflussen, einen reichen Mann zu heiraten, einen Unternehmer oder einen Pop-Musiker ... das ist ihr egal ... nur vielfacher Millionär soll er sein. Ich soll Kinder von ihm bekommen und mich dann mit hoher Abfindung scheiden lassen.«

»Hat das Ihre Mutter Ihnen wirklich empfohlen?«

»Nein, natürlich nicht so offen. Sie nimmt mich mit auf Galas, Konzerte, Vernissagen und Einladungen. Ich spüre doch aber, worum es ihr dabei geht: Sie sucht für mich den Millionär – oder noch besser Milliardär –, damit sie davon selbst profitieren kann. Ihr Dekorationsgeschäft würde sie am liebsten aufgeben.«

»Und wie verhalten Sie sich?«

»Ich registriere das und lasse mich nicht vermitteln. Das ist alles ein Scheißspiel. Mir tun die Männer Leid, die sich für mich interessieren und Blumen schicken mit Einladungen. Ich will das nicht. Das hat mit Liebe überhaupt nichts zu tun. Ich weiß zwar nichts von der Liebe, denn ich war noch nie richtig verliebt. Dann hänge ich lieber in der Szene herum und lasse mich von einem Drogenlooser anlabern oder von einem, der glaubt, als Künstler Karriere machen zu können. Die sind wenigstens witzig und irgendwo individuell.«

»Hatten Sie schon sexuelle Erfahrung?«

»Oh ja, natürlich, mein erstes Erlebnis hatte ich im Urlaub in Spanien mit sechzehn. Das ist es nicht. Natürlich hat Sex schon seinen Reiz, aber deswegen mache ich mir doch keine Illusionen. Sie wollen mich doch alle nur einfangen mit Sex, mit romantischem Liebesgeflüster, mit dem Protzen ihres Geldes, dem Status. Ich will das nicht. Mich ekelt das alles an. Es ist doch nur ein Kampf um irgendwelche Interessen.«

»Wie sehen Sie Ihre Rolle in der Gesellschaft?«

»Die ganze Gesellschaft ist krank. Die obere Gesellschaft sowieso, die Mittelschicht besteht aus banalen Spießern, und die Unterschicht sind die Looser. Sie kassieren Arbeitslosenhilfe oder Sozialstütze und arbeiten nebenbei schwarz, um sich einen Lebensunterhalt zu erlauben auf der Ebene: Urlaub Mallorca, drei Wochen saufen und die Sau rauslassen. Entschuldigung, dass ich das so offen sage. Ich sehe das so.«

»Und welche Chance sehen Sie für sich in dieser Situation?«

»Ich sehe keine Chance. Wenn ich die Politik betrachte, dann überkommt mich das Kotzen. Das sind egozentrische Karriereschweine, die nur an sich selbst denken. Die Unternehmer sind arrogante Menschenverächter, denen es nur darum geht, Kapital aus ihrer Firma zu ziehen und die Mitarbeiter auszupressen und den Betrug, den die Mitarbeiter an ihnen begehen – durch getürkte Krankmeldungen und Diebstahl an Waren und so weiter –, wieder auszugleichen. Jeder versucht doch jeden zu betrügen. Und die Liebe ist auch ein Betrug. Jeder versucht die Gefühle des anderen für sich auszubeuten. So habe ich meine Eltern erlebt. Meine Mutter, so glaube ich heute, hat meinen Papa nicht geliebt, und der hetzt von Frau zu Frau, um geliebt zu werden.«

»Also keine Illusionen, was die Liebe anbelangt?!«

»Vor allem nicht, was die Partnerschaft betrifft. Ich bin auf der Suche. Ich weiß nicht, was richtig und was falsch ist. Jedenfalls ist es nicht richtig, von Liebe zu reden und gesellschaftliches Weiterkommen oder finanzielle Absicherung zu meinen. Wir haben alle verloren: Die Mama hat den Papa verloren, der Papa die Mama, ich habe das Elternhaus verloren, meine Eltern haben durch die Scheidung Geld, Freunde und gesellschaftliche Anerkennung verloren ... Aber in welcher Gesellschaft? Ich frage mich: Lohnt es sich, dafür zu leben? Soll ich dieses Spiel mitspielen, weil ich gut aussehe? Bin ich dann nicht vielleicht verraten und verkauft? Schade ist, dass die Liebe mit solchen Dingen belastet ist. Ich würde mich so gern verlieben, einfach so, ohne alle Vorbehalte. Ich würde gerne Sex haben ohne die ganze Pornografie, ich würde gerne treu sein, ohne die ganze Anpassungserpressung, ich würde gerne meine Minderwertigkeitsgefühle verlieren, aber ohne die Aussage, ich wäre doch so schön und begehrenswert. Ich würde gerne ein Leben finden, das ohne Intrige ist.«

Mit großen fragenden Augen sieht sie mich an – mit Augen, die fragen: Haben Sie das verstanden? Wissen Sie, wovon ich rede? Gibt es das? Und wie ist es möglich?

»Ich hätte gerne Kinder«, fügt sie hinzu. »Aber nicht in einer solchen Welt, nicht unter solchen Voraussetzungen ... so macht es keinen Spaß. Es läuft zu viel falsch. Ein Freund sagte neulich zu mir: ›Du denkst zu viel!‹ Hätte ich kein Abitur machen sollen? Sollte man nichts denken und einfach so leben, wie es sich ergibt? Ich weiß es nicht. Meine Mutter sagt: ›Du musst nach vorne denken, du sollst dich nach oben orientieren.‹ Aber was ist oben? Ist das Lüge und Intrige, dieser Schein ... ist es erstrebenswert, sich dorthin zu orientieren? Ich weiß nicht, was richtig und was falsch ist. Können Sie mir das sagen? Ich bezweifle das. Ich habe kein Vertrauen, zu niemandem. So, und jetzt machen Sie was draus.«

»Die Frage ist so provokativ vorgebracht, dass darin die Antwort bereits enthalten ist: Ich kann kein Vorbild präsentieren, kein Idol, keine Vision, keine Hoffnung und keinen Trost. Wir werden uns damit befassen müssen.«

Sie kam noch mehrere Stunden zu weiteren Gesprächen. Es ging vor allem um die Themen Angst und Sicherheit, Konditionierung, Konvention und Tradition, Liebe und Partnerschaft. Ich möchte hier nicht die weiteren Unterhaltungen dokumentieren, denn ich wollte mit der Wiedergabe dieses ersten Gespräches nur die Ratlosigkeit und die Stimmung einer Zwanzigjährigen dokumentieren – und ich denke, dass manche ihrer Aussagen den ein oder anderen nachdenklich stimmen.

Im nächsten Gespräch kommt ein Zweiundfünfzigjähriger zu Wort. Es geht um die Gesamtproblematik Liebe, um unsere Skepsis hierzu und auch um die Angst, die damit verbunden ist. Mit diesem Grundproblem hat jeder zu tun – egal, welchen Alters er ist.

HERZ ÜBER KOPF

Ein zweiundfünfzigjähriger Freiberufler rief mich vor einiger Zeit an und vereinbarte einen Termin. Er sagte am Telefon, dass es um das Thema Liebe und Partnerschaft ginge; er käme allein nicht weiter mit seinem Problem. Als er zur verabredeten Zeit vor mir steht, wirkt er aufgeschlossen, freundlich und selbstbewusst. Er setzt sich und beginnt das Gespräch. »Es ist mir sehr wichtig, heute mit Ihnen zu sprechen. Ich habe keinen Freund, dem ich mich anvertrauen könnte. Ihnen ist dagegen mein Problem sicherlich vertraut. Soll ich direkt beginnen mit meiner Lebensgeschichte?«

»Ja, erzählen Sie, was Ihnen selbst wichtig erscheint. Wenn ich eine Frage habe, werde ich Ihnen das signalisieren«, antworte ich.

Er rutscht unruhig auf dem Stuhl hin und her und wirkt jetzt unsicherer als bei der Begrüßung. »Ich versuche das Wichtigste zu sagen. Wenn ich zu weit abschweife, dann unterbrechen Sie mich bitte ... Also, ich bin seit zweiundzwanzig Jahren verheiratet und habe einen neunzehnjährigen Sohn. Ich habe eine Firma aufgebaut, um meine Familie abzusichern; wir haben ein Einfamilienhaus und sind gut eingerichtet. Meine Frau hat sich um den Garten vorbildlich gekümmert; sie ist eine gute Köchin und charmante Gastgeberin. Wo liegt also das Problem?« Er schaut mich lächelnd an und fährt dann fort: »Ich habe meine Frau nie geliebt. Das war mir im Grunde die ganze Zeit während unserer Ehe klar, hat mich aber nicht weiter gestört, denn ich bin ein

Kopfmensch. Ich sehe die Dinge mit der Ratio nüchtern und sachlich. Unsere Ehe hat ja gut funktioniert.«

»Waren Sie in Ihre Frau auch zu Anfang der Ehe nicht verliebt?«, frage ich.

»Ich habe sie gemocht. Wir hatten gute Gespräche. Ich war damals sehr schüchtern, und sie war resoluter als ich. Sie hat mir den Heiratsantrag gemacht, und ich habe mich geschmeichelt gefühlt und zugestimmt. Ich wurde also von ihr geheiratet, so wie sicherlich auch viele Frauen von dominanten Männern geheiratet werden, die sie nicht wirklich lieben. Unsere Ehe hat demnach gut funktioniert, weil meine Frau ein prima Kumpel ist. Ich konnte mich jedenfalls immer auf sie verlassen.«

»Wie hat es sexuell funktioniert, um das Wort ›funktioniert‹ aufzugreifen?«, frage ich.

»Sexuell hat es schon ganz gut geklappt, denn ich war sexuell aufgeschlossen. Heute weiß ich, dass Sexualität und Liebe voneinander getrennt gesehen werden müssen. Ich hatte in meiner Ehe Sex ohne Liebe. Das geht durchaus; man hat ja sexuelle Wünsche, auf die meine Frau immer eingegangen ist; hier hatte ich also kein Defizit ... Ich habe mich vor allem um meinen Beruf gekümmert und bin mit den erreichten Erfolgen zufrieden. So weit, so gut ... Ich hatte zwar das Gefühl, dass es schade ist, dass ich meine Frau nicht liebe, aber ich dachte, vielleicht kommt das noch irgendwann. Mein Kopf sagte mir: Du führst eine gute Ehe, deine Frau ist in Ordnung. Was will man mehr? Links und rechts von uns ließen sich die Bekannten und Verwandten scheiden, wir aber hatten Stabilität und Geborgenheit...

Aber jetzt kommt's: Ich habe mich vor einem Jahr in eine andere Frau verliebt. Wir trafen uns bei einem Kongress. Sie wohnt in einer Nachbarstadt, etwa 40 Kilometer von meinem Haus. Sie ist 15 Jahre jünger als ich und hat keine Kinder. Als ich sie sah, war ich nicht wie vom Blitz getroffen, wie man so sagt, aber es ging von ihr eine Atmosphäre aus, die mich gefühlsmäßig berührte: Ich fühlte eine Wärme, etwas Positives, etwas sehr Erfreuliches. Vielleicht drücke ich mich unbeholfen aus, denn ich kann nicht über Gefühle reden; sie sind für mich nur schwer in Worte zu fassen... Jedenfalls, ich habe mir ein Herz gefasst und sie am zweiten Kongressabend zum Essen eingeladen. Sie sagte ja, und es war ein Abendessen, wie ich es in dieser Intensität noch nie erlebte. Sie redete mit mir sehr aufgeschlossen, und alle Schutzschilder fielen plötzlich von mir ab. Ich hatte ein Gefühl von Freiheit; alle Angst war weg, denn ich hatte Angst vor diesem Treffen – auch ein schlechtes Gewissen – und Schuldgefühle meiner Frau gegenüber. An diesem Abend habe ich mich in Renate verliebt – und sie sich in mich auch. Es war ein Treffen zweier Seelen, die sich austauschen konnten. Ich erzählte ihr mein Leben, und sie verstand alles, und sie erzählte mir ihr Leben, ihre Ehe, und ich verstand es. Wir küssten uns zum Abschied, aber jeder ging anschließend auf sein Hotelzimmer, denn Sexualität war überhaupt nicht das Wichtigste...

Seit diesem Abend sehen wir uns einmal in der Woche. Ich fahre dann nach Wiesbaden, und wir gehen in der Natur spazieren, anschließend im Restaurant essen und dann zu ihr. Die Sexualität ist mit ihr ganz anders als mit meiner Frau. Ich erlebe eine Sexualität, die mein Herz berührt, die mich wie ein emotionales Erdbeben tief bewegt. Nach einem Orgasmus hatte ich vor drei Wochen einen Weinkrampf – ich war innerlich völlig aufgelöst. Mein Denken war in sich zusammengebrochen – ich konnte keinen klaren Satz mehr formulieren. Sie verstand mich; sie beantwortete diese Gefühlsreaktion mit so viel Verständnis, dass ich sprachlos war. Sie orientiert sich nicht nach materiellem Erfolg, der mir mein ganzes Leben immer so wichtig war; sie sagt, dass Ehrlichkeit und Wahrhaftigkeit der Gefühle wichtiger wären als ›Kopfstrategien‹ ... Sie weiß natürlich, dass ich verheiratet bin. Sie sagt, dass sie das völlig akzeptiert; sie drängt mich nicht, mich für sie scheiden zu lassen ...

Ich bin in einem großen Konflikt. Ich liebe Renate, und erstmals in meinem Leben weiß ich, wie sich Liebe anfühlt und wie Sexualität, verbunden mit Liebe, ist. Ich bin mir aber auch meiner Verantwortung gegenüber meiner Frau bewusst. Ich war bei mehreren Psychotherapeuten, um mir Rat zu holen, denn ich wollte wissen, wie ich eine solche Liebe zu meiner Frau gewinnen kann, denn wenn ich meine Frau so lieben könnte, dann wäre wieder alles im Lot. Aber da ich sie nie liebte, ist das wohl besonders schwierig ...

Ich habe so viel versucht, habe mich mit positivem Denken und Autosuggestion befasst, sagte mir jeden Morgen vor, dass ich meine Frau liebe, aber es hat nicht geholfen. Ich ging mit ihr abends in gute Restaurants, aber das Gefühl stellte sich nicht ein. Ich möchte alles tun, um meine Frau so zu lieben wie Renate, denn das wäre die beste Lösung. Ich bin im Urlaub mit meiner Frau in die teuersten und schönsten Hotels in Florida und auf Ibiza eingekehrt, damit vielleicht dort dieses Gefühl kommen könnte. Es blieb aus. Was ist los mit der Liebe? Warum ist das so schwer, Liebe herbeizurufen?«

»Die Liebe lässt sich nicht erzwingen. Sie können dem Herzen nicht über den Kopf befehlen. Das Wort Herz steht jetzt für Gefühl und das Wort Kopf für Ratio. Die Liebe ist ein Mysterium, das sich nicht wissenschaftlich erklären oder analysieren lässt. Mit Hilfe der Ratio können wir wunderbar miteinander kommunizieren; das gelingt auf einer logischen Ebene und ist entsprechend leicht. Die Sexualität ist als reine Funktion auch leicht möglich. Sexuelle Reize lassen sich optisch oder verbal als Kommunikation austauschen; der Körper spielt dann mit durch Erektion. Das alles kann funktionieren, hat aber mit Liebe nichts zu tun. Die Liebe entsteht in einer anderen Dimension, und zwar unabhängig von Körper und Geist ... Ich will jetzt nicht auf die Details eingehen, dass nämlich optische körperliche Reize den Mann stimulieren, dass das richtig und doch nicht ganz richtig ist, oder dass verbale Reize, wie etwa Komplimente, die Frau stimulieren. Es wäre für Sie letztlich auch sehr unbefriedigend, die Anziehung auf ein ›Mysterium‹ zurückzuführen, das man nicht erklären könnte ...

Wir sollten offen darüber reden, völlig unbeeinflusst von Religion, Politik und Gesellschaft, von Konventionen und materiellen Vorurteilen. Die Liebe ist davon unabhängig – und das schmeckt uns allen gar nicht. Sie geht auch wieder – davon unabhängig. Wir leben in einer sehr rationalen Welt; Rationalität ist der Zeitgeist. Aber auch Emotionalität, der Rausch der Gefühle, das kreative Aufbrechen – all das ist Zeitgeist. dass es keinen eindeutigen Trend gibt, weder zum Kopf noch zum Herzen hin, macht es um so schwerer, unsere Position im Leben zu finden. Wohin geht der Trend? Keiner wagt das zu prognostizieren. Ich behaupte, Herz geht letztlich über Kopf. Im Beruf allerdings geht Kopf über Herz; das ist wohl unbestritten. Hier, in Ihrem Beruf, wissen Sie gut Bescheid. Liebe entsteht aber auch über Geborgenheit und Sicherheit. Sie steigert unsere Energie, und wird sie enttäuscht, macht sie uns krank, zerstört unsere Vitalität, macht uns depressiv. Liebe macht uns also heil, und sie macht andererseits krank und fördert das Destruktive. Das ist eine übergeordnete allgemeine Aussage über die Situation, betrifft Sie also jetzt nicht direkt.«

»Doch, das betrifft mich, denn ich bin einerseits in den Himmel gehoben durch die Liebe zu Renate und falle andererseits wieder in die Hölle meiner Ehe.«

»Weiß Ihre Frau von dieser Liebe?«, frage ich.

»Nein, sie weiß gar nichts davon. Ich kann keinen Sex mit ihr ertragen; deshalb ist sie derzeit etwas gereizt zu mir. Ich habe Angst davor, mich von ihr zu trennen und scheiden zu lassen. Ich bin auf Wolke sieben mit Renate und fühle mich im Fegefeuer mit meiner Frau. Was soll ich tun, wie soll ich mich entscheiden? Können Sie mir helfen?«

»Sie stehen in dieser Situation nicht allein. Viele Männer und Frauen sind in diesem Moment in der gleichen Situation wie Sie. Ich habe keine statistischen Zahlen vorliegen, aber ich denke, es sind etwa zehn Millionen Männer und Frauen in der Bundesrepublik, natürlich weit mehr noch im übrigen Europa, die in der gleichen Situation sind.«

»Also ist das doch für alle wichtig. Es muß gelöst werden«, sagt er mit lauter Stimme.

»Natürlich ist das von elementarer Bedeutung. Die Medien nehmen sich ja dieser Thematik an, die Frauenzeitschriften zum Beispiel, dann die TV-Magazine und die TV-Talkshows – allerdings schlecht.«

»Ich habe keine Zeit, mir nachmittags TV-Shows anzusehen. Ich lese auch keine Frauenmagazine.«

»Ich wollte damit nur sagen, dass der Themenkomplex Liebe und Sexualität von den Medien häufig aufgegriffen wird. Verstehen Sie? Das betrifft Sie nicht allein. Sie sind nicht isoliert; das betrifft uns alle. Machen Sie sich deshalb keine Gedanken darüber, dass Sie in einer Außenseiterposition wären. Wir sind alle Außenseiter, wenn wir mit der Thematik Liebe konfrontiert werden. Vielleicht wäre es bequemer, wenn es nur Sexualität gäbe und keine Liebe, sagte mir jemand kürzlich. Es wäre nur beruhigender. Wir müssen uns also damit befassen. Ich muß das auch, denn Ihr Thema ist auch mein Thema. Denken Sie nicht, dass ich davon abgehoben stünde und nur Sie in Konflikt geraten wären, denn Ihr Konflikt ist auch mein Konflikt... es ist ein Männerkonflikt und ein Frauenkonflikt. Das betrifft

Psychologie, Philosophie, Politik, Religion, Kunst, Kultur, uns alle. Sie sind also wirklich nicht allein, aber Sie fühlen sich dennoch isoliert, weil niemand Sie in Ihrem Umfeld versteht und akzeptiert, denn Sie sagten, dass Sie sich keinem Freund anvertrauen konnten, weil Sie der Meinung sind, dass Sie niemand verstehen würde...

Sie bringen einen elementaren Vorgang zum Ausdruck: Herz über Kopf gegen die Variante Kopf über Herz. Bisher lebten Sie ja so: Kopf über Herz! Und nun bricht für Sie herein: Herz über Kopf...

Wer wird siegen? Meist siegt der Kopf über das Herz. Das ist eine Ursache dafür, warum die psychosomatischen Krankheiten zunehmen. Krank aber will keiner werden. Dass nun Herz über Kopf geschieht, macht Sie nicht glücklich, denn Sie haben Ressentiments dagegen. Ich soll Ihnen nun definitiv den Weg weisen – deshalb sind Sie heute ja hier – und Ihnen die Entscheidung abnehmen. Aber Ihr Herz hat ja längst entschieden; nur Ihr Kopf opponiert dagegen. Das ist eine Tortur für Ihr Herz...

Die Liebe ist das Elementare. Alles andere, und zwar all das, was dagegen spricht, ist mit Härte verbunden. Der Kopf, das Denken, die Ratio – die sind hart; das Fühlen, das Herz – die sind weich. Das Weiche besiegt das Harte, würde vielleicht Laotse sagen. Es gibt übrigens ein überliefertes Wort von Laotse, das hierzu passt: ›Höchste Tugend weiß von der Tugend nicht: daher gibt es die Tugend. Niedere Tugend lässt von der Tugend nicht: deshalb mangelt die Tugend.‹...

Höchste Tugend und höchste Liebe haben etwas gemeinsam. Also: Liebe weiß von der Liebe nichts Rationales; daher gibt es die Liebe. Niedere Liebe, zum Beispiel enge Freundschaft, gelungene Sexualität, gutes Verstehen, lässt von der Liebe nicht; daher mangelt der Liebe die Tugend. Die Liebe ist keine Tugend, denn sie weiß nichts von Tugend und hat mit diesem Begriff auch nichts zu tun. Liebe ist Liebe, und alle Wertungen in hohe oder niedere Liebe sind falsch. Liebe ist nicht quantifizierbar, denn sie ist nicht groß oder klein – und so besteht entweder Liebe, oder es besteht keine. Es gibt also keine große Liebe, und es gibt keine kleine Liebe. Entweder ist es Liebe (und das Herz schlägt höher), oder es ist keine Liebe (und das Herz schlägt normal) ...

Sobald man sich ›Herz über Kopf‹ verliebt, steht das Herz im Vordergrund. Das kann man verurteilen: Soll der Kopf über das Herz triumphieren?! Aber das bedeutet, dass wir ein Problem haben, indem wir uns wünschen, dass der Kopf über das Herz bestimmen soll. Das wäre so, als würde ein Computer, mit dem ich im Internet surfe, darüber bestimmen, welche Seiten ich anklicken soll. Die Liebe, also das Gefühl, hat den Vorrang vor dem Verstand. Der Emotionalität der Liebe kann die Ratio nur etwas entgegensetzen, wenn es sehr gewaltig ist; in unserer rational-materialistischen Welt sind das zum Beispiel Vermögens- und Geldwerte. Das ist leider so, bei allen Kopfmenschen. Glücklicherweise gibt es noch emotionale Energien, die über die Ratio triumphieren. Nicht immer ist das gut, denn es gibt auch Wut, Hass und Neid. Wenn diese Gefühle die Herrschaft anstreben, dann sind wir verloren. Die Liebe aber ist die Dimension, die alle traditionellen rationalen Werte sozusagen über den Haufen rennen kann. Deshalb ist die Liebe das Wichtigste, aller Intrigen und Schauergeschichten zum Trotz. Die Liebe hat die schönste Chance in diesem Trauerspiel des menschlichen Lebens ...

Über alldem steht die Freiheit. Sie ist noch größer und bedeutsamer als die Liebe. Ich überfordere Sie jetzt mit Ihrer Frage an mich, denn von Freiheit war bisher nicht die Rede. Wenn Sie aber erkennen könnten, was Freiheit bedeutet, dann wären Sie mit einem Sprung heraus aus dem Konflikt, könnten Sie Angst und Kummer überwinden, weswegen Sie ja auch heute hier sind.«

LIEBE ALS CHANCE

Die Liebe impliziert die Chance, inneren Frieden und seelisches Glück im Leben zu finden. Wir sehnen uns alle nach Liebe, wollen sie in unserer Seele empfinden und in anderen erzeugen. Alle wollen wir geliebt werden. Jenes »Geliebt werden wollen« ist das Fatale. Das Streben danach steht nämlich im Vordergrund und nicht die Erkenntnis, dass wir erst einmal selbst lieben müssen.

Die Liebe ist in unserem Denken beschränkt auf die Mann-Frau-Beziehung. Alle Frauenmagazine räumen der Sehnsucht nach dem Geliebtwerden einen breiten Platz ein. Es geht ihnen auf diesen Seiten darum, wie man bzw. frau sich richtig schminkt, welches Outfit zu welcher Gelegenheit vorteilhaft ist, wie frau schöner wird, wie frau diese oder jene Figurprobleme in den

Griff bekommt, wie frau abnimmt, welche Schönheitsoperationen empfehlenswert sind und was sie kosten, wie frau schnell braun wird, etwa auf der Sonnenbank, was... weshalb... wie... wieso... und so weiter – ich muss das nicht alles aufzählen. Es geht immer darum: Wie mache ich das Beste aus mir, meinem Typ, und wie verhalte ich mich, um Anerkennung zu finden, attraktiv und begehrenswert zu sein?

Der ganze Fitnesswahn zielt in dieselbe Richtung. Es geht hier nicht um Gesundheit, sondern um Steigerung der optischen Attraktivität. Wer aber so sehr darauf achtet, ob er optisch gut ankommt, um letztlich so geliebt zu werden, vergisst darüber – und versäumt darüber – das innere Wachstum, das notwendig ist, um vor allem selbst lieben zu können. Deshalb leben wir in einer Zeit des extremen Narzissmus und nicht in einer Zeit der Liebe. Man könnte meinen, dass in einer Zeit, in der sich so viel um die Liebe dreht – allein die Zahl der Liebesfilme, die auf den Programmseiten der TV-Magazine einen breiten Platz einnehmen, ist Legion, also Beweis genug, dass sich vieles um Liebe dreht... in solch einer Zeit könnte man meinen, dass die Liebe einen hohen Stellenwert in der Gesellschaft hätte. Das ist leider nicht so, denn die Menschen gehen in Beruf und Alltag mit steigender Tendenz rücksichtsloser, brutaler und aggressiver miteinander um. Es herrscht eine gereizte Atmosphäre in den Büros und auch im Alltag auf der Straße. Seit vielen Jahren erlebe ich: Liebevolles Miteinander nimmt ab, und gereizt-aggressives Verhalten nimmt zu – und damit auch die Angst.

Wir wollen vor allem geliebt werden, nein, ich muss präzisieren: Wir wollen akzeptiert, anerkannt, respektiert werden, attraktiv und begehrenswert sein – und verdrängen dabei die Angst, dass wir es möglicherweise nicht sind.

Kaum jemand befasst sich mit der Liebe ernsthaft, nämlich damit, selbst zu lieben. Ich meine jetzt nicht, »sich selbst« zu lieben. Das ist ein wichtiger Aspekt, vor allem für die Partnerschaftsbeziehung, denn nur wer sich selbst liebt, kann auf ständige Streicheleinheiten von Seiten des Partners verzichten. Ich meine jetzt eine liebende Aufgeschlossenheit, den anderen und der Umwelt gegenüber. Als Kind haben wir diese Offenheit, indem wir staunend und voller Aufmerksamkeit eine Pusteblume betrachten, wie sich bei einem kleinen Windstoß die Flugschirmchen vom Stängel ablösen und davonfliegen, vom Wind getragen … oder indem wir den Flug eines Schmetterlings beobachten, wie er von einer Blüte aufsteigt und zur nächsten Blüte weiterfliegt. Die Öffnung der Sinne ist für Kinder kein Problem. Sie schauen, lauschen auf die Vogelstimmen, das Plätschern des Baches, ertasten mit den Fingern ein vom Baum gefallenes Herbstblatt, erfühlen die kühle, samtige Oberfläche eines Pilzes. Das sind sensitive Erlebnisse, die in intensiver Wachheit, voller Gegenwartsoffenheit erlebt werden. So entsteht beim Kind Liebe zur Natur.

Liebe hat eine sinnliche Basis. Sie hat nichts mit dem Denken oder der Ratio zu tun. Das Denken kann Liebe nicht erzeugen, kann Liebe eher zerstören. Liebesfähigkeit wird in der Kindheit entwickelt. Deshalb halte ich es für so wichtig, dass Kinder im Kontakt mit der Natur heranwachsen und nicht in einem Wohnsilo zwischen grau asphaltierten Parkplätzen und stark frequentierten Supermärkten.

Glücklicherweise konnte ich selbst eine naturnahe Kindheit erleben, in einem kleinen Dorf, in einem Haus mit Garten, der an einen vorbeiströmenden Fluss lag. Im Sommer saß ich stundenlang am Wasser und beobachtete die Fische, die Schmetterlinge und den Flug der Libellen. In diesen Stunden zwischen dem Schilf am Ufer vergaß ich die Schule, die Uhrzeit, mich selbst, ging auf in dieser Schönheit, die von der Sonne bestrahlt wurde. Am liebsten hatte ich Nachmittage mit dicken weißen Sommerwolken am Himmel, wenn ab und zu die Sonne wegblieb und dann wieder hervorkam. Der Moment, in dem langsam und doch schnell wieder das ganze Grün und das Wasser von Sonne überstrahlt wird, hat einen besonderen Reiz. Manchmal kamen im August Gewitterwolken am Himmel auf, der sich, während die Sonne schien, darauf verdunkelte, und wenn nun die ersten Regentropfen auf die Blätter fielen, es ganz allmählich stärker zu regnen begann, die Sonne immer noch schien, doch jetzt vor der Wolkenwand, und sich am Himmel auf einmal ein Regenbogen bildete, dann schaute und staunte ich und fühlte ein inneres Glück, das sich schön und ein wenig schmerzlich anfühlte. Es war mir, als müsste mein Herz vor Glück zerspringen. Ich weiß, das hört sich für die heutige Computergeneration merkwürdig an, und manche gebrauchen in diesem Zusammenhang das abwertende Wort »kitschig«, aber das ist ja nur ein Wort, das hier wirklich nicht passt.

Ich war glücklich, weil ich mit allen Sinnen liebte, und ich genoss diesen Augenblick der Liebe, einfach auf der Welt zu sein, um das zu lieben.

Die Liebe ist etwas Sensitives, nichts Erdachtes. Sie entsteht aus der Realität, ist überhaupt nichts Spirituelles. Ich liebte die Natur und kann nicht sagen, dass ich von ihr immer Gegenliebe zu erwarten hatte, denn nach der Bildung eines solchen Regenbogens nahm der Regen meist zu, schob sich die Wolkenwand über die Sonne, wurde alles in Schatten getaucht, bevor der Regen herunterprasselte und ich durchnässt zurück ins Haus rannte.

Meine Mutter schimpfte dann mit mir, weil ich zu lange draußen gewesen war und nun trockene Klamotten anziehen musste. Ich aber hatte in meiner Seele eine Erfahrung, etwas, das ich sensitive Liebe nenne. Diese Liebe zur Natur habe ich bis heute; sie hilft mir, mich von der Kopflastigkeit zu befreien. Ich liebe diese Liebe zur Natur. Es geht nicht darum, ob die Natur mich liebt; wichtig ist, dass ich sie liebe.

Und so erlebte ich auch meine erste Liebe, meine Begegnung mit einer jungen Frau. Das war nach der Pubertät. Die Schönheit dieser Erfahrung lag darin, dass ich sie liebte. Ob mich jemand in solch einer Situation ebenfalls liebt – das ist ja diese leidvolle Erfahrung, die ich in dieser Gesellschaft aufgrund meiner Erziehung machen muss, verbunden mit dem schmerzlichen Prozess, der darin besteht, in die vorgegebenen Spielregeln hineinzuwachsen. Ich jedenfalls liebte damals. Das war wichtig – und darin bestand die Schönheit der Entfaltung dieses Gefühls.

Als Kind waren für mich alle Menschen gleich, ob Mutter und Vater, Oma oder Opa, ob Nachbarn, Lehrer und Schulkameraden (damals waren Schulklassen nach Geschlechtern getrennt). Die einen waren mir sympathisch, die anderen weniger. Es war ein sinnliches Erlebnis. Natürlich war mir die Oma sympathischer, weil sie nach einem Parfum roch, ich glaube Maiglöckchen, während der Opa, der immer im Garten werkelte, nach Schweiß und Pfeifentabak roch. Aber das Schlimmste war, dass mein Opa immer nur meckerte, kritisierte und forderte; da war die Oma schon bedeutend toleranter. Mit heutigem Abstand betrachtet, kann ich wohl sagen, dass der Großvater mich dominieren und zur Anpassung zwingen wollte, während die Oma mich in der Selbstentfaltung meiner Freiheit und Individualität akzeptierte.

Ich will damit sagen, dass wir »zu lieben« völlig unbewusst in der Kindheit erfahren und viele Eltern und Großeltern nicht wussten (und auch heute noch nicht wissen), welche Bedeutung wohlwollende Toleranz und fürsorgliche Zustimmung gegenüber ihren Kindern für die Entwicklung deren Seele hat. Nahezu alle sind sie nur an der körperlichen Entwicklung interessiert, und kaum jemand erkennt, wie wichtig die seelische Entwicklung ist, die davon unabhängig und doch parallel verläuft. Zu lieben erfahren wir in der Kindheit. Diese Liebe ist das elementare Gegengewicht zur Angst, die wir natürlich in unserer Kindheit auch erfahren – der eine mehr, der andere weniger.

Meine Schlussfolgerung: Es ist wichtiger, lieben zu

können, als geliebt zu werden. Wir wollen als Kind natürlich auch geliebt werden; deshalb passen wir uns ja an, unter anderem auch, weil wir schwächer sind als die Erwachsenen. Aber wir entdecken auch eine Liebesfähigkeit, die von Anpassung völlig unabhängig ist, und wir entdecken den Genuss an dieser Sinnlichkeit. Diese Liebesfähigkeit, zu staunen, zu bewundern, zu akzeptieren, einfach nur zu erleben, sie sensitiv zu erfahren – diese Liebesfähigkeit ist sehr wichtig, denn sie ist die Basis für das, was auf uns als Erwachsene zukommt.

Kinder und Jugendliche gelten als die Lernenden, um dann als Erwachsene das Gelernte beruflich umzusetzen. Das ist ein Statement, welches der Tradition entspricht, weil davon ausgegangen wird, dass dann die Entwicklung abgeschlossen und der Mensch fertig ist. Jetzt könnte er sich also den beruflichen Aufgaben widmen und sich den gesellschaftlichen Herausforderungen von Ehe und Familie stellen. Sicherlich gut gedacht, in der Realität aber nicht gut. Es geht hier um etwas anderes, doch wird das unter den Teppich gekehrt …

Wir wähnen uns in dem Glauben, mit der Volljährigkeit, mit Abschluss des Studiums und des Erwachsenwerdens, also mit knapp 30 Jahren, seien wir »reif für das Leben«. Das ist ein großer Irrtum, ist eine große Täuschung, ist absolut falsch, aber alle glauben daran, meinen, es sei richtig. Deshalb laufen die Menschen weiter in diese einmal eingeschlagene Richtung. Wenn ich dann schreibe und in Vorträgen rufe: »Halt, haltet inne, ihr lauft in die falsche Richtung!«, dann wird das nicht beachtet, wird ignoriert. Es hat keine Bedeutung, vor allem deshalb, weil ich nicht in der Öffentlichkeit der Medienpräsenz stehe.

Kommen wir zurück auf das Thema Liebe. Wir sagten, dass Männer und Frauen danach streben, geliebt zu werden. Das ist eine Tatsache. Die Thematik aber, dass es darum gehen sollte, dass Männer und Frauen die Reife erreichen können, selbst zu lieben, ist unpopulär. Der Ursprung für alle Partnerschaftsprobleme liegt darin, dass wir zwar lieben, aber vor allem nur geliebt werden wollen. Manchmal täuschen wir auch Liebe vor, damit der andere meint, wir würden lieben, und sich seinerseits öffnet, um zu behaupten, er würde mich auch lieben. Deshalb empfehle ich jedem, der sich mit der Thematik Beziehung zwischen Mann und Frau befasst, zu überprüfen, ob der Geliebte (die Geliebte) überhaupt fähig ist, etwas zu lieben, und zwar was und warum. Ich rate also allen: Erforscht erst diese Frage, bevor ihr euch bindet. Und natürlich fragt auch euch selbst: Warum glaube ich, diese Person zu lieben? Liebe ich selbstlos, sensitiv – oder liebe ich aus oberflächlichen, äußerlichen Gründen, Gründen also, die mit Begriffen wie Attraktivität und Schönheit, Erfolg und Geld, Anerkennung und Glamour etikettiert werden?

Für die meisten Männer beispielsweise spielt der sexuelle optische Reiz eine Rolle. Da kann ich nur sagen: Arme Männer, die darauf fixiert sind, dass eine Frau einen großen Busen hat und lange Beine, dass sie nach der neuesten Mode gekleidet ist und blonde oder schwarze Haare hat. Solch eine oberflächliche Betrachtung führt an der Sache vorbei. Sensitivität ist zwar wichtig, um zu lieben, aber was danach kommt, ist viel wichtiger: Liebe braucht Sensitivität, damit sie Glück erlebt. Partnerschaft braucht den sensitiven Ursprung, stündlich, täglich, um Liebe zu erzeugen, aber sie braucht dann auch die Reife. Da aber diese Reife nicht entwickelt ist, kann eine Liebesbeziehung nicht gelingen. Wenn wir jedoch damit beginnen, die Freiheit der Sinne zu akzeptieren, kann Liebe ihre Schönheit entfalten.

WARUM MANN UND FRAU SICH NICHT MEHR VERSTEHEN

Männer und Frauen verstehen sich nicht mehr, vor allem dann, wenn sie verheiratet sind. Das hat viel damit zu tun, dass sich Angst entwickelt. Der Mann hat Angst davor, im Job nicht genug Geld zu verdienen, um seine Familie angemessen versorgen zu können. Die gleichen Sorgen hegt die Frau, hat darüber hinaus Angst, ob sie mit der Zeit für ihren Mann noch attraktiv und begehrenswert bleibt. Der Mann bindet die Frau durch seinen finanziellen Erfolg und die Sicherheit, die sie dadurch fühlt, während die Frau ihre äußere Attraktivität einsetzt, damit sein Begehren nach ihren weiblichen Reizen nicht abklingt. So haben beide Angst, ihr zur Erpressung geeignetes Potenzial zu verlieren. Das ist keine überspitzte Darstellung der Situation, sondern traurige Realität – eine Realität allerdings, die verdrängt wird. Wenn Sie sehr aufmerksam die Beziehungen in Ihrem Umfeld betrachten, können Sie das selbst erkennen. Ich möchte also niemandem meine Meinung als die einzig richtige Erkenntnis aufdrängen, da jeder, wie gesagt, bei sich selbst und in seinem Umfeld überprüfen kann, wie sich Ehen in dieser Hinsicht gleichen.

Ich behaupte, dass all das primär mit der Angst vor Unsicherheit und dem Streben nach Sicherheit zu tun hat. Wenn ich das bei Vorträgen sage, spüre ich den Widerstand meiner Zuhörerinnen und Zuhörer. In der anschließenden Fragerunde kommt dann immer auch prompt eine bestimmte Frage, so auch bei einer Veranstaltung, die vor einiger Zeit in Köln stattfand: »Wenn Mann und Frau sich lieben, dann sollten sie sich doch gegenseitig helfen und unterstützen, dann geht es doch nicht darum, ob der Mann einen sicheren Job hat oder die Frau für ihn sexuell attraktiv ist. Die Liebe ist doch das Band, das beide verbindet. Was halten Sie davon?«

Meine Antwort: »Sie haben Recht, allerdings unter der Voraussetzung, dass die beiden sich lieben. Es ist die Idealvorstellung von der Liebe, dass beide eine Beziehung leben, die diese Ängste abbaut. Sie gehen also von der idealen Voraussetzung aus, dass sich beide lieben. Das Gleichgewicht ist aber gestört, wenn nur einer der beiden den anderen liebt oder der eine weniger und die andere mehr liebt oder umgekehrt. Die Liebe ist wunderbar, denn sie ist, wenn sie vorhanden ist, eine Flamme, die alle Ängste verzehrt. Von Liebenden wird mir immer wieder bestätigt, dass sie den Zustand der Liebe als Angstfreiheit und innere Ruhe erleben. Das ist das Schöne an der Liebe, dass alle Konflikte und Ängste plötzlich wie weggewischt sind, wenn man sich trifft und sieht. Die Liebe ist deshalb das wunderbare Gefühl zwischen zwei Menschen, dass Angst und Missverständnis, Streit und Feindschaft ein für allemal in diesem Moment enden. Das ist die Chance der Liebe, die Wohlwollen und Heilung in unser Leben bringt. Wenn diese Anziehung, dieses achtsame Einander-Respektieren, fortbestehen würde: Wir hätten das Paradies erreicht, das Paradies zwischen zwei Menschen wohlgemerkt, denn unparadiesische Zustände bestehen gesellschaftlich draußen ja weiterhin.«

Ich will diesen Gedanken weiter fortführen, aber die Hände gehen in die Höhe, das heißt, es werden weitere Fragen signalisiert. Ich deute auf den Zuhörer, der sich zuerst vehement gemeldet hat.

»Sie sagen, dass die Liebe zum Gelingen einer Partnerschaft und Ehe führt. Aber ich habe meine Frau geliebt und sie mich wohl weniger. Jetzt bin ich geschieden und bezahle den Unterhalt für unsere zwei Kinder. Es bleibt mir nur noch das Existenzminimum zum Leben. Ist das das Paradies der Liebe?«

»Sie haben völlig Recht. Darauf wollte ich noch zu sprechen kommen: Das Paradies ist das sicherlich nicht. Ich weiß nicht, warum sich Ihre Frau von Ihnen hat scheiden lassen, aber wahrscheinlich nicht aus Liebe.«

Gelächter im Auditorium.

»Bitte lachen Sie jetzt nicht, das ist ein sehr, sehr ernstes Thema. Dieser Mann hat seine Frau verloren, seine Kinder, und er muss jetzt Unterhalt bezahlen für eine Frau, die er liebte und vielleicht noch liebt, und für die Kinder, die er noch liebt.«

Der Mann steht auf und sagt: »Ich verdiene über

5000 Mark netto im Monat; das ist sicher ein gutes Gehalt. Ich zahle für unser jüngstes Kind 636 Mark, für das ältere 954 Mark und 1550 Mark Unterhalt für meine Ex-Frau. Es bleiben mir für meinen Lebensunterhalt 2200 Mark netto im Monat. Ich habe nur 700 Mark über dem Existenzminimum, das der Staat für Erwerbstätige vorsieht, nämlich 1500 Mark netto im Monat. Ich bin in ein Appartement gezogen für 980 Mark Monatsmiete. Es bleiben mir zum Leben monatlich 1200 Mark; davon muß ich mich ernähren, Wäsche waschen, mein Auto finanzieren, denn ich fahre täglich 20 Kilometer zu meinem Arbeitsplatz und wieder zurück. Ich kann nur einmal im Monat mit meiner Freundin im Restaurant essen gehen, denn das kostet allein 10 Prozent meines monatlichen Spielraums, nämlich 120 Mark ... Ich habe auf die Liebe gebaut und vertraut und bin heute in einer sehr schlechten Lage. Bisher habe ich oft erlebt, dass Frauen, die ich kennen lernte, meine finanzielle Situation nachfragten und sich mit: ›Nein, danke‹ verabschiedeten. Ich bin jetzt 37 Jahre alt und finde es schlimm, dass ich kaum noch eine Chance habe für Liebe und Geborgenheit in einer zweiten Ehe.«

Ich gebe das Wort weiter an eine Frau, die sich sehr heftig meldet. »Ich möchte darauf antworten: Sie haben immerhin zwei eheliche Kinder. Es ist doch völlig richtig, dass Sie für Ihre Kinder und für Ihre Ex-Frau Unterhalt bezahlen.«

»... über 3000 Mark im Monat«, ruft er dazwischen.

»Das haben Sie doch selbst so gewollt. Sie haben deshalb Ihre Frau mit zwei Kindern auch zu versorgen!«

»Ich möchte mich ja gar nicht vor der Verantwortung drücken«, beteuert er.

»Dann müssen Sie sich auch jetzt hier nicht beklagen!«

»Ich beklage etwas anderes. Ich will damit sagen, dass ich an die Liebe geglaubt habe und dass mich die Liebe knapp ans Existenzminimum gebracht hat ... Was sagen Sie dazu?«, schaut er mich fragend an.

»Liebe ist das eine und Partnerschaft oder Ehe das andere. Natürlich will man die Verantwortung für die Ehefrau und die Kinder übernehmen. So wird die Schönheit der Liebe später zu einem Schock in der Realität der Ehe. Das ist aber nicht die Schuld der Liebe. Wenn Liebe sich ausbreiten würde, dann wäre einem ja nichts zu viel, um Liebe zu leben. Die gesellschaftlichen Zwänge – Wohnung, Kleidung, Urlaub, Auto beispielsweise – kosten aber eine Menge Geld. Also kann es geschehen, dass man aus Liebe heiratet, Kinder bekommt – und für diese Liebe sozusagen Strafgeld bezahlen muss, dann nämlich, wenn die Liebe von einer Seite aus nicht mehr besteht. Solch eine Situation bringt einen Riss zwischen Mann und Frau, die Liebe und Sexualität erhofften, aber Nichtliebe, Angst, Streit, sogar Hass und finanziellen Niedergang ernten. Das wirft aber keinen Schatten auf die Liebe, denn sie ist davon unabhängig, ist ein seelisches Ereignis. Die Beziehung aber ist der Versuch der Umsetzung im Alltag. Das Thema Kinder ist dabei unerheblich. Die Liebe ist etwas Seelisches, das uns heilt. Der Alltag ist das Materielle, das uns Leistung und Kraft abverlangt, weil alles durch Arbeitsleistung bezahlt werden muss. So war die Angst unser Begleiter in Kindheit und Jugend, und die

Angst kommt dann wieder hervor, sobald die Liebe nachlässt. Könnten wir doch die Angst durch die Liebe in Schach halten; das wäre wirklich schön. Aber die Angst kriecht aus allen Ecken. Es scheint, als wäre die Angst der Sieger über die Liebe, als würde die Materie über das Seelische letztlich triumphieren. Wir sprechen nicht mit anderen darüber, und so bleibt alles diffus im Dunkeln. Es scheint, als wären wir in diesem Gesellschaftsspiel des Lebens dazu verurteilt, letztlich zu verlieren...

Die Liebe war unsere Hoffnung, und sie erscheint oft als unser Untergang. Aber das hat damit zu tun, dass wir Liebe und Beziehung nicht streng genug voneinander getrennt halten. Nicht die Liebe ist schuld an dieser Misere, sondern die Beziehung, die Partnerschaft, der Ehevertrag, der ein Vertrag mit dem Staat ist. Die Liebe hat uns ruhig, angstfrei und glücklich gemacht, die Ehe aber hat uns ins seelische Leid und in den finanziellen Abstieg gestürzt. Wie hätte man dieses Desaster aufhalten können? Wie hätte man verhindern können, dass sie mit anderen Männern flirtet? Wie hätte man verhindern können, dass ich mich auf eine andere Frau eingelassen habe? Wie hätte man verhindern können, dass sie sich in einen anderen verliebt und ich mich in eine andere? Wie hätte man die Liebe bewahren können? Warum liebt sie einen anderen, trotz des gemeinsamen Lebens, das wir teilten, und warum liebe ich eine andere, obwohl wir heirateten und Kinder bekommen haben? Warum haben wir uns nicht wirklich verstanden?... Sie hat mir nicht ihr Denken mit den Erwartungen offenbart und ich ihr mein Denken auch nicht. Jetzt leben wir getrennt, und das Paradies ist zusammengebrochen. Das Allerschlimmste ist danach oft die Erkenntnis, dass man den anderen immer noch liebt, aber nicht mehr wiedergeliebt wird. Dann wird man auch emotional, durch Schmerz und Liebeskummer, dafür bestraft, dass man nicht geliebt wird. Wie kann man das verarbeiten, dass man bezahlen muss (Verantwortung für die Kinder ist ja klar), dass man sich aufs Existenzminimum zurückziehen muss, weil man geliebt hat und nicht mehr geliebt wird oder vielleicht nie geliebt worden ist?

Das alles erzeugt die Gefühle Angst, Eifersucht, Minderwertigkeit, Schmach und Schuld. All das zusammengenommen ist großes seelisches Leid. Wie kann ein Mensch weiterleben, der mit dem Scheitern seiner Liebe fertig werden muss, der das Gefühl hat, nicht wirklich geliebt worden zu sein, der mehr als die Hälfte seines erarbeiteten Einkommens abzugeben hat, der in einem Appartement jetzt allein leben muss, obwohl er eine Familie hatte, der darüber hinaus das alles vor seinen Eltern, welche die Enkelkinder lieben, rechtfertigen muss, vor seiner Freundin, die ihn finanziell abcheckt und somit abwägt, ob beide überhaupt eine Chance haben? Wie kann er das verstehen und rechtfertigen und in Sprache fassen? Was soll er von dem Wort Liebe halten? Wird das Wort Liebe dann nicht zu einem Negativwort, einem Wort, das mit Angst besetzt ist? Liebe wird dann in den Bereich unrealistischer Filme und Romane transformiert, also dorthin, wo das Positive noch stattfinden kann. Die Bereitschaft, über Liebe nachzudenken und sich diesem Gefühl zu stellen, sinkt so auf einen niederen Level herunter, über den man nicht mehr spricht…

Das Wort Sex scheint da viel mehr Kraft und Power zu haben. So ist der Zynismus vorprogrammiert. Es scheint keine Chance zu geben, sich zu befreien. Alles wird negativ überschattet. Die Liebe hat somit offenbar keine Chance mehr – Sex scheint da besser. Aber die Hoffnung auf guten Sex ist leider abhängig von der Realität, die guten Sex nur zulässt, wenn das Finanzielle und Materielle stimmt. Wie soll man da noch Freude an der Liebe haben? Ich meine, die Liebe ist wohl das Thema, sozusagen das Urthema, denn danach sehnen wir uns alle. Sicherlich erwarten Sie von mir, als einem Psychologen, hierüber heute Abend mehr zu erfahren, vielleicht sogar einige Tips zu erhalten…«

Alle Augen werden größer und sehen mich an. Ich habe mit meiner Vermutung wohl richtig gelegen…

ÜBER DIE LIEBE

»Die Liebe ist sehr schwer mit wenigen Worten zu definieren. Ich werde es trotzdem versuchen. Wenn Sie sich verlieben, passiert Folgendes: Eine Person des anderen Geschlechts fällt Ihnen zunächst einmal auf; Sie sehen zweimal oder vielleicht dreimal hin. Über die Sinne werden Sie fasziniert. Deshalb ist Liebe ein sensitiver Vorgang – wenn wir jetzt einmal davon absehen, dass Liebe auch durch langsames Erkennen eines anderen Menschen wachsen kann.

Sie haben plötzlich Augen und Ohren für den anderen. Deshalb sagt der Volksmund sehr treffend: ›Ich habe ein Auge auf sie (oder ihn) geworfen.‹ Gehen wir jetzt davon aus, dass Sie einander vorgestellt werden, ins Gespräch kommen, sich also kennen lernen. Entweder bleibt es dann bei der Faszination, die zu weiterer Anziehung führt, oder das Interesse lässt nach. Gehen wir in unserem Beispiel weiter davon aus, dass die Aufmerksamkeit nach dem Kennenlernen bestehen bleibt oder sich gar steigert. Was passiert da? Wir sind ganz und gar aufmerksam, hellwach und haben nur noch Augen für den anderen; die Umwelt um uns herum tritt in unseren Sinnen zurück. Deshalb hat Liebe etwas mit sensitiver Aufmerksamkeit zu tun: Wir beachten den anderen, sind voller Achtsamkeit ihm gegenüber. Das Wort ›Achtsamkeit‹ ist auch ein Synonym von Aufmerksamkeit.

Das ist das Schöne an der Liebe: Wir sind aus der üblichen Routine aufgewacht, werden aufmerksam und achtsam gegenüber einem anderen Menschen. So jedenfalls beginnen alle Liebesgeschichten. Es wird eine Verabredung getroffen zu einem gemeinsamen Spaziergang, vielleicht zu einem Abendessen. Der Zauber eines ersten gemeinsamen Essens besteht darin, dass beide sich hochkonzentriert – eben achtsam – miteinander unterhalten und auf die Bedürfnisse des jeweils anderen sensibel reagieren. Die Umwelt ringsherum im Restaurant versinkt, und die Zeit scheint still zu stehen, als gäbe es sie nicht. ›Was, es ist schon zwölf Uhr?!‹ sagt der Verliebte völlig überrascht. Man ist versunken in den achtsamen Genuss des Augenblicks. Dabei wird die Zeit vergessen – es besteht Zeitlosigkeit. Liebe und Aufmerksamkeit befreien uns von der Zeit. Darin liegt eine besondere Schönheit, ein wunderbarer Genuss, denn nichts ist quälender, als Zeit bewusst wahrzunehmen, wie sie lang und länger wird. Das Wort ›Langeweile‹ bringt das Bewusstwerden der Länge der Zeit zum Ausdruck. Auf jemand zu warten ist noch angenehmer (weil die Aufmerksamkeit gespannt ist) als nur Langeweile zu empfinden, bei der nichts erwartet wird, denn dann geht es nur darum, die Zeit ›totzuschlagen‹.

Mann und Frau, die sich nicht mehr lieben und zusammen während des Urlaubs in einem Restaurant essen, sich aber nichts mehr zu sagen haben, nicht mehr aufmerksam einander wahrnehmen wollen, eben weil sie sich nicht mehr lieben, langweilen sich miteinander; sie schweigen – und dieses Schweigen macht das Zusammensein um so quälender.

Das war jetzt nur ein Beispiel dafür, wenn die Liebe verschwunden ist, denn dann sind Aufmerksamkeit, Faszination, Achtsamkeit und Achtung weg, dann ist, um es direkt und schonungslos auszusprechen, das Zusammensein nicht mehr achtsam und aufmerksam, sondern erscheint als reine Zeitverschwendung.

Diejenigen, welche durch ihre Bindung, die sie eingegangen sind, sich verpflichtet fühlen, leiden um so mehr aneinander, wenn die Zeit plötzlich lang wird und Langeweile eintritt, weil das einmal anders war.

Kommen wir zurück zur Liebe. Es geht bei ihr also um Aufmerksamkeit, Achtsamkeit und Achtung. Liebe achtet den anderen; Nichtliebe achtet den anderen nicht, denn sie verschließt sich der Sensitivität. Liebe erzeugt das Glück der Zeitlosigkeit; Nichtliebe erzeugt Langeweile und macht die Zeit bewusst.

Ein Beispiel aus dem Berufsalltag: Wer seine Arbeit liebt, der vergisst die Zeit, und wer seine Arbeit nicht liebt, schaut immer wieder auf die Uhr und denkt: ›Ach Gott, erst 14 Uhr. Noch drei Stunden muß ich hier ausharren und weitermachen.‹ Liebe ist also Achtsamkeit und Freude am Augenblick. Nichtliebe ist demgegenüber Unachtsamkeit, Desinteresse, Gedankenlosigkeit und geistige Abwesenheit. Liebe führt zur Zeitlosigkeit, Nichtliebe zur Langeweile. Wir wollen aber ein intensives Leben leben. Wenn beispielsweise die Liebe zum Beruf nicht vorhanden ist, versuchen wir in Hobbys, Geselligkeit, TV-Unterhaltungsprogrammen, Kinofilmen oder Rockkonzerten unsere Aufmerksamkeit zu fokussieren.

Wir wollen ein aufmerksames, waches, intensives und sensitives Leben leben. Und so wollen wir andererseits der Langeweile auf allen Gebieten entkommen, das heißt, dass wir letztlich doch das Abenteuer eines intensiven Lebens suchen. So stehen Sicherheit und Unsicherheit in einem elementaren Konflikt miteinander. Alle streben nach Sicherheit; das ist ein grundsätzlich anerkanntes Bedürfnis. Andererseits aber blühen wir auf in der Unsicherheit. Dieser Widerspruch hat eine große Bedeutung. Wir sollten uns damit befassen, wenn wir glücklich werden wollen auf der Wanderung durch dieses Leben. Sicherheit befriedigt uns, Unsicherheit erzeugt Angst. Deshalb muß ein gewisses Quantum Angst vorhanden sein, damit wir wach werden. Allerdings: Zu viel Angst macht nervös und krank...

Ich möchte rekapitulieren: Liebe entsteht in einem sensitiv erlebten Augenblick, der die Sinne und den Geist wachmacht – Aufmerksamkeit und Achtsamkeit entstehen. Wir sind bereit, Schranken, Grenzen und Normen hinter uns zu lassen. Liebe führt zur Zeitlosigkeit; Nichtliebe ist Langeweile, wobei die Zeit quälend langsam vergeht. Deshalb ist Liebe ein so wichtiger Aspekt des Abenteuers Leben. Nichtliebe ist andererseits der wichtigste Aspekt des Leidens an der Zeit, weil Langeweile zermürbend ist und uns Kraft und Lebensenergie raubt. Die Liebe macht einen Mann potent, während die Nichtliebe seine Potenz in Schläfrigkeit und Schlaffheit versinken lässt. Die Liebe macht eine Frau offen; die Nichtliebe macht sie nörglerisch. Wir sollten folgendes Fazit daraus ziehen: Die Liebe ist wichtig, um aufmerksam und achtsam zu werden; die Nichtliebe, also die Langeweile, warnt uns, einen falschen Weg zu beschreiten, einen Weg, der uns krank machen wird...

Es geht in jedem Augenblick des Lebens um Aufmerksamkeit und Achtsamkeit. Wenn Langeweile auftritt, dann läuft etwas schief. Nicht nur die Liebe zwischen Mann und Frau ist jetzt gemeint, sondern es geht um die Liebe allgemein. Wenn wir achtsam und aufmerksam mit offenen Sinnen in die Unsicherheit, also in das Abenteuer des Lebens, hineingehen, gewinnen wir Zeitlosigkeit und erleben Glück. Wenn wir das nicht wagen, aus welchen Gründen auch immer, und Sicherheit vorziehen wollen, werden wir Langeweile erleben und uns, weil wir sie nicht ertragen wollen, in Unterhaltungen aller Art stürzen. Nun sind die Entertainer gefragt, die uns die Langeweile für einige Stunden nehmen sollen. Es wäre schön, wenn Sie das erkennen könnten...

Aus Langeweile, also fehlender Liebe, das heißt fehlender Achtsamkeit und Aufmerksamkeit, lassen wir uns unterhalten. Das bedeutet, dass wir uns Lebenszeit rauben und sie sozusagen totschlagen lassen. Wir lassen uns Energie wegnehmen durch diese Gegenwartsfresser, die überall darauf lauern, um uns die Gegenwart wegzunehmen und uns dafür eine Scheinfaszination anzubieten.

Wenn Mann und Frau sich gegenseitig und miteinander langweilen, hat das mit verlorener Liebe zu tun, denn Liebe ist das totale Gegenteil der Langeweile. Das Abenteuer des Lebens lässt uns die Zeit vergessen. Bei Routine und Sicherheit schauen wir auf die Uhr. Wenn das Beachten der Uhrzeit endet, Langeweile verschwindet, Achtsamkeit beginnt und Sensitivität sich entfaltet, das Denken still wird, dann gelangen wir in die Region, in der Liebe entsteht. Wir sind naturally high.«

VIERTES KAPITEL

KONFLIKT-LÖSUNGEN

Im Herzen des Dschungels von Zaire, dort, wo Afrika mit am afrikanischsten ist, hat der Primatenforscher Frans de Waal die Bonobos erforscht. Bonobos gelten – neben Gorillas, Orang-Utans, Schimpansen – als vierte Menschenaffenart. Neid und Eifersucht, Aggression, Angst und Hackordnungskonflikte wurden von de Waal beobachtet und erforscht, aber vor allem ist ihm aufgefallen, dass diese Affen Einfühlungsvermögen besitzen, um sich gegenseitig zu beschwichtigen und friedfertig miteinander umzugehen. Der direkte Körperkontakt – Streicheln, Fellpflege, Sexualität – spielt dabei eine große Rolle, denn das stimmt versöhnlich. Deshalb bezeichnet de Waal die Erforschung der Bonobos als einen der »größten Glücksfälle der Anthropologie«, da diese Affenart 98 Prozent der Gene mit dem Menschen gemeinsam haben. Es liegt der Schluss nahe, dass auch das Versöhnliche, nicht nur das Aggressive, im Erbgut des Menschen vorhanden ist.

Wir leiden alle unter der zunehmenden Aggressivität im mitmenschlichen Kontakt, wie in den ersten Kapiteln schon erwähnt. Was führt zur Aggression? Handelt es sich um einen Trieb, der in jedem von uns angelegt ist? Viele Forscher waren bisher der Meinung, dass sich die Aggressionsgene des Tieres im Menschen ihre Bahn brechen würden. Woher kommt die Faszination an Mord und Grausamkeit? Ist das Böse für den Menschen attraktiver als das Gute? Wie konnte es geschehen, dass in zwölf Jahren Naziherrschaft sechs Millionen Juden in Konzentrationslagern systematisch getötet wurden?

Der englische Philosoph und Staatstheoretiker Thomas Hobbes vertrat die Ansicht, dass ein innerer Drang nach Macht »den Menschen zum Streit« stimme, »zur Feindschaft und zum Kriege«. Nur ein »sozialer Vertrag« könne die Bestie im Mensch deshalb bändigen.

Dagegen war der französische Moralphilosoph und Schriftsteller Jean-Jacques Rousseau der Ansicht, dass Gewalt und Aggression nur der Gesellschaft entspringen würden, denn der Mensch bekäme von Natur aus »einen angeborenen Widerwillen mit, seinesgleichen leiden zu sehen«. Diese beiden Menschenbilder stehen bis heute miteinander im Widerstreit.

Eines ist mittlerweile jedenfalls klar: Mit den Lebewesen auf biologisch unterer Stufe sollten wir Menschen uns nicht vergleichen. Wölfe zum Beispiel besitzen zwar eine Tötungshemmung, wenn sie im eigenen Rudel miteinander raufen, aber wenn sie auf ein fremdes Rudel stoßen, besteht diese Tötungshemmung nicht mehr. Unter Insekten ist sogar der Kannibalismus verbreitet. Schimpansenhorden wiederum führen im Dschungel gegenseitig Krieg, sogar so lange, bis eine Partei ausgerottet ist. Das wäre allerdings ein Verweis darauf, dass Krieg zu führen doch unser biologisches Erbe sein könnte. Die Natur aber ist jenseits von Gut und Böse, denn es scheint so zu sein, dass das Überleben der eigenen Art (bzw. der Gruppe einer Art) der einzige Wert in der Natur ist, den es zu beschreiten gilt. Also kann das nur mit einer Moral gezähmt werden, zu der allein der Mensch fähig ist, nicht der Schimpanse und schon gar nicht das Insekt.

Für den österreichischen Psychoanalytiker und Aggressionsforscher Friedrich Hacker sind Aggression und

Gewalt kein Bedürfnis wie Hunger, Durst oder Sexualität, sondern situationsbedingt. Es müssten, so Hacker, bestimmte Voraussetzungen bestehen, also ein Anreiz oder Anlass vorhanden sein, um aggressiv zu werden.

Durch meine Beobachtungen habe ich festgestellt, dass Menschen nicht triebhaft aggressiv sind, sondern tatsächlich stets ein Anlass zugrunde liegt, wenn Aggression entsteht. Für Außenstehende ist dieser Anlass oft schwer zu erkennen, da sich Angst, die ich als elementare Ursache sehe, im Inneren eines Menschen abspielt und deshalb nicht »gesehen« werden kann. So löst zum Beispiel die Angst davor, einen Konflikt nicht lösen zu können, oder auch die Angst, nicht akzeptiert zu werden, Aggression, Wehrbereitschaft und Wut aus.

Es könnte eingewendet werden, dass etwa Hooligans ganz bewusst aggressive Schlägereien provozieren, und zwar ohne einen konkreten Angstauslöser, der sich in ihrer Psyche »versteckt«. Gemeint ist die Verabredung zur Schlägerei, also die rationale Planung eines »Krieges«. Das aber ist etwas völlig anderes und hat mit der psychischen Aggression wenig zu tun. Die Schlägereien von Hooligans sind Gruppentreffen zu einem spontanen »sportlichen« Ereignis, das Spaß machen, Männlichkeit beweisen soll, das Gesprächsstoff nach dem »Ereignis« liefern soll. Hier handelt es sich um ein »Aus-dem-Alltag-Ausbrechen«, hervorgerufen durch Eruption von Macht und Kraft. Die spektakulären Hooligan-Attacken beweisen jedenfalls nicht, dass Menschen einen »Aggressionstrieb« haben, der ausgelebt werden muss.

Wo bleiben die weiblichen Hooligans? Warum gibt

es sie nicht? Damit will ich nicht sagen, dass das weibliche Geschlecht beim Thema Aggression außen vor bliebe oder dass nur Männer einen »Aggressionstrieb« besäßen. Da Frauen schließlich die gleichen Gene wie Männer haben, sind sie natürlich – und das ist wichtig – genauso aggressiv wie Männer (wenn es denn einen Anlass dafür gibt). Männer setzen körperliche Gewalt ein, Frauen aber auch, wenn sie eine Chance der körperlichen Überlegenheit sehen; ansonsten vertrauen sie auf List und Tücke. Das tun ebenfalls Männer, wenn sie sich körperlich unterlegen meinen. Die rein körperliche Auseinandersetzung findet nur statt, wenn sich beide eine Chance ausrechnen. Der Mensch setzt seine Sinne und sein Denken ein, und so schlägt er auch nicht blindwütig und ohne Verstand einfach zu. Eines ist jedenfalls festzuhalten: Um einen »Aggressionstrieb« handelt es sich hier nicht. Dennoch ist Aggression allgegenwärtig.

Die beiden Säulen für das Lebensglück sind, wie bereits gesagt, Partnerschaft und Beruf. Jene Säulen sind bedroht durch die Angst, denn sie ist es, die Aggression erzeugt. Lasst die Hooligans sich ruhig irgendwo vor einem Fußballstadion mit Gleichgesinnten prügeln. Das ist zwar schwer wiegend, weil es Verletzte gibt und in Zukunft weiter geben wird, aber das ist, allgemein betrachtet, nur ein Nebenkriegsschauplatz. Jedes Opfer eines Hooligans – das kann ich verstehen – wird mir natürlich die Verwendung des verharmlosenden Wortes »Nebenkriegsschauplatz« nicht verzeihen, denn jedes Opfer einer mitmenschlichen Aggression hat natürlich das Recht auf Beachtung und Gerechtigkeit, und so sind auch jedwede Aggression und jedweder Schmerz eines Opfers wichtig. Leid eines Menschen wie eines Tieres ist bedeutungsvoll, wenn wir an eine Moral glauben. Der schon zitierte Philosoph Hobbes meinte zwar, dass man Moral nur als sozialen Vertrag verordnen könne, jedoch glaube ich das nicht, da der Mensch ein hochmoralisches Wesen ist, das Gerechtigkeit und Ungerechtigkeit sehr feinfühlig, ja seismografisch genau registriert.

So ist denn auch das Gerechtigkeitsempfinden die Hauptursache für die historisch bedeutungsvolle Französische Revolution. »Freiheit, Gleichheit, Brüderlichkeit« – in diesen drei Begriffen ist aller Sprengstoff enthalten, der uns bis heute als Menschen berührt, nämlich das Streben nach Freiheit, Gleichheit und Brüderlichkeit. In diesen drei Aspekten ist die Angst enthalten, nicht frei zu sein, sondern abhängig zu sein, von welcher Macht auch immer; nicht gleich zu sein, weil die Gesellschaft Ungleichheit hervorbringt, nämlich Erfolgreiche und weniger Erfolgreiche, wobei erstere Besitz anhäufen, Villen bewohnen und ihr Geld der Gemeinschaft durch steuerliche Tricks entziehen, während beispielsweise die (erforderlichen) Steuern der weniger Erfolgreichen direkt einbehalten werden; schließlich nicht brüderlich zu sein, also nicht sozial eingestellt zu sein, obwohl wir doch letztlich alle Brüder und Schwestern sind, also artmäßig miteinander verbunden.

Die drei Begriffe der Französischen Revolution sind psychologische Begriffe, hinter denen die Sehnsucht nach einer neuen Definition des Menschseins liegt: Lasst uns frei, gleich und brüderlich miteinander umgehen! Es war damals zwar, historisch gesehen, ein Aufstand gegen Adel und Klerus, doch das Grundprinzip war zu dieser Zeit so relevant, wie es heute aktuell ist: als Aufstand gegen den Staat und die Moralapostel. Die wiederum kommen heute weniger von der christlichen Seite, da die Kirche viel an Glaubwürdigkeit eingebüßt hat, sondern erscheinen auf den Seiten der Print- und erheben auf den Bildschirmen der TV-Medien ihre mahnenden Finger. Viele glauben das, was von den Medien propagiert und verbreitet wird, weil wir deren Vertreter nicht als Gegner ansehen, die uns manipulieren könnten. Die Medien profitieren davon, das wir das nicht erkennen, denn nur Unfreie, Ungleiche und Unbrüderliche lassen sich weiterhin manipulieren.

Was können die demokratisch gewählten Politiker dagegen unternehmen? Einiges, aber auch sie wollen keine Freiheit, keine Gleichheit und keine Brüderlichkeit. Dann könnten doch die christlichen Kirchen wenigstens für die Brüderlichkeit eintreten, natürlich auch für die Gleichheit. Das geschieht ja durchaus, beispielsweise über ihre Hilfsorganisationen. Die Kirchen sind karitativ tätig, das ist gar keine Frage, aber sie haben Probleme mit der Brüderlichkeit, vor allem jedoch mit der Freiheit. Religionsfreiheit, im Grundgesetz der Bundesrepublik zwar verankert, ist keine Wirklichkeit. Ganz deutlich steht nämlich die religiöse Machtfrage im Vordergrund: Christentum gegen Islam. Keine dieser beiden Religionen lässt hier mit sich spaßen. Das ist übrigens ein Konfliktpotenzial, das uns noch großes Leid bescheren wird, Kriege nicht ausgeschlossen.

Es würde den Bonobos, von denen wir gesprochen

haben, niemals einfallen, sich auf solche Diskussionen einzulassen, weil sie darüber ja auch nicht verbal diskutieren könnten. Die Bonobos sind daran interessiert, dass es in aller Freiheit der Eigeninteressen einen Konsens gibt, soziale Konflikte zu bewältigen, nämlich durch Beruhigen und Streicheln, durch Sex und Zärtlichkeiten. Friedfertig zu sein, das ist ihre Devise, verspricht das doch schließlich die größte Daseinsfreude.

Durch das Gehirn, also das Denken, hat der Mensch einen evolutionären Quantensprung gemacht. Es scheint mitunter so, als wäre das ein Sprung in den Abgrund gewesen. Wenn ich sage, es scheint so, dann bleibt noch die Hoffnung, dass der Schein trügt.

Wir kommen zurück auf uns selbst in unserer Lebenssituation, in unseren Beziehungen Mann–Frau, Vater–Mutter, Eltern–Kinder, Arbeitgeber–Arbeitnehmer, Hersteller–Verbraucher, Anbieter–Konsument, Manipulierer–Manipulierter, die sich in dem Kräftespiel der Sehnsucht nach Freiheit, Gleichheit und Brüderlichkeit bewegen. Alle drei Sehnsüchte sind – bis auf wenige Ausnahmen – für die Mehrzahl der Menschen nicht realisiert. Die Menschen scheinen frei zu sein, sich demnach nicht um Gleichheit kümmern zu müssen, erleben auch, etwa durch einflussreiche Freunde, Brüderlichkeit. Was aber empfindet der ganz normale Bürger in unserer Demokratie? Er ist nicht frei, empfindet sich nicht als gleich und erfährt Brüderlichkeit, wenn überhaupt, nur innerhalb seiner kleinen Gemeinschaft.

Der Mensch ist aufgrund seiner Gene kein aggressives Lebewesen, ist kein Insekt, das Kannibalismus betreibt, ist auch kein Krieger, der andere Menschen töten will und Befriedigung dabei empfindet. Der Mensch ist kein Aggressiver, der triebhaft Aggressionen als Befriedigung sucht. Er will Konflikte so friedfertig lösen wie die Bonobos in Zentralafrika. Der Ansatz ist also, genetisch gesehen, optimal. Wenn wir wirklich wollten, dann könnten wir etwas daraus machen.

DIE WAHREN MOTIVE WERDEN VERSCHLEIERT

Unsere Mitmenschen erscheinen uns ja gerade deshalb so rätselhaft, weil sie ihre wahren Motive nicht zu erkennen geben. Am deutlichsten ist dann doch noch die Aggression, denn sie zeigt uns wenigstens, dass der andere wütend ist, dass er sich geärgert hat. Worüber, das lässt sich auch meist schnell aufklären, weil das der Aggressive in seiner extravertierten und expressiven Art schimpfend zum Ausdruck bringt.

Viel schwieriger ist dagegen eine aggressiv-gereizte Tonart zu durchschauen. Wenn man jemanden direkt darauf anspricht: »Was ist los? Ist etwas?«, bekommt man oft die Antwort: »Nichts ist. Ich bin heute nicht so gut drauf.« Hier weiß man dann nicht, was die genaue Ursache dieses Verhaltens ist. Vielleicht fragt man nach: »Hast du irgendwelchen Ärger gehabt?« Dann lautet oft die Antwort: »Ach, lass mich einfach in Ruhe. Das gibt sich schnell wieder.« Jetzt ist man genauso schlau wie zuvor.

Noch schwieriger zu durchschauen sind die Depressiven, die lustlos und freudlos alles hinnehmen und sich überhaupt nicht äußern, außer vielleicht so: »Ich fühle mich heute nicht wohl. Es geht mir nicht gut.« Dann fragt man vielleicht irritiert zurück: »Bist du beleidigt? Habe ich dich geärgert?« Die Antwort: »Ich bin nicht beleidigt, nein. Laß mich einfach in Ruhe. Das wird schon wieder.« Man spürt deutlich, dass der Depressive keine Auskunft über die Hintergründe seiner Bedrücktheit geben will. Im Berufsalltag geht man dann meist zur Tagesordnung über und sagt sich im Stillen: »Lass ihn in Ruhe, das gibt sich wieder.« Man möchte ja nicht unhöflich sein und weiter nachbohren.

In einer Partnerschaft ist das schon anders. Hier möchte man mehr Anteil nehmen, und man hakt deshalb vielleicht nach: »Komm, nun sag schon, was ist denn los? Habe ich dich vielleicht gekränkt, ohne es zu wissen?«

»Nein, nein«, ist die abwehrende Antwort.

»Nimmst du mir übel, dass ich gestern nicht angerufen habe?«

»Nein, das ist es nicht. Das haben wir doch geklärt.«

»Ja, aber irgendetwas ist doch.«

»Nein, es ist nichts. Ich bin einfach müde und habe Kopfschmerzen. Das ist alles.«

»Dann geh doch mal zum Arzt.«

»Ich brauche keinen Arzt ... Bohr doch nicht immer weiter nach. Das geht schon von selbst vorbei. Vielleicht geht mir das Regenwetter auf den Geist.«

»Morgen soll es besser werden, sagt der Wetterbericht.«

»Also, dann ist morgen ja wieder alles in Ordnung.«

Der Depressive spielt alles herunter und lässt einen

nicht an seinen Gefühlen und Gedanken teilhaben. Bei dem Gereizten und Aggressiven gelingt das besser. Aber oft erfährt man von ihm nicht die ganze Wahrheit oder, genauer gesagt, das eigentliche Motiv.

Im ersten und zweiten Kapitel haben wir festgestellt, dass hinter Aggressionen und Depressionen eine Angst verborgen ist. Aber welche Art von Angst? Wenn es gelingt, die Angstart zu erkennen, dann hat man das Motiv gefunden. Dieses eigentliche Motiv, das die Angst auslöst, wird jedoch verschleiert, denn darüber wird nicht oft gesprochen. Deshalb ist das Wichtigste einer guten Menschenkenntnis, das Motiv für die Angst zu erforschen, denn Aggression oder Depression sind nur eine Folge davon.

Bei der Motivsuche müssen wir oft gar nicht so sehr herumrätseln, denn vieles lässt sich auf einige wenige elementare Grundgegebenheiten zurückführen. Im Beruf sind die Grundmotive:

- Ehrgeiz gegenüber anderen;
- Konkurrenzneid und Eifersucht auf die Leistung anderer;
- Minderwertigkeitsgefühle und mangelndes Selbstbewusstsein.

In der Partnerschaft sind die Grundmotive:

- Macht über den anderen zu gewinnen;
- Eifersucht;
- Mangel an erotischem Selbstbewusstsein.

Bei Kindern in der Familie sind die Grundmotive:

- Werde ich von Vater und Mutter geliebt?
- Eifersucht auf Geschwister;
- Mangel an Selbstbewusstsein, um die Forderungen der Schule zu erfüllen.

Aus diesen Grundmotiven heraus entsteht Angst, die Aggression oder Depression erzeugt. Wir sollten also, um Menschenkenntnis zu erlangen, immer nach dem Motiv fragen und uns nicht ablenken oder irritieren lassen von den aggressiven oder depressiven Symptomen, denn sie verschleiern das zugrunde liegende Motiv.

Deshalb lassen es die Bonobos, unsere Primatenvorfahren in Zentralafrika, erst gar nicht so weit kommen, dass aus Angst Aggression oder Depression entstehen kann, denn sie gehen aufeinander zu und widmen sich der Fellpflege und dem Körperkontakt. So wird Aggression und Depression im Keim erstickt. Das Angstproblem wird sofort und direkt gelöst und nicht auf die lange Bank geschoben, so dass sich kein Groll aufbaut. Diese direkte, sofortige Lösung ist bei uns Menschen nicht möglich. So kann beispielsweise ein Angestellter seinen Kollegen nicht in den Arm nehmen und ihm die Haare streicheln, denn das würde in unserer distanzierten Form des mitmenschlichen Umgangs als äußerst suspekt beurteilt; es würden womöglich homosexuelle Neigungen unterstellt, die zu Klatsch und Tratsch führen könnten. Das aber scheuen wir wie der Teufel das Weihwasser.

Wir haben uns von einem natürlichen körpernahen Umgang miteinander sehr weit entfernt. Nur in extremen Situationen, wie etwa bei Katastrophen, wird akzeptiert, dass sich zwei Männer weinend in den Armen liegen und durch Körperkontakt gegenseitig Trost geben. Leider haben wir uns von dieser elementaren Kontaktbasis meilenweit entfernt, weil wir auf die Sprache vertrauen und glauben, uns mit ihr und durch sie richtig zu verständigen. Die Sprache aber erzeugt Distanz.

Wir fühlen die elementaren Emotionen der Angst, des Ehrgeizes, des Neids und der Minderwertigkeit, können aber im Kontakt und im Konflikt nicht den emotionalen Weg des sofortigen Konfliktausgleichs wählen. Unter Freunden, vor allem unter Liebenden ist das glücklicherweise möglich. Hier ist emotionale Empathie gestattet, ja sogar erwünscht... wenn, ja wenn der Freund oder der Partner das Gespür für jene Situationen entwickelt hat, die Körperkontakt erfordern. Aber das ist den meisten zivilisierten Menschen verloren gegangen – sie nehmen eher Abstand und versuchen mit psychotherapeutischen Begriffen zu reagieren. Weil wir rational orientiert sind, meinen wir, Konflikte rational-verbal klären zu können. Alles aber, was mit elementarer Angst zu tun hat, lässt sich nur schwer verbal-rational klären, sondern besser emotional. Die Angst verschwindet bei emotionaler und körperlicher Berührung eher als durch Worte.

Wenn die Angstsituation einige Tage zurückliegt, dann kann die Bewusstmachung im Gespräch helfen. Ich will damit sagen, dass der Therapeut nicht durch

Umarmungen den Körperkontakt nachholen kann, der in der konkreten Situation gefehlt hat. Wir leiden fast alle an dem Mangel, dass unsere Ängste nicht durch Körperkontakt aufgefangen und beschwichtigt werden. Da wir mit unseren Mitmenschen in Körperdistanz leben, sind wir auf sprachlichen Kontakt und verbale Streicheleinheiten angewiesen. Aber das klappt meist nicht, weil sich viele eher auf die Zunge beißen würden, bevor sie einen anerkennenden Satz oder ein liebevolles Lob in den Mund nehmen.

So ist fast jeder mit seiner Angst allein, ohne Hoffnung auf körperlichen Kontakt und verbale Anerkennung. Dieses Alleinsein ist sehr schmerzlich. Deshalb hat jeder die große Sehnsucht und Hoffnung auf Liebe. Sollten sich Mann und Frau wirklich lieben, dann, so wird erhofft, kann man sich endlich offenbaren und erhält den liebenden Körperkontakt, wenn man Angst hat, so dass man nicht aggressiv und schon gar nicht depressiv werden muss. Wenn man jedoch, etwa durch Lebenserfahrung, erkennt (und erleidet), dass dieser Kontakt ausbleibt, dann zieht das eine schwere Frustration nach sich. Man bleibt dann nicht nur körperlich, sondern auch verbal ungetröstet, und so versucht man zu begreifen, warum das so ist – und denkt am Ende, man hätte eine schlechte Menschenkenntnis, wenn wieder einmal alles so cool und schief abgelaufen ist.

Wir sollten unsere eigenen Motive und die Motive unserer Mitmenschen täglich erforschen. Hinter meiner und deiner Angst ist das Motiv verborgen. Menschenkenntnis ist Motivforschung. Das erscheint so schwierig, weil das eigentliche Motiv verschleiert wird. Die Grundmotive sind aber sehr einfach. Dabei beruht gute Menschenkenntnis nicht etwa auf einem akademischen Bildungsgrad, denn die Intelligenz des Denkens schützt nicht vor falschem und lieblosem Umgang mit Menschen.

ANPASSUNG IST ANGSTABWEHR

Wir lernen von Kindheit an, uns anzupassen, indem wir etwa die Forderungen der Eltern erfüllen, und zwar aus Angst vor Liebesverlust und Angst vor existenzieller Unsicherheit. In der Pubertät lernen wir uns in die Rolle des Erwachsenwerdens einzuleben und das revolutionäre Denken irgendwann aufzugeben, um weiteren Konflikten mit der Umwelt aus dem Weg zu gehen, denn es geht darum, die beiden Säulen für die Zukunft aufzubauen: Berufserfolg und Partnerschaft.

Wir fügen uns den Erfordernissen und passen uns, so gut es irgend geht, an vorgegebene Rollen an, welche die Gesellschaft uns anbietet. Die soziale Struktur des gerade herrschenden Gesellschaftssystems ist stärker als die Sehnsucht nach Eigenständigkeit und Freiheit. Warum ist sie stärker? Weil wir Angst haben, unabhängig von den vorgefundenen Mustern unseren eigenen Weg zu gehen, denn er könnte ja falsch sein. Für uns ist primär eines ausschlaggebend: Wenn die anderen sich einfügen und so handeln, wie sie handeln, dann hat das einen wichtigen Grund, dann sollten wir uns nicht dagegenstemmen. Die Angst vor Abwertung, vor Isolation und Kritik wirkt hier sehr heftig. Wir beugen uns somit den äußeren sozialen Mächten, um uns sicher zu fühlen und Ohnmachtsgefühle zu vermeiden.

Es scheint nur zwei Auswege aus der Anpassung zu geben: Kriminalität und Kunst (wobei hier der freischaffende Beruf als Künstler gemeint ist). Die unangepasste Existenz der Kriminalität nimmt zwar zu, nicht nur die Kinderkriminalität, sondern auch die Jugend- und Erwachsenenkriminalität, doch die drohenden Strafen des Gesetzes wirken bei den weitaus meisten von uns immer noch abschreckend genug, um kriminelle Wege nicht zu beschreiten. Die Aussicht, der elementaren Freiheit durch Gefängnis beraubt zu werden, ist nicht gerade etwas, an dem man sich berauscht. Glücklicherweise sagen da doch viele lieber: »Nein danke!«

Der Ausweg in eine künstlerische Existenz ist für die meisten schon deshalb nicht möglich, weil ihr kreatives Talent, sei es als Maler oder Musiker, als Schriftsteller, sei es als Tänzer oder Schauspieler, nicht gefördert wurde. Ein Zwanzigjähriger sagte mir einmal: »Ich habe in der Pubertät und auch danach Gedichte und Kurzgeschichten geschrieben, aber keiner hat das wirklich anerkannt, weder meine Eltern noch die Lehrer, noch meine Freundin. Alle rieten mir, einen vernünftigen und soliden Beruf zu erlernen. Deshalb mache ich nach dem Abitur jetzt erst mal eine Banklehre. Davon bin ich abends so geschafft, dass ich keine Energie mehr habe zum Schreiben.«

»Warum haben sie dir abgeraten, es als Schriftsteller zu versuchen?«, fragte ich ihn.

»Alle sind der Meinung, damit könnte man kein Geld verdienen, und ums Geldverdienen, um materiellen Erfolg würde sich in unserer konsumorientierten Zeit eben letztlich alles drehen.«

»Richtig, unsere Zeit ist konsumorientiert. Aber warum willst du dich anpassen? Du hättest doch auch sagen können: Die Entwicklung meines Talents ist mir wichtiger, dann verzichte ich lieber erst einmal auf materielle Werte.«

»Ich hatte nicht den Mut dazu, mich gegen die Meinung der anderen durchzusetzen.«

»›Nicht den Mut dazu‹, das ist eine geschickte Ausdrucksweise, um nicht sagen zu müssen, dass es einem Angst macht, einen Weg einzuschlagen, den andere verurteilen. Das war für dich sicherlich ein innerer Konflikt. Aber die Anpassung an die Meinung der anderen hat dann gesiegt.«

»Ich glaube, ich fühle mich nicht stark genug, in eine ungesicherte Lebensweise zu gehen. Von Angst spreche ich nicht gerne. Das würde mein Selbstbewusstsein belasten«, antwortete er.

»Ich verstehe. Du vermeidest das Wort Angst, weil Angst kein gesellschaftlich anerkanntes Thema ist. Angst gilt als Zeichen von Schwäche. Deshalb sprichst du von ›nicht genug Mut‹. Mut ist eine Stärke. Man darf davon etwas mehr oder weniger haben. Das ist allgemein anerkannt. Der innere Konflikt besteht aber weiter: hier mein Talent, das ich gerne entfalten würde, und dort die Anpassung an die Meinung der anderen, die mich beraten, davon die Finger zu lassen. Die anderen sind sehr schnell mit ihren Ratschlägen. Sie meinen es angeblich ja so gut, denn sie wollen uns ja nur helfen.«

»Ja, das ist mir auch aufgefallen. Um mich von meinem eigenen Weg abzubringen, waren viele Ratgeber sofort zur Stelle. Als mich meine Freundin wegen eines anderen verlassen hat und ich völlig ratlos meine Verlassenheit fühlte, gab es nur schlechten Trost. Dann wurden so genannte Weisheiten von sich gegeben wie: ›Reisende muß man ziehen lassen!‹ oder: ›Mach dir nichts daraus; sie war es nicht wert!‹ oder: ›An jeder Ecke wartet eine andere auf dich!‹ Damit konnte ich in meinem Schmerz nicht viel anfangen.«

»Wenn deine Seele Rat braucht – das ist richtig beobachtet –, ist keiner wirklich präsent, höchstens mit Trostfloskeln. Willst du jedoch deine Talente entfalten, melden sich die ungebetenen Ratgeber sofort und drängen dir ihre Meinung auf.«

»Das ist schon eine verrückte Welt.«

»Die Welt ist nicht verrückt. Sie funktioniert in der Ordnung der Naturgesetze wunderbar. Sobald jedoch der Mensch eingreift, entsteht aus Ordnung plötzlich Unordnung. Jeder rät aus seiner eigenen Position heraus. Diejenigen, die ihre Ängste niederhalten, indem sie sich anpassen, raten allen anderen, sich ebenfalls anzupassen, damit für sie alles in Ordnung kommt. Denn glaube nicht, dass diejenigen, die Anpassung predigen, nicht auch einmal ihre Angst vor der Eigenständigkeit und der Individualität in sich niedergerungen hätten. Deshalb geht der innere Konflikt meist so aus, dass die Anpassung siegt. Aber das, was als Sicherheit gepriesen wird, ist ja gar nicht so sicher, wie es dargestellt wird, denn unsere Gesellschaft ist in ständigem Wandel.«

»Das beobachte ich auch. Unsere Gesellschaft befindet sich in einem ungeheuren Wandel. Das betrifft nicht nur die Technik, den Computer und die Telekommunikation, sondern auch Kunst und Politik.«

»Wir sollten diesen Wandel genau beobachten«, sagte ich.

»Diese Veränderungen geschehen so schnell, dass kaum jemand noch Schritt halten kann. Ich fühle mich oft überfordert und möchte einen ruhenden Pol finden. Manchmal habe ich so ein komisches Gefühl, als wäre der technische Fortschritt, so gut er ja ist, mein Gegner, weil ich oft Angst davor bekomme. Ich hechle hinterher und kann kaum noch Schritt halten.«

»Das ist eine Angst, die du mit vielen anderen teilst. Über diese Angst wird jedoch nicht gesprochen, da sie verdrängt, also tabuisiert wird. Und so scheint es, dass sie gar nicht existiert. Sie ist aber überall gegenwärtig, und deshalb ist es um so wichtiger, sich als Individuum hinstellen zu können und zu sagen: ›Ja, das macht mir Angst. Es macht mir auch Angst, wie ihr euch alle anpasst. Ich möchte mich nicht anpassen, denn ich will meinen eigenen Weg finden!‹ – Wer wagt das schon zu sagen?«

»Du gerätst, wenn du das sagst, in Konflikt mit den anderen. Sie gehen wie hypnotisiert in die Anpassung wegen der Sicherheit. Sicherheit steht offenbar über allem. Jetzt erkenne ich plötzlich, dass Sicherheit etwas ist, womit man andere unter Druck setzen kann.«

»Wir fliehen alle vor der Angst, und deswegen scheint Sicherheit der rettende Hafen zu sein. Mittlerweile sind wir durchdrungen von dem Streben nach Sicherheit. Für die Expression von Angst, etwa durch Aggression, gibt es wenig Chancen. Wir können nicht einmal aussprechen, dass wir einen Konflikt fühlen. So bleibt uns nichts anderes übrig als gereizt oder depressiv zu werden. Beide Auswege sind jedoch gesellschaftlich nicht akzeptiert. Wie kommt man also aus dem Dilemma heraus? Die einen stürzen sich mit Aggressionspotenzial in eine Karriere, die anderen ziehen sich zurück auf ihre Hobbys und privaten Freizeitzonen. Die Karrieristen fühlen sich trendy und selbstbewusst, die Zurückgezogenen dagegen schuldbewusst, der Gesellschaft etwas zu verweigern, was die Gesellschaft von ihnen fordern kann. Die Gesellschaft ist sich sicher, dass man alle kriegt, wenn man Sicherheit bietet. Durch Anpassung scheint es, als gäbe es dann keine Konflikte mehr. Die inneren Konflikte lassen sich aber nicht so einfach unter den Teppich kehren. Angst hin, Angst her, Sicherheitsangebote verlockend und gut, es bleibt dabei, dass dennoch jeder Einzelne als Mensch seinen eigenständigen Weg sucht und finden will. Die Intrige mag noch so infam sein, wenn ein Individueller ausschert und deshalb verhöhnt wird – die elementare Kraft, die nach Freiheit und letztlich nach Liebe strebt, bleibt ungebrochen …

Die Technik mag sich zwar rasant schnell wandeln, die menschliche Sehnsucht nach Liebe und Freiheit bleibt davon aber völlig unberührt. Sie kann durch falsche Ratschläge zwar irritiert werden, aber sie wird nicht im Vergessen versanden. Trotz Angst und Anpassung sind gerade diese psychischen Energien nicht ausrottbar. Die Sehnsucht nach Freiheit und Liebe – und natürlich nach der Entfaltung der eigenen Talente – bleibt ungebrochen bestehen. Freiheit, Gleichheit und Brüderlichkeit – diese Sehnsucht will sich durchsetzen. Dann gibt es keinen Konflikt mehr, sondern nur einen Weg: Mit der Angst heraus in die Wirklichkeit, zur Angst zu stehen. Unsicherheit hin, Sicherheit her – der Drang zum eigenen Selbst, danach, sich selbst zu entfalten, bleibt bestehen.«

DIE INNERE KÜNDIGUNG IM JOB

Bekanntlich streben alle Unternehmen nach Gewinnmaximierung, vor allem die Aktiengesellschaften, damit der Börsenkurs steigt. Gewinnmaximierung ist möglich, wenn die Kosten sinken, unter anderem die Personalkosten. Dann mag der Umsatz stagnieren, ja sogar zurückgehen: Es kann trotzdem ein Gewinn in der Bilanz ausgewiesen werden. Gewinnmaximierung steht nun mal im kapitalistischen Wirtschaftssystem im Vordergrund. Das ist eine Binsenweisheit.

Personalreduzierungen sind möglich, weil die technische Weiterentwicklung der Computer rasant vorangeht und in noch schnellerem Tempo in Zukunft fortschreiten wird. Es wird in den nächsten Jahren und Jahrzehnten weniger Personal benötigt, weshalb der

Personalabbau keine Modeerscheinung ist, kein Trend der neunziger Jahre, der vorübergeht. Deshalb sind Politiker ratlos. Es wird derzeit kein effektives Konzept geben, das dieser Entwicklung entgegenwirken könnte. Das Allerschlimmste dabei ist, dass die Ausbildungsplätze für Jugendliche zurückgegangen sind und weiter zurückgehen werden. Viele Schulabgänger sind deshalb chancenlos, jemals einen Ausbildungsplatz zu erhalten. Darüber hinaus bleibt durch den Numerus clausus sehr vielen ein Ausweichen an die Universitäten verwehrt. Diese Chancenlosigkeit – dafür haben Jugendliche eine scharfe Antenne – führt zu Angst und Aggression, ist also die Hauptursache für die bereits erwähnte anwachsende Kinder- und Jugendkriminalität, die sich gegen unsere Gesellschaft richtet. Der soziale Sprengstoff wird somit von Jahr zu Jahr brisanter, weil er weder von der Wirtschaft noch der Politik in Form neuer Ausbildungsplätze entschärft werden kann. Die optimistischen Slogans der Politiker sind lediglich als Werbesprüche und Wahlstrategien zu werten, denn dahinter steht keine Reformidee, vor allem nicht in einer Zeit, in der alle mit der Einführung des Euro beschäftigt und abgelenkt sind.

Die Wirtschaft lässt sich von den Politikern nicht in ihre Karten schauen und baut rigoros weiter Arbeitsplätze ab. Letztlich ist ja der Staat auch an den ausgewiesenen Gewinnen interessiert, um das so dringend notwendige Steueraufkommen in die Staatskasse zu bekommen. Deshalb ist die politische Absichtserklärung, für mehr Arbeitsplätze zu sorgen und über Subventionen nachzudenken, ein Paradoxon, weil auf der anderen

Seite der Staat danach streben muss, dass die Unternehmen zu versteuernde Gewinne erwirtschaften, was wiederum bedeutet, dass sie Personal entlassen. So versuchen die Politiker den Wählern vorzumachen, sich um mehr Arbeitsplätze zu kümmern, während sie andererseits den Verlust von Arbeitsplätzen billigend in Kauf nehmen. Letztlich entscheidet der Rechenstift: Wobei erzielen wir mehr Kapital? Durch Gewinne der Unternehmen und somit durch Steuereinnahmen? Oder durch neue Auflagen und Gesetze, die Unternehmen verprellen? Den Unternehmern bleibt immer noch die Möglichkeit, ihre Fabrikanlagen nach Portugal, Polen oder Asien zu verlagern, um weitere Lohnkosten einzusparen. Das ist legal - nur: Die Staatskasse - und somit wir alle - hat dann das Nachsehen.

Die aktuellen Probleme in den Bereichen Wirtschafts- und Beschäftigungspolitik sind durch kraftvolle Wörter kaum zu lösen. Beteuerungen und Slogans verhallen spätestens dann, wenn eine Wahl gewonnen worden ist. Die Politiker sind jedenfalls machtlos, weil die Wirtschaft seit zwei Jahrzehnten die Macht übernommen hat. Das wird natürlich kein Regierungspolitiker zugeben. Die Wirtschaft hat die Politiker in der Hand, und somit ist die Staatsführung durch die Macht der Konzerne erpressbar geworden. Darüber wird zwar nicht offen gesprochen, aber jeder Angestellte eines Betriebes, einer Firma, eines Unternehmens spürt die eigene Ohnmacht in diesem Kräftespiel.

Von einem Insider der Wirtschaft, einem Personalratsvorsitzenden, habe ich vor einiger Zeit einen aktuellen Zustandsbericht erhalten, wie sich das Ganze auf eine Firmenbelegschaft auswirkt. Er sagte mir: »Ich erlebe unsere Mitarbeiter derzeit so: Sie reagieren auf diese Situation, in der wir uns alle befinden, durch innere Kündigung, weil sie den Frust nicht mehr verarbeiten können, sich einerseits abzustrampeln und andererseits doch nur hinterherzulaufen und dann letztlich Verlierer zu sein. Viele haben einfach resigniert, trotz Computerkurs, Trainingsseminare und Weiterbildung, denn das alles schützt sie nicht vor Entlassung. So wird das ›Wir-Gefühl‹ der Betriebsgemeinschaft täglich mehr ausgehebelt. Das erzeugt eine Ellenbogenmentalität, die zum Mobbing führt, und deshalb ist heute jeder gegen jeden! Alle fühlen, dass weiteres Personal – unabhängig von den schönen Sprüchen – entlassen wird. Und alle haben Angst vor der Arbeitslosigkeit, denn jeder weiß, dass die Rückkehr an einen neuen Arbeitsplatz über den normalen Bewerbungsweg sehr, sehr schwer geworden ist. Entlassen zu werden ist auch mit einem hervorragenden Zeugnis ein Makel, der schwer bei einer Bewerbung rechtfertigend erklärt werden kann. Wer heute einmal draußen ist, der bleibt oft auch draußen! Das viel gepriesene soziale Netz, das wir zweifellos haben, hilft ihm emotional nicht. Sehr oft erlebe ich, dass fleißige Mitarbeiter, welche die Tugenden der Ehrlichkeit, der Loyalität und der Einsatzbereitschaft gegenüber unserer Firma gezeigt haben, trotzdem entlassen werden, weil die Rationalisierungsmaßnahmen das einfach erfordern. Ich kann ihnen nicht helfen und sie auch nicht trösten. Deshalb erleben wir heute in fast allen Firmen das Phänomen der inneren Kündigung und das Phänomen der ansteigenden Ellenbogenmentalität.«

Ich antwortete: »Innere Kündigung ist der Rückzug auf Dienst nach Vorschrift. Das Engagement fehlt, Kreativität auch – das schwächt doch das Unternehmen. Die Ellenbogenmentalität unter den Mitarbeitern, eine Steigerung der Aggression, ist aus der Angst geboren – auch sie schwächt das Unternehmen, weil dadurch andere Mitarbeiter gemobbt und krank werden.«

»Sie haben Recht. Viele kämpfen mit Mobbing um ihren Arbeitsplatz, sind zynisch und passen sich völlig an.«

»So sind die Aggressiven als auch die angepassten Depressiven letztlich Verlierer.«

»Wer kämpft und meint, damit etwas rauszureißen, hat keine Chance, denn die Personalreduzierung ist beschlossene Sache. Sie wird rigoros durchgezogen. Der Aggressive wird letztlich um so mehr Gründe für seine Entlassung liefern. Der Angepasste, der innerlich bereits gekündigt hat, wird seine Kündigung deprimiert hinnehmen. Ob nun so oder so – sie haben keine Chance ... Schädlich für das Unternehmen sind natürlich die Mitarbeiter mit Ellenbogenmentalität, denn sie sind es, die die anderen krank machen. Letztere flüchten sich dann in die Krankheit und dokumentieren sie mit ärztlichen Attesten. Das kostet die Unternehmen und Krankenkassen sehr viel Geld. Die Firmenspitze nimmt das aber in Kauf. Strategie ist, die Leute rauszukriegen, egal wie, denn sie sind Kostenfaktoren! Sollen sich das Arbeitsamt und die Sozialversicherung dann darum kümmern. Es herrscht in den Unternehmen, das kann ich Ihnen als Personalratsvorsitzender aus meiner Erfahrung bestätigen, die Personalpolitik: Mitarbeiterabbau reduziert die Kosten und steigert den Gewinn! Das ist durch die Technik möglich. Dieser Prozess geht weiter, und er wird sich verstärken.«

»Die innere Kündigung wird bei den Arbeitnehmern zunehmen. Das ist der einzige Protest, den sie haben!«

»Die Arbeitnehmer sind chancenlos, sobald sie nicht mehr gebraucht werden. Alle fühlen, dass die Arbeitslosenzahl weiter steigen wird; deshalb ist die innere Kündigung so weit verbreitet. Das schadet uns allen, aber wir können es nicht ändern.«

»Sehen Sie, wenn die Politiker keine neuen Arbeitsplätze durch Verordnungen schaffen können, überhaupt irgendeine Chance?«

»Nein, die sehe ich nicht. Das macht mir Angst, denn aus dem Potenzial der Arbeitslosen, die sich entfalten wollen, werden Aggressionen hervorgehen. Das ist ein Energiepotenzial, das wir nicht unterschätzen sollten. Wir steuern auf eine Revolution zu, die keiner sehen will.«

FÜNFTES KAPITEL

VOM LOSLASSEN, DER LEICHTIGKEIT UND DER FREIHEIT

Die Leserinnen und Leser meiner Bücher wissen es mittlerweile: Der Schriftsteller Rainer Maria Rilke ist einer meiner ganz besonders geschätzten Autoren. Deshalb möchte ich das fünfte Kapitel mit einem Rilke-Gedicht beginnen. Ich habe es dem Booklet einer CD entnommen, auf welcher der Schauspieler Oskar Werner zwanzig Gedichte von Rilke spricht. Ich kann diese beiden CDs in einer Cassette nur jedem Rilke-Liebhaber empfehlen, weil es sich um eine einmalig treffende und exemplarische Leseweise handelt, die ich als eine Sternstunde der Rezitationskunst empfinde. Der Titel der Cassette lautet: »Oskar Werner spricht Rainer Maria Rilke« (Compact disk, Reverso, Musikproduktionsgesellschaft, Wien 1994). Eines dieser Gedichte werde ich nun vorstellen und danach interpretieren. – Hinweis: Ich empfehle, dieses Gedicht mindestens zweimal zu lesen, weil es eines der »schwierigen« Gedichte von Rilke ist.

Der Fremde

Ohne Sorgfalt, was die Nächsten dächten,
die er müde nicht mehr fragen hieß,
ging er wieder fort; verlor, verließ –.
Denn er hing an solchen Reisenächten

anders als an jeder Liebesnacht.
Wunderbare hatte er durchwacht,
die mit starken Sternen überzogen
enge Fernen auseinander bogen
und sich wandelten wie eine Schlacht;

andre, die mit in den Mond gestreuten
Dörfern, wie mit hingehaltnen Beuten,
sich ergaben, oder durch geschonte
Parke graue Edelsitze zeigten,
die er gerne in dem hingeneigten
Haupte einen Augenblick bewohnte,
tiefer wissend, dass man nirgends bleibt;
und schon sah er bei dem nächsten Biegen
wieder Wege, Brücken, Länder liegen
bis an Städte, die man übertreibt.

Und dies alles immer unbegehrend
hinzulassen, schien ihm mehr als seines
Lebens Lust, Besitz und Ruhm.
Doch auf fremden Plätzen war ihm eines
täglich ausgetretnen Brunnensteines
Mulde manchmal wie ein Eigentum.

Dieses Gedicht habe ich deshalb ausgesucht, weil in ihm sehr viel enthalten ist, womit ich mich in diesem fünften Kapitel befassen werde.

»Ohne Sorgfalt, was die Nächsten dächten«. So beginnt die erste Zeile. Wir machen uns oft zu viele Gedanken, was andere über uns als Person und unser Verhalten denken, ob sie uns akzeptieren wollen oder nicht, ob es ihnen in ihre Denkstruktur passt oder nicht. Wir sind oft so abhängig von der Meinung der Nächsten, ob sie uns nun loben oder tadeln. Der Fremde in Rilkes Gedicht hat sich davon entfernt, indem er sagt: »... die er müde nicht mehr fragen hieß, ging er wieder fort; verlor, verließ –.«

Es gibt im Leben eines Menschen Zeitpunkte, dann ist er müde zu fragen, ob er nun anerkannt oder verurteilt wird für das, was er denkt oder fühlt. Man ist einfach müde, um Anerkennung zu ringen, Argumente zu sammeln, um sich zu erklären und zu vergleichen, ob es nun eine Einvernehmlichkeit gibt oder nicht. Sicherlich ist das Verständnis, etwa ein: »Ja, das ist richtig; so sehe ich das auch« zu hören, sehr angenehm für die Kommunikation, aber es kann oft auch nicht gelingen, etwas Übereinstimmendes zu vermitteln, etwas, »was die Nächsten« denken. Soll man dann darüber streiten, fechten, kämpfen? Man kann es versuchen, aber irgendwann wird man müde, geht fort und verlässt.

Man muß auch aufgeben, etwas verloren geben können, also den Mut haben zu gehen, selbst wenn diese Momente so schön waren wie eine »Liebesnacht«. Rilke spricht von Reisenächten, die wertvoll sind wie Liebesnächte. Liebesnächte gehören zu den Sternstunden des Lebens von Mann und Frau. Dort gibt es keine Müdigkeit, werden doch solche Nächte mit Energie und erotischer Kraft durchwacht, sind »mit starken Sternen überzogen«, wobei »enge Fernen auseinander[ge]bogen« werden, denn es ist ja gerade das Kennzeichen der Liebe, dass alle Enge und alle Ferne überwunden werden. Alle Grenzen (die Trennungen voneinander sind) werden überschritten, Religionsfernen brechen in sich zusammen, gesellschaftliche Schranken fallen, unterschiedliche Lebensphilosophien werden zusammengebogen. Wir wandeln uns in einer Schlacht der Begegnung: Alles Trennende zerbröckelt, alle politischen und sozialen Feindschaften werden besiegt, alle Angst zieht sich wunderbarerweise zurück.

Wir schauen mit einem gereinigten Blick auf die anderen, auf unsere nächsten Verwandten, unsere Freunde und die gesamte Gesellschaft. Sie können uns ihre Lockangebote als Beute hinhalten, aber wir fallen nicht mehr darauf herein. Sie haben mit ihrem Angebot, dem Köder am Angelhaken, keine Chance mehr; sie können uns in diesem angstfreien Moment nicht mehr einfangen. Wir sind aus den Fängen der Manipulationen entwichen. Der Himmel ist »mit starken Sternen überzogen, enge Fernen auseinander[ge]bogen«, wenn das geschieht. Wir werden uns nicht ergeben, selbst wenn sich »durch geschonte Parke graue Edelsitze zeigten«.

Diese Edelsitze in den Parks sind die Villen – früher sagte man Herrschaftshäuser – der erfolgreichen Unternehmer oder der Erben früherer Vermögen, die vielleicht noch bis in die Feudalzeit zurückreichen, als Gleichheit, Freiheit und Brüderlichkeit die Begriffe von Revolutionären waren. Der Stolz der aus einer Tradition heraus Besitzenden an ihren Edelsitzen in den gärtnerisch gestalteten Parks ist unbestritten. Die neuen Reichen sind ja heute oft viel reicher als die früheren Reichen, und sie bauen ihre eigene Hybris in die Parks, die angelegt werden als »geschonte Natur«, weil wirkliche Natur nicht vorkommen darf und weshalb alle wilden Naturpflanzen, die sich im Sinne der Natur ausbreiten, zurückgestutzt werden. »Geschonte Natur« ist keine wirkliche Natur. Wirkliche Natur gilt zu fast drei Vierteln als Unkraut, das entfernt werden muss. Trotz aller Anstrengungen der Vermögenden, der Gewinner unseres Wirtschaftssystems, wirken auch heute ihre Edelsitze hinter den Parks grau, irgendwie überschattet, nicht wirklich glücklich und strahlend, vielleicht deshalb, weil dort zu viel mit Design gearbeitet wurde und weil wohl alles darum ging, mit »Sorgfalt, was die Nächsten dächten« einen bestimmten Eindruck von Status zu erzeugen.

Dennoch taucht im Betrachter einen Augenblick lang vielleicht der Wunsch auf, dort zu wohnen. Wer ist frei davon, wenn er ein solches Villenanwesen betrachtet, nicht kurz den Wunsch in sich zu verspüren, dort zu sein? Der Betrachter kann aber vorübergehen, weil er womöglich tief im Inneren weiß, dass er dort nicht bleiben würde. Rilke spricht an, dass wir tiefer wissen, dass wir nicht bleiben, denn wir sind nur Gast auf dieser Welt. Und wer dort hinter den Mauern in einem Edelsitz residiert, ist auch nur Gast, solange es sein Schicksal zulässt, hier nachts zu schlafen und morgens zu erwachen. Die vermeintliche Sicherheit, ausgedrückt in dem Wunsch zu bleiben, ist eine Scheinsicherheit, in welche die Realität jederzeit einbrechen kann. Der Wanderer aber, der sich als Fremder, als Gast in dieser Welt begreift und der nicht nach der Meinung anderer fragt, geht weiter, lässt los – und schon sieht er »bei dem nächsten Biegen wieder Wege, Brücken, Länder liegen bis an Städte, die man übertreibt«.

Die Welt ist so groß und weit, dass sie sich nicht auf einen ›geschonten Park‹ reduzieren lässt, denn hinter jeder Anhöhe eröffnet sich eine neue Weite, und auf jedem Berg tut sich der Blick auf ins Tal.

Rilke gab seinem Gedicht den Titel »Der Fremde«. Der Fremde ist der Freie. Wir müssen durch Fremdheit hindurchgehen, um zu erkennen, dass wir zunächst Verlassenheit fühlen werden und erst danach Freiheit. »Und dies alles immer unbegehrend hinzulassen, schien ihm mehr als seines Lebens Lust, Besitz und Ruhm.« Mit diesem einen genialen Satz revolutioniert Rilke das traditionelle bürgerliche Denken. Es »unbegehrend hinzulassen« bedeutet, das Begehren fallen zu lassen, denn Begehren macht abhängig und erpressbar. Dass das mehr ist als des »Lebens Lust, Besitz und Ruhm«, ist die Krönung seiner Aussage, die eine wichtige Bedeutung hat und das übliche Streben der Menschen aus den Angeln hebt. Denn – und das ist eine Tatsache – fast alle streben wir nach des »Lebens Lust, Besitz und Ruhm«.

Wir streben nach Besitz und Ruhm, um uns danach des Lebens Lust kaufen zu können. Es hat wenig Sinn, diese Tatsache mit moralischen Appellen zu verneinen. Zu behaupten, das wäre ja nur einfach so nebenbei von Bedeutung, ist schlichtweg falsch. Wahrheit ist: Alle denken sie daran, was die Nächsten wohl dächten und brüten in den geschonten Parks, in ihren grauen Edelsitzen, wie sie dadurch des Lebens Lust erringen oder steigern könnten.

Das ist aber auch ihre Achillesferse, und deshalb reagieren sie so heftig auf Angriffe. Sie haben Besitz und Ruhm und sind damit ausgeliefert dem, »was die Nächsten dächten«. So verlieren sie das Schönste, was es gibt zu schauen: »... und schon sah er bei dem nächsten Biegen wieder Wege, Brücken, Länder liegen, bis an Städte, die man übertreibt.« Rilke sagt, dass man die Städte »übertreibt«, und zwar in der Schönheit und den Möglichkeiten, die sie bieten. Man übertreibt die Chancen, welche Städte mit all ihrer Technik und ihrem Ehrgeiz bieten. Aber wo bleibt dann »unbegehrend« des »Lebens Lust, Besitz und Ruhm«? Sollten wir das wirklich hinlassen? Was bleibt, wenn wir das alles nicht mehr begehren?

Für Rilke bedeutet das Hinlassen mehr als das Festhalten: »Und dies alles immer unbegehrend hinzulassen, schien ihm mehr als seines Lebens Lust, Besitz und Ruhm.« Das alles zu lassen ist viel mehr, als danach zu streben, so sage ich jetzt völlig unpoetisch, denn so ist der Satz gemeint. Diese klare Aussage lässt uns vielleicht etwas unbefriedigt zurück. Aber dann kommt der letzte Satz dieses Gedichtes, und der ist eine Offenbarung: »Doch auf fremden Plätzen war ihm eines täglich ausgetretnen Brunnensteines Mulde manchmal wie ein Eigentum.« Dieser Satz eröffnet eine wunderbare Erkenntnis. Wir sind Gast in dieser Welt, wir kommen, treten irgendwo ein und werden eines Tages wieder gehen, weil wir neue Aufgaben bekommen haben oder weil der Tod uns plötzlich aus allem herausreißt oder weil Krankheit ganz langsam deutlich macht, dass wir Abschied nehmen sollen.

Wir gehen als Staunende durch diese Welt, und auf dieser Wanderung durch das Leben können wir erkennen, beispielsweise auf einem fremden Platz, wenn wir an einem Brunnen stehen und uns dort fotografieren lassen, denn Brunnen sind ja beliebte Fotomotive ... dort können wir erkennen, dass der täglich ausgetretene Brunnenstein manchmal so etwas wie eine Art Eigentum wird. Der Brunnenstein gehört uns ja nicht, wir haben ihn nicht in Besitz genommen, rein juristisch gesehen, aber wir fühlen, als wäre es wie ein Eigentum, ein freies Eigentum, das wir nicht, grundbuchlich abgesichert, als unser persönliches Eigentum bezeichnen können – das natürlich nicht.

Wir besitzen vielleicht ein Haus und ein Grundstück und können juristisch beweisen, dass wir davon der Eigentümer sind. Dabei vergessen wir oft, dass uns ja die ganze Welt zu eigen sein kann, wie beispielsweise »eines täglich ausgetretnen Brunnensteines Mulde«. Das ist eine Erkenntnis von Freiheit, die jenseits ist von dem Begehren nach persönlichem Besitz und Ruhm. Das Tor der Welt hat sich aufgetan, denn die ganze Welt steht uns offen, wenn wir als Fremde, als Außenstehende ohne Eigentumsanspruch kommen und gehen. Es gehört uns in diesem einen Moment, und gleichzeitig gehört es allen anderen auch. Darin liegt die Energie und Schönheit dieses Gedichtes. Es öffnet die Augen, und wir sehen eine Wirklichkeit, die vom üblichen Denken bisher verschleiert war.

DER SCHLÜSSEL ZUR FREIHEIT

Während eines Seminars habe ich mit den Teilnehmern über Liebe, Beziehung und Freiheit diskutiert. Am Anfang meines Vortrages las ich das folgende chinesische Sprichwort vor:

Liebst du etwas, lasse es los.
Kehrt es zu dir zurück, ist es dein
in diesem Moment. Bleibt es fort,
hat es dir nie gehört.

Ich beginne damit, das Sprichwort zu interpretieren: »Wenn man diese drei Sätze zum ersten Mal hört oder liest, dann fühlt man zwar, dass darin eine Weisheit enthalten ist, aber die ganze revolutionäre Kraft wird erst bewusst, wenn man sich intensiver damit befasst. Das wollen wir jetzt versuchen...

›Liebst du etwas, lasse es los.‹ So lautet der erste Satz. Es wird nichts spezifiziert, denn es heißt allgemein: ›Liebst du etwas...‹ Für dieses Etwas lässt sich alles einsetzen, woran wir normalerweise unser Herz hängen, zum Beispiel an den Partner und die Kinder, an die Wohnung, das Haus und den Garten, den Beruf, die Freunde und das Hobby, die Gespräche mit anderen, an Kunst, Kultur und Bücher, Reisen und Tanz, Essen und Trinken, an den Sonnenuntergang, an Geld, Ideen und Ideale, Hoffnungen, Gefühle und Sexualität. Sie können jedes dieser Wörter für ›etwas‹ einsetzen. Egal, was es auch sei, was wir lieben: ›Lasse es los!‹ Das ist eine ungeheuerliche Aussage, denn sie läuft allem zuwider, was wir gelernt haben. Wir lernen von Kindheit an, nach etwas zu streben, stolz darauf zu sein, etwas erreicht zu haben und es festzuhalten, es zu bewahren – und nun heißt es abrupt: ›Lasse es los.‹ Es entsteht ein innerer Widerstand, wenn man das hört…

Wie kann ich etwas loslassen, wonach ich strebte, das ich erringen wollte und bewahren möchte? Es erscheint absurd. Wenn ein innerer Widerstand gegen etwas entsteht, dann machen wir meist die Schotten dicht, und eine Aussage, der wir innerlich widerstreben, wird nicht ins Gedächtnis aufgenommen.«

Ein Diskussionsteilnehmer meldet sich durch heftige Handzeichen zu Wort und sagt sehr laut mit vibrierender Stimme: »Ich halte dieses Sprichwort für falsch. Es ist ja nur ein chinesisches Sprichwort und hat für uns in Europa keine Bedeutung.«

»Das wollen wir nun gemeinsam untersuchen, ob es eine Bedeutung hat oder nicht, und wenn es eine Bedeutung hat, wollen wir herausfinden, welche das für uns ist«, antworte ich.

Weitere Hände gehen in die Höhe. Der erwähnte Diskussionsteilnehmer beachtet das nicht und sagt laut, dabei in die Runde schauend: »Ich bin der Meinung, wenn man etwas liebt, dann will man es festhalten und nicht loslassen. So kenne ich das. Das ist normal.« Viele stimmen ihm durch Kopfnicken bei, während einige widersprechend mit dem Kopf schütteln.

»Die Aussage besteht nur aus drei Sätzen«, greife ich das Thema wieder auf. »Schon der erste Satz führt zu diesen heftigen Reaktionen. Deshalb habe ich ja gesagt, dass in diesen drei Sätzen viel Sprengstoff enthalten ist. Das ist gut so. Sie sollen sich aufregen und die inneren Widerstände dagegen fühlen.«

»Es ist aber falsch«, ruft jemand aus der dritten Reihe dazwischen.

»Ob es falsch oder richtig ist, das wollen wir gemeinsam untersuchen. Wenn du etwas – setzen wir dafür ›mein Haus‹ ein – liebst, lasse es los. Ich bin gern in meinem Haus. Es ist grundbuchlich beim Amtsgericht eingetragen und gesichert, aber dennoch bin ich nur Gast in meinem Haus, denn ich werde dort nur so lange wohnen, wie die Umstände es zulassen. – Sie melden sich sehr heftig. Bitte sprechen Sie.«

»Es widerspricht doch jeglicher Tradition, dass man ein Haus hat, das man liebt, und dass man es nun loslassen soll. Was würden Sie denn sagen, wenn ich in Ihr Haus kommen würde und dort wohnen wollte, weil Sie es ja loslassen sollen?!« Augenblicklich setzt Gelächter unter den Diskussionsteilnehmern ein, die sich offensichtlich von der These des Loslassens von Besitz brüskiert fühlen.

Ich antworte: »Natürlich möchte ich nicht gerne, dass dort, wo ich wohne, fremde Menschen eindringen, mir die Ruhe stören und an den Kühlschrank gehen oder sich am Bücherschrank bedienen oder CDs mit voller Lautstärke aufdrehen. Es ist sicher ärgerlich, den Begriff Freiheit so ausweiten zu können, dass ein anderer in seiner Freiheit eingeschränkt wird. Jeder hat seine Privatsphäre. Diese Sphäre hat mit materiellem Besitz zwar wenig zu tun, hat aber mit Persönlichkeits-, mit Lebensrecht einiges gemein. Wir neigen dazu, an unseren materiellen Besitz das Herz zu hängen. Dennoch können wir etwas lieben – bitte denken Sie darüber nach – und es nicht besitzen. Das, worin man wohnt, muss natürlich geschützt sein, ob man das nun besitzt oder nur gemietet hat. Die Privatsphäre muß also geschützt bleiben. Aber das brauche ich doch nicht zu erklären, denn das ist doch eigentlich selbstverständlich …

Das war der kurze erste Satz des Sprichworts, aber das war ja noch nicht alles. Der zweite Satz lautet: ›Kehrt es zu dir zurück, ist es dein in diesem Moment.‹ Jetzt haben wir den Bezug auf die lebendigen Beziehungen. Ein Haus steht ja normalerweise immer am gleichen Ort; es kann nicht zu mir zurückkehren, denn ich muss zu ihm hingehen; nur etwas Lebendiges kann zurückkehren. Der dritte Satz verdeutlicht das: ›Bleibt es fort, hat es dir nie gehört.‹ …

Aber sogar ein Haus kann fortbleiben, kann zum Beispiel von einer Flutwelle, von einem Meeresbeben hervorgerufen, weggeschwemmt oder durch einen Erdrutsch, verursacht durch heftige Regenfälle, ins Tal geschwemmt werden. Es hat dir nur auf dem Papier gehört. Wenn du durch einen Unfall aus dem Leben gerissen wirst oder durch den natürlichen Alterungsprozess, durch Krankheit und Tod Abschied nehmen musst, dann bist du nicht mehr der Besitzer, sondern es sind die Erben, die du zwar testamentarisch bestimmen kannst, aber spätestens durch den Tod musst du alles loslassen, magst du es auch noch so geliebt haben. Deshalb ist diese Weisheit von so großer Bedeutung. Jetzt, während wir im Vollbesitz unserer Kräfte sind, ist es wichtig, das zu erkennen, denn jetzt hat das Bedeutung, nicht erst dann, wenn wir im Alter von anderen möglicherweise entmündigt werden …

Liebst du jetzt etwas, dann mache daraus keinen Besitz, fixiere dich nicht darauf, lasse es los. Gemeint sind vor allem Menschen, alle Lebewesen: Liebe sie mit aller Energie und Kraft, aber lasse sie los. Lebendige Wesen, die du liebst, fühlen sich vielleicht geschmeichelt und kehren zu dir zurück, sind deswegen aber nicht dein Besitz, denn sie sind nur dein in diesem Moment – nur in diesem Moment. Wie lange ein solcher Moment währt, kann keiner sagen. Liebe es in diesem Moment und lasse es los – das ist Freiheit ...

Das schreckliche Schicksal, von jemandem geliebt zu werden, der anders denkt und handelt, ist dagegen grausam. Dann könnte es so lauten: ›Ich liebe dich, lasse dich nicht los, ich kehre immer wieder zu dir zurück und bin für ewig immer dein – und du bist mein. Dieses Band der Liebe bleibt niemals fort. Ich gehöre dir auf immer – und du mir auch.‹ Spüren Sie, wie Sie eingeschnürt sind? Sie werden besessen ...

Die Liebe ist dann ein Ideal und macht uns nicht frei und glücklich, sondern führt zu Einschnürung, Gefangenschaft und Leid. Hätte der andere doch rechtzeitig erkannt: ›Liebst du etwas, lasse es los.‹ Aber es war zu schwer für ihn, das zu verstehen. Jetzt ringen wir um sein Verständnis, während er uns fesseln will.«

In der zweiten Reihe meldet sich eine Frau schon seit einiger Zeit.

»Ich wollte den Gedanken nur noch zu Ende bringen. – Bitte äußern Sie jetzt Ihre Meinung«, sage ich.

»Sie sagen, dass derjenige, der den anderen liebt und ihn besitzen will, dass er ihn mit seiner Liebe fesselt oder einschnürt. Das ist aber eine niederschmetternde Aussage gegenüber der Liebe. Dann halten Sie wohl auch nichts von der Ehe?« Die Frage wird vom Publikum kopfnickend bekräftigt.

»Sie haben mit dieser Frage vielen aus der Seele gesprochen. Die Liebe zwischen Mann und Frau ist eine sehr wichtige Sache; deshalb sind ja auch so viele Zuhörer zu diesem Seminar gekommen. Wenn das alles so einfach wäre, dann säßen wir nicht hier – und ich hätte wohl auch als Autor kein Buch darüber geschrieben ... Wenn wir uns ineinander verlieben, sind wir zunächst einmal glücklich darüber, dass das geschehen ist. Danach bauen wir eine Beziehung auf. Wir fliegen vielleicht drei Wochen in Urlaub und ziehen anschließend in eine Wohnung. Wenn wir aus konservativem Elternhaus kommen, geht das natürlich nicht; dann werden die Spielregeln eingehalten: zuerst Verlobung, anschließend Hochzeitstermin, erst danach gemeinsame Wohnungs- oder Haussuche. Aus Liebe wird Beziehungsplanung! Deshalb: Nicht die Liebe ist das Problem, sondern die Beziehung...

Liebe selbst ist gar nicht so besitzergreifend, denn sie ist zartfühlend und sehr sensibel. Durch die Ehe aber ergreifen wir, unabhängig von der Liebe, Besitz voneinander. Die Ehe ist ein Vertrag mit dem Staat vor der staatlichen Behörde Standesamt und mit der Kirche und Gott vor dem Altar. Dieser Vertrag kann von der staatlichen Institution des Gerichts wieder geschieden werden, wenn die Unterhaltsansprüche der Partner wiederum vertraglich im Scheidungsurteil geregelt werden. Die katholische Kirche lässt da weniger Spielraum zu, denn die Ehe wurde vor Gott geschlossen und kann nicht mehr gelöst werden. Das ist für viele gläubige Katholiken ein großes Problem, das oftmals heftige Schuldgefühle erzeugt...

Aber nun zu Ihrer Frage, ob ich ›etwas‹ oder ›nichts‹ von der Ehe halte. Sie jedenfalls halten offenbar sehr viel von ihr. Es geht nicht darum, was ich persönlich von der Ehe halte, von den Verträgen mit dem Staat und mit der Kirche. Ich habe weder die Autorität eines Staates oder die einer Kirche. Wir machen uns Gedanken darüber, was Liebe, Beziehung, Ehe und Selbstentfaltung sind.«

Sie meldet sich erneut und wirkt sehr nervös und hektisch. »Sie weichen meiner Frage aus. Was halten Sie von der Ehe? Ich denke, dass Sie nichts davon halten, denn Sie halten wohl auch nichts davon, dass der, der liebt, den anderen besitzen will. Liebe ist aber ein Versprechen. Es kann doch nicht angehen, dass der, der liebt, einfach nur sagt: ›Ich liebe dich und lasse dich los. Ich liebe dich in diesem Moment, liebst du mich dann nicht mehr, nun ja, dann ist es auch egal.‹ Mit dieser Einstellung kann man doch keine Ehe führen!«

»Dass das in uns Widerstände hervorruft, habe ich ja gesagt. Liebst du etwas, so lasse es los; versuche nicht, das, was du liebst, zu besitzen; laß ihm die Freiheit, die Schönheit seiner Eigenständigkeit. Ich meine, dass das die Achtung und Würde des anderen stärkt und nicht schwächt...

Wenn wir den Satz konventionell formulieren, indem wir sagen: ›Liebst du etwas, halte es fest und mache es zu deinem Besitz, denn es gehört jetzt dir‹, dann spüren wir doch, wie das knirscht. Da stimmt doch etwas nicht. Wenn wir in den Gedanken weiter einsteigen, müssten wir den zweiten Satz so formulieren: ›Kehrt es zu dir zurück, dann ist es dein; sichere das vertraglich vor Staat und Kirche ab.‹ Und der dritte Satz würde dann zwangsläufig lauten: ›Bleibt es fort, dann war es keine Liebe, dann vergesse es schnell und hake es ab.‹ So denken die meisten. Aber ist es auch richtig, ist damit der Liebe Gerechtigkeit getan? Bringt uns dieses Denken voran, oder macht es uns noch einsamer, als wir eh schon sind...?

Sie sagten, dass ich in Ihren Augen wohl nichts von der Ehe halten würde. Glücklicherweise sagten Sie nicht, dass ich nichts von der Liebe halten würde. Die Liebe ist die psychische Achse, um die sich alles dreht, nicht die Ehe. Ich halte, um Ihnen ganz konkret zu antworten, sehr viel von der Liebe, aber nur wenig von den Denkkonstruktionen der Ehe. Ehe ist eine sozialstrukturierte politische und kirchliche Sache.«

»Das ist eine klare Antwort«, ruft sie. »Ich weiß jetzt, dass Sie die Liebe hochhalten, aber ihr offenbar misstrauen, denn sonst wäre nicht vom Loslassen die Rede. Wenn ich jemanden liebe, dann möchte ich ihn festhalten und nicht loslassen. Das ist doch gerade der Ausdruck meiner Liebe.«

»Nein. Verzeihen Sie, dass ich Ihnen widerspreche. Festhalten ist kein Ausdruck von Liebe, sondern ein Zeichen von Besitzdenken, Egoismus, von Egozentrik, Strategie, Politik und so weiter.«

Sie springt auf und sagt aggressiv: »Das heißt aber

für mich, dass derjenige, der liebt – und die Liebe ist ein hoher Wert –, nun quasi beschuldigt wird, dass er liebt. Nicht derjenige, der liebt, ist egoistisch, sondern derjenige, der die Liebe nicht würdigen oder anerkennen will.«

»Ich finde es gut, dass Sie das so formuliert haben, denn das bringt uns weiter. Derjenige, der liebt, hat kein Recht, diese Liebe einzuklagen – vor Gericht den Ehevertrag schon. Aber er hat kein Recht vor einer darüber stehenden Weisheit, die davon völlig unabhängig besteht und lautet: ›Liebst du etwas, lasse es los. Kehrt es zu dir zurück, ist es dein in diesem Moment.‹ Das heißt: Die Liebe lässt sich nicht vertraglich fixieren. Kein Lebewesen, schon gar nicht ein Mensch, darf jemals Eigentum eines anderen werden. Darum geht es. Könnten Sie das doch erkennen. Damit ist das Wort ›Ehe‹ in seine Schranken zurückverwiesen, denn es ist ein Wort aus der sozialen, politischen und theologischen Vertragswelt, etwas, womit sich Juristen und Theologen befassen müssen. Ich bin weder gegen die Ehe noch gegen Juristen und Theologen oder gegen irgendeinen Staatsbeamten; sie erfüllen alle ja nur ihre Aufgaben und Pflichten …

Wir sprechen aber – und das scheint das große unverständliche Problem zu sein – über die Liebe. Alle sind wir für die Liebe. Dieses malträtierte Wort hat einen hohen Stellenwert, aber keiner außer den Dichtern und den Filmproduzenten – und natürlich den Liebespaaren selbst – scheint sich wirklich dafür zu interessieren. Wenn die Ehe nicht in der Realität meist der Anfang vom Ende der Liebe wäre, dann würde ich gerne Reklame für die Ehe machen. Aber solange wir den Schlüssel zu Freiheit und Liebe mit dem verlieren, was die Ehe in der Realität bedeutet, kann ich nur weiter vor der Ehe warnen. Meine Aufgabe sehe ich darin, Anwalt des Glücks, der seelischen Gesundheit und Freiheit zu sein. Nur das interessiert mich. Also schätze ich die Liebe und warne vor Beziehung und Ehe. Ich möchte, dass Sie glücklich und erfüllt werden in diesem Leben, ich will Ihre Gesundheit und Vitalität fördern, und deshalb sage auch ich: ›Liebst du etwas, lasse es los.‹ Denn es festzuhalten, in Besitz nehmen zu wollen führt zum Unglück. Ich möchte nicht, dass Sie alle, so wie Sie da vor mir sitzen, unglücklich werden; ich möchte Ihnen das ersparen. Aber wenn Sie das nicht erkennen können, dann attackieren Sie mich bitte weiter. Das ist kein Masochismus meinerseits, denn es geht um die Sache. Ich weiß, dass Sie mich mit Angriffen nicht persönlich meinen. Sie sind engagiert, denn es hat Sie etwas tief getroffen und betroffen gemacht. Ich will nicht Recht haben, denn das wäre fatal…

Ein Politiker oder Bischof versucht Recht zu haben, um daraus weiteren Machtanspruch für seine persönliche Karriere ableiten zu können. Ich will Sie weder überzeugen noch belehren oder bekehren, denn keine Institution steht hinter mir, die irgendwelche Machtansprüche propagieren will. Wir befassen uns mit dieser Thematik in Freiheit von Ideologien, Idealen und Illusionen. Natürlich sind wir verhaftet an Ideale, an Ideologien und Illusionen, denn wir sind konditioniert. Diese Konditionierung in Frage zu stellen, das möchte ich mit Ihnen versuchen, denn die Freiheit davon könnte aus dem beschriebenen Dilemma herausführen. Neben den bestehenden Illusionen sehnen wir uns ja alle nach Freiheit. Neben allen Gesetzen, Regeln, Verträgen und dem Besitzdenken existiert eine nicht totzubekommende Sehnsucht nach Freiheit weiter fort...

Auch auf die Gefahr hin, dass Sie ein weiteres Zitat stört, möchte ich nur zwei Sätze des russischen Schriftstellers Anton Tschechow zitieren. Ich habe diese beiden Sätze hier auf einem Zettel notiert: ›Ach, Freiheit, Freiheit! Schon eine Andeutung, schon eine schwache Hoffnung, dass sie möglich ist, verleiht der Seele Flügel, nicht wahr?‹ [Das Zitat entstammt der Erzählung ›Der Mensch im Futteral‹, Diogenes Taschenbuch, Zürich 1976]...

Diese beiden Sätze schrieb Tschechow um die Jahrhundertwende; das nur nebenbei bemerkt. Sie hätten auch vor vielen Jahrhunderten oder auch vor zwei Jahren niedergeschrieben werden können. Ihre Bedeutung hatten sie immer schon, und die Sehnsucht zieht sich wie ein roter Faden durch die ganze Menschheitsgeschichte. Tschechow drückt also eine Sehnsucht aus, die immer bestand, denn Freiheit war immer beschnitten – von den Eltern, den Lehrern, den Kirchen, den Normen der Gesellschaft –, nur die Liebe hat darauf keine Rücksicht genommen, denn Liebe und Freiheit gehen Hand in Hand, auch wenn die historischen Verhältnisse noch so schwierig waren. Liebe kennt keine Grenzen, toleriert keine Regeln und Verbote.«

Ein etwa fünfzigjähriger Mann meldet sich zu Wort.

Er ist konservativ gekleidet und macht den Eindruck, als wäre er Manager oder Unternehmer: »Die bisherige Diskussion habe ich mit großem Interesse verfolgt«, beginnt er. »Die These vom Loslassen hat mich persönlich sehr berührt, weil darin eine Wahrheit zum Ausdruck kommt. Ich bin zweimal geschieden und habe beide Male finanziell Federn gelassen und seelisch sehr gelitten. Ich lebe in der oberen Gesellschaft der Wohlhabenden, Einflussreichen, der Politiker und Unternehmer. Ich möchte mich jetzt nicht darüber beklagen, wie ich mein Vermögen durch zwei Scheidungen reduziert habe – nur so viel sei gesagt: Für mich war jede Scheidung ein schlechtes Geschäft, für meine Partnerinnen ein gutes Geschäft.«

Im Publikum kommt Unruhe auf. Männer lachen, und Hände von Frauen gehen in die Höhe.

»Bitte lassen Sie den Herrn ausreden«, rufe ich in die Unruhe dazwischen.

Er fährt fort: »Ich verstehe, dass das vielen nicht gefällt, was ich jetzt sage, aber ich hoffe, wir können gerade in dieser Diskussion, die die Dinge schonungslos anspricht, offen miteinander reden. Auch das ist Loslassen...

Ich wollte noch etwas zur Freiheit sagen. Obwohl ich in leitenden Positionen tätig war und noch bin, habe ich Freiheit dort nicht erlebt. Wir Leitenden können uns vielleicht mehr Freiheiten herausnehmen, weil wir mehr Geld verdienen, aber wirkliche Freiheit ist das auch nicht. In meinen Ehen konnte ich schwer loslassen, weil meine Partnerinnen nicht losgelassen haben. Sie verfolgen mich noch heute mit ihren Erpressungsversuchen... Aber das ist eine ganz andere Geschichte...

Ich möchte nur sagen: Man kann selbst nur so frei sein, wie die anderen es zulassen. Es hilft mir nicht, wenn ich etwas liebe und es loslasse und glücklich bin, wenn es freiwillig zu mir zurückkehrt, wenn ich nicht losgelassen werde und selbst nicht freiwillig zurückkehren kann. Dann ist doch meine Freiheit dennoch keine Freiheit, weil sie nicht geschätzt und respektiert wird. So kann ich loslassen, was ich für richtig halte. Wenn ich aber nicht losgelassen werde? Schon ist es aus mit der Freiheit! Es muß doch auf Gegenseitigkeit beruhen ...« Er ist sichtlich bewegt und macht ein Handzeichen, dass er nichts mehr sagen will.

Die Wortmeldungen gehen sehr heftig in die Höhe, und ich sage: »Damit wurde eine sehr wichtige Frage angesprochen, nein, keine Frage, ein Konflikt, der sich unausweichlich ergibt. Wenn die Erkenntnis: ›Liebst du etwas, lasse es los‹ sich Bahn bricht und wir die Freiheit genießen, ›kehrt es zurück, ist es dein in diesem Moment‹, sind wir überglücklich, weil weder eine Angst noch eine Absicht oder eine Anpassung die Liebe korrumpiert und sich dann Freiheit ausbreitet, die unserer Seele Flügel verleiht, wie Tschechow schreibt. Genießen wir doch diese Schönheit, als wären wir damit mit den anderen im Glück vereint! Wir denken, sie müssten ähnlich fühlen und empfinden wie wir auch, sie müssten den süßen Duft der Freiheit genauso sehnsuchtsvoll einatmen: ›Ach, Freiheit, Freiheit!‹ oder: ›Ach, Liebe, Liebe!‹ Dieses Gefühl ist mehr als eine Hoffnung, es ist real, also scheint es möglich, und das verleiht meiner Seele Flügel ...

Wenn, ja wenn Freiheit real möglich wäre, denn meine Freiheit ist ja nicht die Freiheit der anderen. Deshalb gehören zur Freiheit, zumindest wenn es um die Liebe zwischen Mann und Frau geht, natürlich immer zwei. Meine Freiheit möchte sich vielleicht entfalten, aber meine Partnerin stutzt mir die Flügel. Bitte fassen Sie das jetzt nicht sexistisch auf – ich kenne auch sehr viele Frauen, denen von ihren Partnern die Flügel gestutzt werden. So werden wir wieder heruntergeholt in die Gefilde, die man Realität und Alltag nennt. Ist das ein Todesurteil für die Freiheit? Heißt das dann, dass es sie nicht gibt und nicht geben wird?«

Eine junge Frau meldet sich zu Wort: »Ich habe der Diskussion zugehört, aber ich bin nun ganz verwirrt. Ich habe einen Freund, und wir lieben uns. Er wirft mir vor, dass ich eifersüchtig sei. Ich möchte ihn aber nicht mit einer anderen teilen; so frei bin ich nun mal nicht. Ist das dann falsch? Ich freue mich zwar, wenn er zu mir zurückkommt, aber es ist jedes Mal Angst in mir. Diese Freiheit, von der hier die Rede ist, macht mir Angst. Ich kann diese Freiheit einfach nicht verkraften. Es macht mich doch einsam, wenn ich ihm Freiheit zugestehe. Macht so Liebe einsam und verletzlich?«

Ich antworte: »Liebe, ja, das ist richtig, macht verletzlich, aber die Energie und die Kraft, die sie gibt, gleichen das wieder aus. Auch Freiheit macht verletzlich, denn die Freiheit, die ich für mich beanspruche, gilt natürlich auch für die anderen. Mit Liebe und Freiheit bewegen wir uns in einem unbekannten Raum, den wir ersehnen, weil dann unserer Seele Flügel wachsen.

Glück ist entstanden und gleichzeitig die Angst, dies alles wieder zu verlieren – wie gewonnen, so zerronnen. Aus Angst entsteht das Festhalten …

Man kann nicht gleichzeitig festhalten und loslassen, denn dann entsteht eine Verkrampfung. Man kann nicht gleichzeitig frei und gebunden sein, man kann nicht zusammen und getrennt voneinander sein. Es geht also darum, wie diese Verkrampfung aufgehoben werden kann. Das scheint ein fast unlösbares Problem zu sein. Solange wir leben, werden wir damit konfrontiert werden. Dieses absurd erscheinende Dilemma muß aufgelöst werden, damit wir freie Bahn für unser Leben gewinnen. Haben Sie Geduld, erwarten Sie nicht eine Patentlösung. Das Problem soll sich in Ihren Geist und in Ihre Seele senken. Wir haben gar keine andere Wahl, als uns damit weiter zu befassen. Deshalb werden wir morgen dieses Gespräch gemeinsam fortsetzen.«

IST FREIHEIT EINE ILLUSION?

»Wir wollen heute das gestrige Gespräch fortsetzen. Sicherlich haben Sie sich Gedanken darüber gemacht, wie Liebe, Loslassen und Freiheit miteinander in Verbindung stehen. Am Schluss sagte ich gestern, dass ein Dilemma entstünde, wenn man gleichzeitig loslassen und festhalten wolle. Man kann Loslassen und Festhalten nicht unter einen Hut bekommen. So versuchen viele Paare den schwierigen Eiertanz, manchmal loszulassen, also großzügig und tolerant zu sein, aber manchmal festzuhalten und die Bindung wieder fester zu zurren. Man befindet sich dann in ständigem Konflikt mit sich selbst, und der Partner weiß nie so recht, wo er gerade dran ist. Das ist für beide ein enormer Stress, der neurotisieren kann...

Ein Teilnehmer aus unserer Runde sagte gestern, dass ihm seine eigene Bereitschaft zur Freiheit wenig nütze, wenn er loslasse, aber die Partnerin nicht loslasse. Dann ist die Freiheit nicht lebbar, weil die schwache Hoffnung auf: ›Ach, Freiheit, Freiheit‹, wie Tschechow schreibt, der Seele dann keine Flügel verleiht, denn die schwache Andeutung, dass sie möglich sein könnte, wird im Aufkeimen schon erstickt...

Wir können in einer Partnerschaft wie in einer sozialen Gemeinschaft nur so viel Freiheit erleben, wie sie andere zulassen, solange wir mit ihnen in Verbindung stehen, zum Beispiel durch die Ehe oder im Beruf als Angestellter oder in einer Partei beziehungsweise in einer Religionsgemeinschaft als Mitglied. Diese Gemeinschaften haben sich Regeln und Normen gegeben, die erfüllt werden müssen. Im Job müssen wir die Wünsche des Arbeitgebers berücksichtigen – nach dem Motto: ›Wessen Brot ich esse, dessen Lied ich singe.‹ Ein Bekannter sagte mir neulich: ›Von der Wiege bis zur Bahre ist das Leben Anpassung, nichts als Anpassung.‹ Sie können das überall im Alltag bei sich selbst und anderen beobachten...

Sogar kreative Verbesserungsvorschläge haben es schwer, sich durchzusetzen, denn überall besteht die Mentalität, die in den beiden folgenden Sätzen zum Ausdruck kommt: ›Wir haben es bisher so gemacht! Warum sollen wir es jetzt plötzlich anders machen?‹ Kreativität, Erfindergeist, neues Denken – das sind Formen von Freiheit, die oft nicht erwünscht sind. Wir haben in Deutschland mittlerweile ein verkrustetes demokratisch-bürokratisches System, das durch einen Wust von Regeln einzelner Behörden kaum noch Spielraum für unternehmerische Freiheit lässt. So wird aber freie unternehmerische Entfaltung behindert und das ganze Land mehr und mehr gelähmt. ›Freiheit, ach, Freiheit, wo bleibst du?‹ stöhnen viele, die sich gerne selbstständig machen würden …

Das ist die aktuelle Situation, in der wir uns befinden. Nur die ganz mutig Kreativen schaffen es, sich loszulösen und die Angst vor der finanziellen Unsicherheit zu verlassen, um eigene Wege zu gehen. Das ist die Mentalität der freischaffenden Künstler und der Menschen, die mit viel innerer Stärke sich selbst vertrauen. Sie nehmen sich die Freiheit einfach und sind bereit, den Preis dafür zu bezahlen, der Unsicherheit heißt. Freiheit ist also etwas ganz Besonderes, über das es sich lohnt nachzudenken …

Wenn ich von Freiheit spreche, dann meine ich allerdings immer die seelischgeistige Freiheit, nicht eine Freiheit, die sich auf Kosten von Mitmenschen Rechte herausnimmt, wodurch andere in ihrer Persönlichkeit eingeschränkt oder behindert werden. Es wäre falsch verstandene Freiheit, auf der Terrasse der eigenen Wohnung nachts bis morgens um zwei Uhr eine Sommerparty zu veranstalten, die die Nachbarschaft im Schlaf stört. Freiheit darf niemals rücksichtslos sein. Da Freiheit, von der wir reden, mit Loslassen und Gelöstheit zu tun hat, will sie niemanden einschränken oder behindern. Freiheit, von der wir jetzt reden, hat beispielsweise auch nichts damit zu tun, dass ein Unternehmer so frei ist, die giftigen Abwässer aus seiner Fabrikanlage in den benachbarten Fluss oder See einleiten zu lassen, so dass Fische und Pflanzen sterben. Das ist keine Freiheit, sondern Verantwortungslosigkeit, ein krimineller Akt, der zu Recht vom Gesetz verfolgt und bestraft wird...

Ich hoffe, das ist nun hinreichend klar. Immer wieder, wenn ich über Freiheit spreche oder schreibe, kommt der Einwand, sie sei nicht möglich, weil dann der Natur oder anderen dadurch ein Nachteil entstünde. Ich spreche von einer inneren Freiheit, die nicht rücksichtslos ist. Manchmal ist es schwer, endlich zum Begriff dieser Freiheit vorzudringen. Es ist wie ein Kampf in einem Urwald: Man sieht sich einem Gestrüpp von Argumenten gegenüber, die man beiseite räumen muss, bevor man sich den Weg weiter nach vorne bahnen kann. – Sie melden sich seit einiger Zeit zu Wort. Bitte sprechen Sie.«

»Sie haben gesagt, was Freiheit nicht will, aber reden Sie darüber, was Freiheit überhaupt will? Reden wir hier nicht über etwas Unmögliches? Alle Menschen streben nach Sicherheit... wie die Tiere übrigens auch. Vielleicht ist Freiheit überhaupt nicht möglich, weil sie eine Illusion ist.«

»Ihre Wortmeldung ähnelt einer Erklärung und weniger einer Frage. In der Frageform wäre bereits die Antwort enthalten. Sie sind nämlich der Meinung, alle

Menschen strebten, wie die Tiere auch, nach Sicherheit. Freiheit, die Unsicherheit mit sich bringe, sei eine Illusion, also so etwas wie eine Fata Morgana, ein Trugbild. Ist Freiheit ein Trugbild? frage ich Sie.«

»So möchte ich es nun auch wieder nicht sehen. Oft ist Freiheit eine Illusion, aber manchmal ist sie es nicht.«

»So ganz wollen Sie also von der Freiheit doch nicht lassen. Gut, es scheint also etwas dran zu sein am Freisein, am Loslassen, am losgelösten Erleben in der Gegenwart. Auch von Tschechow scheint etwas Wahres berührt worden zu sein mit seinem Satz: ›Schon eine Andeutung, schon eine schwache Hoffnung… verleiht der Seele Flügel, nicht wahr?‹ Wir versuchen der Sache auf die Spur zu kommen. Ist Freiheit nur eine Illusion, ein Trugbild, oder ist der Gang in die Unsicherheit, heraus aus den Regeln und Normen, ein Weg zu mir selbst, um mich und andere auf eine bisher nicht bekannte Art zu erfahren?«

Eine junge Frau aus der zweiten Reihe meldet sich zu Wort: »Ich denke schon, dass es Sinn macht, Freiheit zu erfahren. Ich weiß, dass die Regeln uns einschränken. Unfreiheit ist Alltag, Freiheit erscheint am Horizont wie eine Fata Morgana, wie eine Oase in der Wüste, die vorgespiegelt, also nicht real ist. Aber diese Freiheit, die Sie vielleicht meinen, ist schwer zu erreichen.«

»Ich danke Ihnen für diesen Einwand, denn er sagt aus, dass es neben der vorgespiegelten Oase in der Wüste auch eine reale Oase geben könnte. Sie zu erreichen, darum geht es. Und Sie sprechen etwas an, das sehr wichtig ist, nämlich dass es nicht leicht ist, sondern schwer, diese Freiheit zu erreichen. Die Menschen in unserer Gesellschaft wollen es aber leicht haben. So hat die Technik viele Erleichterungen gebracht: Telefon, Fernsehen, Fax, Computer, Handy, Internet. Es ist ja erstaunlich, dass man mit einem Handy während eines Waldspaziergangs Freunde, Bekannte und das Büro anrufen kann und auch selbst telefonisch erreichbar ist. Das ist auch eine Art Freiheit, nein, besser, Unabhängigkeit von einem Standort. Ich spreche aber von einer anderen Freiheit, die schwer zu erreichen ist, wie Sie andeuteten. In dieser Freiheit bestehen zwei besondere Bedingungen. Sie heißen:

- Mut zum Alleinsein;
- Mut zur Selbstentfaltung.

Es ist sicher schwer, aber es ist beileibe keine Illusion, sowohl Alleinsein als auch Selbstentfaltung zu erreichen.«

EINE AUSSTEIGER-STORY

Die Geschichte von Alex Seibold hat sich im Jahr 1998 zugetragen. Sie wurde mir von ihm selbst berichtet, und ich versuche sie in Kurzfassung zu erzählen. Selbstverständlich sind die Namen aller Personen sowie der Handlungsorte geändert, und auch die Zitate lassen keine konkreten Schlussfolgerungen auf die Personen zu.

Alex Seibold wacht in einer Juninacht auf und sieht auf die Uhr auf dem Nachtschrank: fünf Uhr. Seine Frau schläft ruhig neben ihm. Draußen vor dem Fenster zwitschern die ersten Vögel. Er fühlt sich unwohl und denkt: »In zwei Stunden heißt es wieder aufstehen, frühstücken und in meine Firma fahren. Immer der gleiche Kreislauf, und das schon seit 20 Jahren!«

Alex Seibold hat eine eigene Firma mit etwa 150 Mitarbeitern. In der Kunststoffbranche ist er wer. Sein Erfolg ist nach außen hin sichtbar: Villa am Stadtrand, drei Autos in der Garage, eine Ferienwohnung auf Mallorca mit Meerblick. Er ist 51 Jahre alt, hat einen Sohn, der in Berlin Jura studiert, ist seit 23 Jahren verheiratet mit Marion, die sich um Haus und Garten kümmert. Er fragt sich, ob er sie noch liebe, und erschrickt bei diesem Gedanken, denn gleichzeitig drängt sich auch schon in ihm die Antwort in einer Frage auf: »Nein – aber warum nicht?«

Alex Seibold ist ein großer und attraktiver Mann. Trotz seiner 51 Jahre ist er immer noch recht schlank, und sein kleiner Bauchansatz lässt sich durch etwas weite Hemden noch gut kaschieren. Durch seinen Beruf kommt er mit vielen Menschen in Kontakt. Manchmal ist er, wenn er beruflich auswärts in einer anderen Stadt Termine gehabt und im Hotel übernachtet hat, seiner Frau auch fremdgegangen.

»Will ich mich scheiden lassen?«, denkt er jetzt. Auch dieser Gedanke ist ihm unangenehm. »Da hat man sein ganzes Leben lang hart gearbeitet, ist schließlich erfolgreich, aber was habe ich vom Leben wirklich gehabt?«, fragt er sich und setzt sich im Bett auf. Er kann nicht mehr schlafen. »Wenn ich mich jetzt scheiden ließe, müsste ich mein Vermögen teilen. Die Villa bekäme meine Frau, und das Haus auf Mallorca würde ich nehmen. Aber was soll ich auf Mallorca?« Dennoch ist da auf einmal eine Sehnsucht in seiner Seele, wie herrlich es sein könnte, auf Mallorca zu leben und nicht mehr täglich ins Büro fahren zu müssen, Besprechungen durchzuführen, Zahlen zu kontrollieren, Mitarbeiter zu motivieren, also frei zu sein von dieser Tretmühle.

Er hat schließlich etwa eine Million Barvermögen auf einer Schweizer Bank mit Nummernkonto liegen; auch die Lebensversicherung würde in fünf Jahren ausbezahlt. Er könnte also leben, ohne arbeiten zu müssen, und so denkt er: »Mein Gott, wäre das schön, nur noch für sich selbst zu leben, den Tag frei zu planen, nicht abhängig zu sein vom Terminkalender. Die Firma könnte ich verkaufen, könnte sie Ratioplex anbieten; dann wären zwei Millionen zu erzielen. Endlich frei; das wäre toll. Ich könnte wieder Tennis spielen und Golf lernen – der Golfplatz Son Vida ist ja nicht weit entfernt.« Er wird ganz aufgeregt bei diesen Gedanken, die plötzlich so unerwartet da sind. »Und mein Verhältnis zu Marion wird sich auch bessern, wenn ich endlich Zeit für sie habe. Das gäbe unserer Liebe wieder eine Chance. Scheidung wäre vielleicht nicht das Richtige, wenn man so lange verheiratet ist. Der finanzielle Verlust wäre auch nicht gut. Außerdem haben wir ja noch den Michael, der studiert und eine intakte Familie braucht. Er könnte dann im Sommer immer bei uns auf Mallorca Urlaub machen.« Je länger Alex Seibold so weitersinniert, desto deutlicher wird ihm, dass das die Lösung sein könnte. Er sieht wieder auf die Uhr: Es ist jetzt halb sieben. Am Frühstückstisch würde er Marion seinen Entschluss mitteilen, beschließt er innerlich.

Das tut er – und ist überrascht, dass er bei ihr auf offene Ohren stößt und sie ihm zustimmt. »Sie ist immer noch eine attraktive Frau mit ihren 45 Jahren«, denkt er. »Das mit der Liebe wird wieder in Ordnung kommen. Wir brauchen einfach mehr Zeit für einander. Ich werde ihr heute Abend einen Strauß Blumen mitbringen.«

Nach dem Frühstück verlässt er gut gelaunt das Haus und gibt Marion einen Kuss auf den Mund, was schon lange nicht mehr geschehen war. Sie strahlt und ruft ihm nach: »Ich freue mich auf heute Abend. Dann werden wir alles durchsprechen.«

So wird die Villa verkauft, die Firma auch, allerdings nicht an Ratioplex, sondern an Meoform, und im Oktober fliegen die Seibolds nach Mallorca. Einen Teil der Möbel, die einen Wert haben, zum Beispiel die Bilder und Antiquitäten, sowie zwei Autos werden, in Container verladen, verschifft.

Vom Flughafen Palma aus fahren sie mit einem Leihwagen zum mallorquinischen Domizil.

»Ich kann es noch gar nicht glauben«, sagt Marion im Auto.

»Wir werden ein neues Leben beginnen«, antwortet Alex. »Endlich sind wir frei. Ich atme richtig durch. Die Luft ist wie Samt. In dieser Jahreszeit sind auch weniger Touristen auf der Insel. Jetzt lassen wir es uns richtig gut gehen.«

»Das hast du dir auch verdient«, sagt Marion, die das seidige Sommerkleid anhat, das sie immer trägt, wenn sie sich im Urlaub richtig wohl fühlt.

Alex steuert den Wagen durch Palma und nimmt dann die Richtung nach Valdemossa. Während der Fahrt ruft er immer wieder aus: »Jetzt kann ich richtig durchatmen, fühle mich endlich frei. Freiheit ist etwas Herrliches!«

»Wir haben jetzt viel zu tun, Alex. Ich muß das Haus in Ordnung bringen und dann den Garten. Du weißt, der Pool ist auch defekt. Du musst die Handwerker kommen lassen«, bemerkt Marion und nimmt einen Schluck Cola.

»Endlich sind wir frei«, ruft Alex erneut. Es ist etwa acht Uhr abends, als die Seibolds ankommen und ihr Haus betreten. Sie gehen auf die Terrasse, schauen auf das Meer und sagen: »Wie schön – endlich.« Marion gibt Alex einen Kuss, aber irgendwie ist ihm das unangenehm, aber er denkt, dass sich das alles geben werde, denn die Liebe werde jetzt sicherlich zurückkommen und eine Scheidung wäre ja aus so vielen Gründen völlig verkehrt.

IM HAUS AUF MALLORCA

In den nächsten Wochen richten sich die Seibolds ein. Zwischenzeitlich war auch der Container im Hafen von Palma eingetroffen, und Möbel wie Antiquitäten waren ausgeladen, umgeladen, antransprtiert und im Haus aufgestellt worden. Selbst der Pool ist mittlerweile repariert.

Das erste Weihnachtsfest auf Mallorca war richtig harmonisch. Sohn Michael war mit seiner neuen Freundin aus Berlin zu Besuch. Mittlerweile scheint alles wunderbar geordnet: Marion versorgt nach altbewährter Weise das Haus und den Garten; Alex kümmert sich um die Handwerker und macht Pläne für einen Anbau. Er will einen Turm bauen, mit einem hohen Turmzimmer, von dem man einen noch schöneren Ausblick auf das Meer hat. Hier will er einen Schreibtisch aufstellen und einen PC, um via Internet mit der ganzen Welt Kontakt aufnehmen zu können, etwa mit seinen alten Geschäftsfreunden in Deutschland, Frankreich und Italien. Er spricht übrigens französisch, englisch und italienisch, aber kein Spanisch. Zum Spanischunterricht kommt zweimal wöchentlich eine junge Mallorquinerin aus Palma. Er lernt fleißig und eifrig.

Marion hat Spanisch schon vor zwei Jahrzehnten auf der Schule in einer Arbeitsgemeinschaft gelernt. Sie ist mit ihren Spanischkenntnissen zufrieden und nimmt deshalb an den Kursen im Haus nicht teil. Alex ist darüber nicht unglücklich, denn die junge Spanierin gefällt ihm. Er genießt die Stunden mit ihr in vollen Zügen und gibt sich alle Mühe, ihren strengen Lernanforderungen gerecht zu werden.

Der Winter geht vorbei, der auf Mallorca meist nasskalt ist, und mit den Monaten April und Mai kommt der Frühling auf die Insel. Alex Seibold wollte seine neue Freiheit genießen, ist aber eingespannt in die Termine von Handwerkern, die den Turm errichten sollen, und gesellschaftlichen Ereignissen, die Marion arrangiert. Sie streckt ihre Fühler aus zu den Nachbarfamilien, hält Kontakt zu den Galerien in Palma und kundschaftet Restaurants aus, in denen sich die deutsche Residenten-Society von Mallorca trifft.

Alex war noch nicht Tennis spielen, obwohl er sich das gewünscht hatte, und er hat auch noch keine Zeit gefunden, sich im Golfclub Son Vida anzumelden. Im Juni ist nun ein Jahr vergangen, seit er frühmorgens aufgeschreckt war und in ihm der Plan reifte, aus der Tretmühle auszusteigen, um ein neues freiheitliches Leben zu beginnen und seine Ehe zu retten.

Nun ist er in neue Termine eingespannt, vor allem was den Turm anbetrifft und die Spanischkurse. Die allerdings genießt er, zumal ihm Carmen immer wieder versichert, welche großen Fortschritte er mache. Das ist für ihn stets ein Erfolgserlebnis, das ihm innerlich gut tut, denn die Handwerker, die den Turm nach den Plänen eines spanischen Architekten errichten, machen alles falsch, was man nur falsch machen kann, und der Architekt ist auch meist nie auf der Baustelle.

»Ich fühle mich abgezockt«, sagt Alex, wie schon so oft, eines Abends zu Marion.

»Du musst Geduld haben«, beruhigt sie ihn.

»Geduld haben«, denkt er. »Das habe ich immer wieder in Deutschland versucht. Geduld ist gut, aber Aktivität ist besser.«

»Man kann den Handwerkern nicht alle Freiheiten lassen«, sagt er jetzt und fügt hinzu: »Obwohl ich ja die

Freiheit gesucht habe, um hier in Freiheit zu leben und meinen Turm zu bauen.«

»Du musst trotzdem Geduld haben«, wiederholt sich Marion.

»Nun, ich habe ja Geduld«, entgegnet Alex ärgerlich. »Aber es muss weitergehen. Der Turm soll bis Ende September endlich stehen.«

»Warum?«, fragt Marion. »Wir haben doch jetzt Zeit.«

Mit diesem Satz wird Alex deutlich bewusst, dass er schon wieder Termine bestimmt und Manager ist, dass er abhängig ist von Handwerkern und von dem Fortschritt der Bauarbeiten. Er hat hier die Freiheit gesucht, hat Unfreiheit aufgegeben und ist doch wieder in dem Zwangsschema gelandet, dass Termine eingehalten werden, der Turm hochgezogen wird, damit er von dort einen herrlichen Blick über das Meer haben kann.

»Was ist mit der Liebe«, fragt er sich auf einmal. »Ich liebe Marion immer noch nicht so, wie ich gehofft habe, dass ich sie lieben könnte. Stattdessen habe ich mich in Carmen verliebt. Warum bin ich, nachdem ich meine Freiheit gewonnen habe, so bescheuert, neue Aufgaben und Ziele zu forcieren, die mich wieder einspannen und mir die Freiheit nehmen? Warum kann ich die Gegenwart nicht einfach so genießen, wie sie ist? Warum denke ich abends im Restaurant an den Turm, der gebaut werden soll, und warum liebe ich Marion immer noch nicht so, wie sie es und ich es nach zwei Jahrzehnten Ehe verdient hätten?« So grübelt Alex Seibold am Pool vor sich hin und trinkt seinen Campari-Soda, wobei er an Carmen denkt. Morgen Nachmittag würde sie um vier

Uhr wiederkommen, um ihn zu examinieren; sie würde mit braun gebrannter Haut in ihrem einfachen T-Shirt vor ihm sitzen, die schwarzen Haare zurückstreichen und ihn mit lächelnden Augen ansehen. Warum muß er sich gerade jetzt in eine Carmen verlieben, da er doch seine Ehe und Liebe mit Marion retten will?!

»Warum ist das Leben so schwer?«, denkt er, obwohl das Leben es bisher so gut mit ihm gemeint hat, denn er hat ja alles, was er braucht: eine schöne Residenz mit Blick auf das Meer, eine Frau an seiner Seite, gleichzeitig seine Partnerin, die alles möglich zu machen versucht, damit es noch viel schöner und perfekter wird.

Alles ist ja eigentlich schon perfekt. Hätte Alex Seibold jemanden zur Seite gehabt, mit dem er vertraut ist, der hätte ihm das überzeugend gesagt, aber die Freunde aus Deutschland sind nun mal nicht hier. Andererseits: Die Deutschen, die hier leben, sind ihm irgendwie suspekt. Er weiß nicht warum, aber es ist so.

»Freiheit«, denkt er, »was ist aus meiner Sehnsucht geworden? Ich bin vielleicht objektiv gesehen frei, aber bin ich wirklich frei? Ich wollte Marion wieder lieben, bin aber in Carmen verliebt. Ich bin nicht frei.« So grübelt Alex Seibold unter dem Sonnenschirm, mit Blick auf das Meer, und trinkt, zurückgelehnt in seinem Stuhl auf der Terrasse, seinen Campari-Soda.

»Freiheit«, denkt er, »bin ich wirklich frei? Ich bin es nicht«, kommt die Erkenntnis wie eine schwere dunkle Wolke. »Ich liebe Marion nicht, obwohl wir das Haus eingerichtet haben und in Ordnung halten. Ob sie mich liebt oder nicht – sie trifft keine Schuld. Ist es überhaupt eine

Schuld, jemanden nicht zu lieben, den man lieben sollte?« Er sinniert weiter und findet keine Lösung. »Vielleicht versuche ich etwas zu erreichen, was im Grunde alle ersehnen, aber womit keiner etwas anzufangen weiß. Ich habe Freiheit gesucht und wollte meine Liebe zu Marion wiedergewinnen. Das ist nicht gelungen, aber warum? Was ist da schief gelaufen, obwohl die Voraussetzungen gut waren? Kann man die Liebe vielleicht nicht wollen? Ich suchte die Freiheit, aber vielleicht kann man auch sie nicht wollen! Vielleicht existiert Freiheit davon völlig unabhängig? Aber wie kann man dann zu ihr gelangen?« Versonnen sitzt er da und blickt auf das Meer hinaus, bis sich dicke Wolken am Horizont auftürmen, ein Wind aufkommt und Marion ruft: »Essen ist fertig! Komm endlich!«

DIE KRISE

Die beiden Eheleute leben nebeneinander her. Alex kümmert sich weiter um den Turmbau, während Marion (wegen der Kontakte) oft unterwegs ist. Manchmal bleibt sie sogar nachts weg, weil sie beispielsweise an der anderen Seite der Insel eine Vernissage besucht. Sie schläft dann bei Bekannten. Alex interessiert sich nicht für Malerei, vor allem nicht für »die Moderne«, denn »das ist nur Kleckserei«, sagte er oft in Gesprächen über Kunst.

Als Alex an einem Abend gegen 21 Uhr aus Palma zurückkehrt, weil er dort Türbeschläge eingekauft hat, sagt Marion zu ihm, als er das Wohnzimmer betritt: »Ich muss mit dir reden, Alex.«

Er setzt sich mit einem sehr unangenehmen Gefühl in der Magengegend auf die breite Ledercouch und betrachtet Marion.

»Ich möchte dir jetzt etwas eröffnen, was du sicher nicht erwartet hast: Ich habe mich verliebt und werde noch heute Abend hier ausziehen. Wir sind nun schon fast ein Jahr auf Mallorca, aber du liebst mich schon lange nicht mehr. Wir haben in dieser Zeit nur einmal miteinander geschlafen, und da warst du betrunken! Ich möchte ein neues Leben beginnen, mit meiner neuen Liebe.« Das sagt sie sehr bestimmt und mit Nachdruck, wobei sie recht selbstbewusst wirkt, fast gar etwas arrogant, wie er feststellt.

»Wer ist es?«, fragt er automatisch, denn einen klaren Gedanken kann er jetzt nicht fassen.

»Das tut nichts zur Sache«, entgegnet sie mit kühler Stimme. »Ich weiß nicht, ob dir das vielleicht wehtut, aber wie es auch sei: Auch das würde nichts daran ändern. Mein Entschluss steht fest! Ich werde dich heute verlassen und nach Palma zu meinem neuen Partner fahren. Ich möchte, dass wir Freunde bleiben, auch wenn wir die Scheidung verhandeln müssen. Ich werde fair sein, und ich hoffe, du bist es auch zu mir.« Sie sieht ihn an, als erwarte sie eine Antwort.

Es fällt ihm ad hoc kein vernünftiger Satz ein. Deshalb geht er in die Küche, um sich einen Campari-Soda zu mixen. Als er zurückkommt, fragt er, obwohl es wie eine Feststellung klingt: »Du bist also fest entschlossen?!« Er trinkt einen Schluck, stellt sich ans Fenster und schaut auf das Meer. »Das hat uns also die Freiheit gebracht«, konstatiert er leicht ironisch-resigniert und sieht sie an.

»Es war bisher gar keine Freiheit«, antwortet sie. »Jetzt erst, durch diese neue Liebe, erlebe ich Freiheit. Alex, wir haben doch unser altes Leben aus Deutschland hier nur fortgesetzt. Du jedenfalls bist nicht freier geworden.«

»Bist du es denn?«

»Ich habe mich verliebt. Das macht mich freier.«

»Nun gut.« Ein Ruck geht durch seinen Körper. Er denkt jetzt an Carmen, in die er sich verliebt hat, also hat sie ja schließlich auch das Recht, sich zu verlieben.

Dennoch ist er in seinem Selbstwertgefühl getroffen, weil Marion die Courage hat, ihn zu verlassen, und er bisher nicht den Mut gehabt hat, sich von ihr zu trennen. So verläuft die weitere Aussprache, die im Grunde gar keine ist, im Sande, weil Alex so gut wie nichts zu sagen hat und Marion schließlich ihre persönlichen Dinge, wie Kleider und Schmuck, zusammenpackt und nach etwa eineinhalb Stunden das Haus verlässt und sich in ihr Auto setzt, während Alex allein zurückbleibt.

Noch lange an diesem Abend, bis in die Nacht hinein, sitzt er auf der Terrasse und fühlt sich einerseits frei, während andererseits ein unerklärliches Gefühl von Eifersucht in ihm hochsteigt. Das verwirrt ihn: Wie kann man eifersüchtig sein, wenn man nicht liebt, denn das ist ihm deutlich und klar: Er liebt Marion nicht mehr, obwohl er gehofft hat, das neue Leben auf Mallorca könnte die Liebe zurückbringen.

Sein Schuldgefühl versucht er zu unterdrücken, indem er sich in die Bauarbeiten des Turmbaus, die Gartenarbeiten und den Spanischunterricht mit Carmen stürzt. »Ach Carmen«, denkt er eines Abends, »ich bin zwar verliebt in dich, aber jetzt brauche ich erst einmal Ruhe, denn ich fühle mich einsam.« Bei dem Gedanken, einsam zu sein, schreckt er hoch, denn ein Mann in seinem Alter und in seiner Position kann doch nicht einsam sein!

Von Marion verlassen, sitzt er nun oft bis tief in die Nacht auf der Terrasse, mit Blick auf ein tintenschwarzes Meer. »Alleinsein heißt aber nicht, einsam zu sein«, denkt er manchmal. Und dennoch fühlt er sich allein und einsam zugleich, ja, sogar isoliert von allen Menschen, denn er hat hier niemanden, den er anrufen kann, weil alle Kontakte, die er und Marion bisher auf Mallorca geschlossen haben, für ihn oberflächlicher Natur gewesen sind. Auch Carmen will er nicht anrufen, obwohl ein Zettel mit ihrer Nummer auf seinem Schreibtisch liegt, denn sie weiß von seiner Verliebtheit ja nichts. Sie sind sich beide sympathisch – mehr ist bisher nicht geschehen; außerdem ist sie viel zu jung für ihn – sie ist Mitte Zwanzig und hat ihre eigenen Kontakte und Freunde in Palma. Alex seufzt: »Jetzt bin ich wirklich frei, denn nicht ich musste mich von Marion trennen und mit Schuldgefühlen belasten, nein, sie hat sich von mir getrennt! Jetzt bin ich also ganz frei, aber glücklich fühle ich mich nicht!« Durch seinen Kopf gehen viele Gedanken. Der Turmbau ist plötzlich nicht mehr so wichtig.

Er denkt an die nächsten Tage, an seinen Sohn, an das Frühstück am Morgen, an den Garten: Jetzt muss er sich um alles kümmern. In wen hat sich Marion verliebt, wer hat ihr Herz gewonnen? Ein Künstler, ein Galerist, ein Vernissage-Besucher? Alex ist verletzt, weil Marion von ihm gegangen ist, fühlt aber keine Rachegefühle. Er ist verblüfft über ihren Mut. Sie hat sich die Freiheit einfach genommen, aber ist sie nun wirklich glücklich und frei? Nein, sie begibt sich ja in eine neue Bindung und Beziehung, also kann sie nicht wirklich frei sein.

»Ich bin jetzt frei«, denkt er mit Nachdruck und mixt sich noch einen Campari-Soda. »Ich habe erreicht, was ich wollte – glücklich fühle ich mich aber seltsamerweise nicht.«

Alex Seibold fühlt sich in die Freiheit, die er selbst aktiv angestrebt hat, durch Marion hineingestoßen. Er ist frei, ist aber auch allein, und das führt zu einem Verlassenheitsgefühl. Die Firma in Deutschland ist verkauft, die Villa am Stadtrand auch. Und nun sitzt er hier. Marion ist weg. Eigentlich ist alles weg, was ihm vor einem Jahr Inhalt gewesen ist. »Braucht der Mensch denn einen Inhalt?«, fragt er sich. »Inhalt gibt einen Halt. Morgen stehe ich um acht Uhr auf«, denkt er, »habe aber keinen Inhalt mehr. Ich trete auf die Terrasse, kann entscheiden und handeln, wie ich will, habe aber keinen Inhalt. Vielleicht ist es falsch, wie ich jetzt denke?«

FREIHEIT ALS TRAUM UND RATSCHLAG

»Freiheit, ach wie schön war der Traum von ihr.« Jetzt steht sie leibhaftig vor Alex Seibold, und nun macht sie ihm Angst. »Ich bin in meinem Selbstbewusstsein geschwächt«, stellt er fest. »Freiheit, sie ist so schön, wenn man sie nicht hat und sich danach sehnt. Jetzt brauche ich mich nicht mehr nach ihr zu sehnen, und ich bin dennoch nicht glücklich, nein, ich bin depressiv – das ist absurd. Jetzt bräuchte ich ein gutes Gespräch, aber keiner ist da. – Ich fliege nach Deutschland und spreche mit meinem alten Freund Gerd darüber, denn ich will nicht hier sitzen und krank werden.«

Am selben Abend noch ruft er seinen Freund an und verabredet mit ihm einen Termin am Wochenende. Gerd schlägt den Treffpunkt in einem Restaurant vor, denn seine Frau soll bei dem Gespräch nicht dabei sein, da das Männersache sei, meint er, nachdem Alex ihm berichtet hat, worum es geht. Das ist Alex gar nicht so recht, denn die Anwesenheit von Gerds Frau Renate würde ihn absolut nicht stören, denn er schätzt ihre Meinung sehr.

So fliegt Alex von Palma nach Deutschland und trifft sich mit seinem Freund in der italienischen Trattoria. In einer Ecke können die beiden ungestört sitzen. Gerd kommt ihm sehr aufgekratzt und nervös vor. Er redet viel über seine Firma, seine Tochter, die in den USA studiert. Es fällt Alex schwer, das Thema immer wieder auf sein Problem zurückzuführen, denn Gerd sagt eigentlich immer nur: »Sei doch froh, Alex. Du hast es doch jetzt richtig gut. Marion bist du elegant losgeworden; ich habe doch geahnt, dass ihr euch nicht mehr liebt. Du hast keine finanziellen Sorgen. Ja, natürlich, die Scheidung kommt auf dich zu; da wirst du, finanziell gesehen, Federn lassen müssen ... Du brauchst jetzt vor allem einen hervorragenden Scheidungsanwalt; ich kann dir einen empfehlen ... Ich verstehe deine ganze Aufregung nicht ... Natürlich freue ich mich, weil du an mich gedacht hast und mit mir als Erstem sprichst; für dieses Vertrauen danke ich dir ... Durch die Scheidungsprozedur musst du jetzt durch, aber das schaffst du auch noch.«

»Das ist mir alles klar«, sagt Alex. »Probleme macht mir vor allem das Alleinsein, und darüber wollte ich mit dir sprechen. Da ich von Marion verlassen wurde, fühle ich mich auch verlassen. Ich erkenne den Widerspruch, das Absurde an der Situation: Ich bin nun frei, aber richtig freuen kann ich mich einfach nicht. Plötzlich kann ich die Freiheit nicht genießen, sondern sie macht mir Angst.«

»Du bist verrückt«, antwortet Gerd. »Du hast alles erreicht, wovon Millionen träumen, bist finanziell unabhängig, lebst in deinem Bungalow auf Mallorca, hast alle Zeit der Welt für dich, kannst den Herbst deines Lebens jetzt in vollen Zügen genießen. Du musst bescheuert sein, wenn du das nicht voll und ganz ausschöpfst. Ich weiß nicht, was du willst. Ich erkenne dich ja nicht wieder. Ich würde gern mit dir tauschen – das kannst du mir glauben, denn ich bin noch in der Tretmühle drin. Meinst du denn, ich würde Renate noch lieben? Seit zwei Jahren habe ich eine Geliebte, die macht mir die Hölle heiß, ich soll mich endlich für sie scheiden lassen. Dieser ganze Stress! Ich käme mit ihr doch vom Regen in die Traufe! Glaube mir, ich wünschte mir, ich wäre in deiner Lage. Du hast es geschafft, alter Junge. Du bist frei und kannst machen, was du willst. Genieße es doch endlich!«

»Irgendwie verstehst du mich nicht«, sagt Alex. »Vielleicht kann man das auch nur verstehen, wenn man als Betroffener konkret in dieser Situation ist. – Allein im Bungalow, damit kann ich nur schwer umgehen. Das Gefühl von Einsamkeit ist wie ein graues, kaltes Gespenst, das mich überfällt und depressiv macht.«

»Du bist verrückt, das sagte ich doch. Du hast die Freiheit erreicht, bist unabhängig – nun kannst du dein Leben leben«, ruft Gerd sehr aufgeregt und nimmt einen großen Schluck Weißwein aus seinem Glas.

»Ich will ja mein Leben leben, will ja meine Freiheit genießen«, entgegnet Alex, »aber ich weiß nicht mehr, was ›mein Leben‹ ist. Dieses Gefühl der Einsamkeit verwirrt mich.«

»Jetzt wirst du aber sehr philosophisch«, meint Gerd. »Du bist verrückt!«, ruft er erneut aufgekratzt, und Alex hat das Gefühl, sein Freund wolle sich einfach nicht tiefer auf die Thematik einlassen. Etwas resigniert denkt er: »Gerd weiß gar nicht, wovon ich rede, denn man muß wohl selbst erleben, was sich dann tatsächlich in einem abspielt. Er kann mich gar nicht verstehen, denn das ist ihm fremd, weil er selbst Sehnsucht nach der Freiheit hat, aber nichts davon weiß, was hinter dieser Sehnsucht, wenn sie erfüllt wird, auf einen zukommt.«

Er prostet Gerd zu, und sie sitzen noch bis drei Uhr morgens zusammen und sprechen über die Schulzeit und über Urlaubsreisen. Gerd ist sichtlich froh, das Thema Einsamkeit vom Tisch zu haben. Während des Abends haben sich die beiden noch oft zugeprostet. Beim Abschied umarmen sie sich, betrunken, wie sie sind. Schließlich fährt das eine Taxi Gerd zu seiner Villa, während das andere Alex zum Hotel bringt.

GESPRÄCH IN KÖLN

Am nächsten Tag ruft mich Alex Seibold an und vereinbart einen Beratungstermin. Er wolle mit mir sprechen, unter anderem auch, weil er vor Jahren mein Buch »Die Liebe« gelesen habe. Dann, an einem Dienstag, steht er braun gebrannt vor mir. Er wirkt recht selbstbewusst – und so eröffnet er das Gespräch ohne Umschweife: »Ich möchte schildern, wie es dazu gekommen ist, dass ich heute hier bin«, um danach seine Lebensgeschichte zu erzählen. Auch den Abend vor drei Tagen mit seinem Schulfreund lässt er Revue passieren. Schließlich meint er mit einem selbstironischen Lächeln: »Ich bin nicht verrückt, nur weil ich die Freiheit, die ich jetzt erreicht habe, nicht so genießen kann, wie man sie offenbar genießen sollte ... Ich weiß genau, dass ich nicht verrückt bin«, fährt er fort. »Doch wie kann ich jetzt mit der gewonnenen Freiheit zurechtkommen? Was ist schief gelaufen, dass mich ein Gefühl von Einsamkeit so erschüttert? Ich will aus diesem Depressionstief wieder heraus, denn nicht einmal die Verliebtheit in Carmen macht mir derzeit Freude. Ich hoffe, dass Sie mir Kraft geben können, damit ich wieder Tritt fasse.«

»Sie erwarten jetzt einen Schnellkurs in Lebenshilfe«, sage ich. »Nein, bitte versuchen Sie das nicht abzuwehren«, füge ich hinzu, weil er eine entsprechende Handbewegung macht.

»Ich bin nicht unter Zeitdruck«, antwortet er. »Obwohl, Sie haben vielleicht Recht ... Ich will so schnell wie möglich wieder zurückfliegen, weil ich mich um alles kümmern muss, zum Beispiel um die Handwerker, denn der Umbau muss weitergehen. Ich bin aber bereit, hier noch einige Tage im Hotel zu bleiben, wenn es sein muss.«

»Es muss vielleicht gar nicht sein«, sage ich. »Sie haben erkannt, dass Sie in Freiheit letztlich einsam sind. Dadurch, dass Ihre Frau Sie verlassen hat, wurde Freiheit ganz deutlich und in aller Schärfe herauskristallisiert. Es wird Ihnen plötzlich sichtbar, was immer so war: Sie sind ein Einzelwesen! Als aktiv Handelnder ist Ihnen das als Unternehmer und in der Familie bisher nie aufgefallen, denn Sie waren immer der Macher, und die anderen mussten sich danach richten. Nun ist die Firma verkauft, klar, eine Erleichterung von ausgesetztem Druck. Nun ist aber auch Marion weg, auch eine Erleichterung von Druck, und zwar in Form von Schuldgefühlen. Damit entstand aber eine Leere. Weil diese Aufgaben nun alle weg sind, die positiven und negativen Gefühle, die damit verbunden sind, stehen Sie in Freiheit, also ohne Verpflichtungen. Dann entsteht eine Offenheit, die Sie nicht gewohnt sind. Sie sind plötzlich allein stehend, zwar frei, aber dennoch allein. Freiheit ist das Positive, das Gefühl von Alleinsein das Negative ...

Sie waren zuvor auch allein. Das hat Sie aber nicht weiter berührt, da die anderen sich nach Ihnen richteten und spurten. Jetzt sind Sie so total frei, so dass keiner mehr sich Ihnen unterzuordnen hat: Dadurch werden Sie sich jetzt Ihrer Einsamkeit bewusst, die, wie ich schon sagte, zuvor natürlich ebenfalls vorhanden war. Dabei entsteht natürlich auch Angst...

Sie sind nicht verrückt, wie Ihr Freund sagte, sondern Sie sind jetzt herausgerückt und abgerückt von der Einbindung in die übliche soziale Struktur. Jetzt sind Sie auf sich ganz allein gestellt! Sie sind völlig unabhängig, und das führt zu einer Leere, die Ihnen bisher nie bewusst wurde. Jetzt tritt sie in den Vordergrund; das ist eine enorme Herausforderung. Deshalb ist verständlich, dass Sie diese unerwartete Freiheit nicht genießen können, denn es besteht ein unerklärliches Vakuum zwischen realer Freiheit und dem Genuss dieser Freiheit, und zwar aufgrund des Ideals der Sehnsucht. Sie sind vor eine neue Herausforderung gestellt, über die niemand spricht, und so konnten Sie nicht darauf vorbereitet sein, was jetzt auf Sie zukommt. Das ist positiv, denn jetzt beginnt etwas Neues... das ist das Abenteuer der Freiheit...

Während wir uns nach Freiheit sehnen, weil wir gebunden und gefangen sind, meinen wir genau zu wissen, wie man sich in Freiheit zu verhalten hat. Wenn die Unfreiheit wegfällt und wir tatsächlich frei sind, betreten wir aber neues Land, und es entsteht auch eine Angst, völlig zu Recht. Damit will ich nicht sagen, dass Freiheit eine Schattenseite hätte, nein, wir müssen uns nur umstellen, denn in der Unfreiheit gelten andere Regeln, und in der Freiheit bestehen wieder andere Bedingungen und Voraussetzungen...

Die Unfreiheit ist geregelt. Darunter haben wir gelitten und darüber geschimpft. In der Freiheit gelten diese Regeln nicht mehr. Es eröffnet sich eine Weite, und wir betreten einen großen Raum, und die wichtigen Dinge wie Zeit, Selbsterfahrung, Liebe, Lebensrhythmus, Schlafen, Wachen, Planen bekommen eine neue Bedeutung. Die alten Bedeutungen fallen in sich zusammen, aber die neuen Bedeutungen sind uns noch fremd. Sie sehen sich selbst und ihre Mitmenschen mit neuen Augen, erwachen praktisch aus einer Trance des Kreislaufs der Gewohnheiten. Das alles geht nicht nahtlos ineinander über, denn Sie erfahren sich selbst in dieser neuen Situation des Alleinseins auf eine neue Weise. Die Gefühle, die jetzt in Ihnen entstehen, konnten Sie ja nicht kennen, weil Sehnsucht nach Freiheit irreal, reale Freiheit aber konkret ist. Sehnsucht lässt Ideale blühen, Realität aber geschieht auf einer anderen Ebene...

Sie können nun Abschied nehmen von den Idealen und die Realität der Freiheit erkennen und erleben, Sie können etwas lernen, eine neue Erfahrung machen, Sie können sich aber auch in alte Bindungen zurückflüchten, und zwar aus Angst vor dieser Erfahrung! Die Realität ist anders als das Ideal. Begrüßen Sie dieses Abenteuer, und lernen Sie sich dabei mehr und mehr kennen...

Alleinsein ist eine Selbsterfahrung, die Sie bisher nicht gemacht haben. Es ist sehr wichtig, sie zu machen. Sie wehren sich zwar dagegen, das fühle ich, aber machen Sie sie, denn das ist gut. Sie können davor fliehen; ich kann Ihnen das nicht verwehren. Wenn Sie fliehen wollen, darf ich Sie nicht abhalten. Sollten Sie aber nicht fliehen, sondern sich dem Alleinsein im Abenteuer Freiheit stellen, dann werden Sie reifen. Sie werden zu einer neuen Stufe Ihrer Selbsterkenntnis gelangen.«

LIEBE IST ETWAS GENERELLES

Wir haben den Begriff Liebe bisher auf die Beziehung zwischen Mann und Frau reduziert. Ich möchte ihn erweitern auf unser gesamtes Leben. Damit soll die Liebe zwischen Mann und Frau nicht geschmälert werden. Liebe ist auch etwas Allgemeineres. Darauf hinzuweisen erscheint mir notwendig, weil wir uns von dieser generellen Liebe immer mehr entfernen.

Vor einiger Zeit flog ich mit Bekannten nach Nordafrika, um dort Urlaub zu machen. Es stört mich, dass man das Wort »Urlaub« dafür gebraucht und diese Lebenszeit dadurch sprachlich abgrenzt. Alles, was mit Ferien, Urlaub, Tourismus zu tun hat, ist eine besondere Zeitphase. Ich kann hier allerdings nicht auf alle negativen und positiven Aspekte, die damit zu tun haben, eingehen.

Meine Bekannten und Freunde verbrachten den Nachmittag meist am Swimmingpool des Hotels, denn die strahlende Sonne am Himmel war durch viele Wolken verdeckt. Vom Pool gelangte man über einen etwa 50 Meter langen Weg zum Meer. Eines Nachmittags, während die anderen in ihren Liegen am Pool den bedeckten Himmel beklagten, ging ich alleine zum Strand.

Einige Gedanken möchte ich doch noch dazwischenschieben. Die Sonne hat für nordeuropäische Touristen vor allem deshalb große Bedeutung, weil sie die Haut bräunt. Sie wollen sich bräunen, um etwa in Deutschland, England und den Niederlanden zu dokumentieren, dass sie sich »erholt« und für ihre Gesundheit und Fitness etwas getan haben. Was ich da an Sonnenbränden und Hautschälungen, ausgelöst durch zu intensive Sonnenbestrahlung an Pool und Meer, beobachtet habe, ist schlichtweg erstaunlich. Die Leidensbereitschaft, um in einer Woche oder vierzehn Tagen Bräune auf die Haut gezaubert zu bekommen, zeigt einen masochistischen Ehrgeiz. Wie sind diese Touristen doch abhängig von dem Zwang, ihre Haut zu bräunen, um attraktiv und fit zu erscheinen! Das ist eine der Anpassungen an das Schönheitsideal unserer Zeit. Aber sind wir denn nur liebenswert und begehrenswert, wenn wir braun sind?

Jedes große Hotel hat heute eine Fitness- und Wellness-Abteilung, bietet Sauna und Massage an, hat einen Tennisplatz in unmittelbarer Nähe, und der Golfplatz ist auch nicht weit entfernt. Sind wir denn bessere, werden wir schönere Menschen, wenn wir das alles mitmachen? Ist es denn dramatisch, wenn sich am Urlaubsort die Sonne für zwei oder drei Tage hinter dicken Wolkenballungen verbirgt? Das Thema Wetter, Sonne und Wolken ist im Urlaub eines der Hauptthemen. So haben denn auch die Animateure den Standardspruch auf die Frage:

»Wie wird denn das Wetter morgen?«, stets parat: »Es wird wolkenlos. Die Sonne wird scheinen, Madame. Das kann ich Ihnen versprechen.« Glückliches und strahlendes Lächeln dankt es ihnen.

Ich bin jetzt weit abgekommen von der Liebe, ich weiß, aber es war mir wichtig, das wenigstens zu streifen. Noch ein paar Worte – und ich gelange zurück zur Liebe. Selbst in den Ferien, im Urlaub sind so viele abhängig von Bedingungen, wie beispielsweise der Sonne; nicht nur, weil Sonnenschein ein schönes Erlebnis ist, sondern weil Sonne die Bräune bringen soll. Warum aber soll ein gebräuntes Gesicht schöner sein als ein Gesicht mit hellem Teint? Bräune gilt eben als Schönheitsideal, vielleicht auch deshalb, weil das nach Ferien und nach »Ich-konnte-mir-die-Zeit-leisten« riecht. Wer vor hundert Jahren Zeit und Geld hatte, achtete sehr darauf, nicht gebräunt zu werden, um dadurch Adel und Noblesse zu demonstrieren: Je bleicher, je reicher – das galt damals. Heute ist die Bräune »in«. Und was machen wir, wenn sie morgen nicht mehr gefragt ist, die Bräune? Dann hecheln die Statusdenkenden eben einem anderen Ideal hinterher.

Kehren wir zurück zum Pool des großen Hotels an der nordafrikanischen Küste. Die Sonne war heute bedeckt, das heißt, die gute Laune war damit bei vielen weg. Manchmal kam die Sonne hinter den Wolken wieder hervor. Dann gab es sofort strahlende Gesichter und wurde der Körper auf der Liege alle zehn Minuten gedreht.

Ich bin, wie bereits gesagt, an diesem wolkigen Tag

allein an den Strand gegangen. An einem sonnigen Tag waren dort alle Liegestühle besetzt, doch heute standen sie verwaist, und ich konnte mir einen Liegestuhl aussuchen, der nur etwa sechs Meter vom Meer entfernt aufgestellt war. Ich setzte mich und hatte weder rechts noch links neben mir Touristen, und selbst Familien waren nicht zu sehen. Wunderbar, endlich allein!

Bis auf ein Pärchen badete niemand im Meer. Die Wogen waren aufgewühlt und brandeten an den flachen Sandstrand. Dick die Wolken, weiß, teilweise auch grau. Zum Horizont hin wurden sie weißer und diffuser. Ich schaute auf die heranwogenden Wellen, die im Sand ausliefen, bis zu meinen ausgestreckten Füßen. Die Abwesenheit der Touristen, die normalerweise am Strand vorbeidefilierten, war angenehm, denn so waren meine Sinne nicht mehr abgelenkt. Ich saß in dem Liegestuhl, hatte keinerlei Absicht, war nicht unzufrieden, dass die Sonne wegblieb, und konnte ohne jede Ablenkung oder Absicht einfach nur das genießen, was wirklich und real war, denn erst, wenn alle Wünsche und Absichten weg sind, kann die Realität frei wahrgenommen werden. Wir schieben oft selbst einen Filter davor, der uns hindert, die Realität voll und ganz zu erleben. Das Ereignis der Liebe verhindern wir selbst, indem wir uns anpassen an die soziale Gemeinschaft. Durch die Entfernung von Menschen gelangen wir in die Nähe der Natur. Liebe ist unabhängig von Menschen, denn Liebe ist etwas, das nur jeder für sich selbst erfahren kann. Wer diese Liebe über die Sinne erlebt, sollte nicht erschrocken innehalten, um sie dann wie eine Perle in der Auster zu bewahren versuchen. Was wir erleben, sollten wir weitergeben. Die Worte dafür aber fehlen uns oft.

Ich blickte auf das Meer. Die Wogen kamen in unterschiedlicher Größe heran. Mal waren es kleinere, mal höhere Wellen. Am Horizont gingen Wasser und Wolken ineinander über. Ein leichter Wind kam mit den Wellen. Für diesen kühlen Salzgeruch gibt es keine treffenden Worte, um diese feinen Nuancen zu beschreiben. Das Licht wechselte ständig, weil die Wolken am Himmel dahinzogen und mal mehr und mal weniger Sonnenlicht durchließen. Weniger Sonne machte die Farben des Meeres graublau, mehr Sonne veränderte das Wasser blaugrün, und die Gischtkronen auf den Wellen wurden dann weißer.

Ich registrierte die Gedanken in meinem Kopf. Zunächst waren da noch die Gedanken an die letzten Gespräche während des Mittagessens am Barbecue. Es war darüber gesprochen worden, was man am Abend machen könnte, welche Restaurants zu empfehlen und welche Leute in welcher Bar danach anzutreffen wären. Der menschliche Geist muss sich immer mit etwas beschäftigen, und so wird die Zeit eingeteilt und verplant: Dann machen wir das, dann gehen wir dorthin und danach hierhin, und dann unternehmen wir jenes. So sind wir es offensichtlich gewohnt. Viele können nicht plan- und absichtslos einfach dasjenige unternehmen, das sich aus dem Augenblick ergibt. Solche Gedanken lenkten mich immer wieder davon ab, das wahrzunehmen, was im Augenblick geschah.

Eine höhere Welle erreichte den Strand, und das

Wasser umzingelte im Sand meine Fußsohlen. Die Sonne kam zwischen den Wolken ganz kurz sehr grell hervor, das Wasser wurde grünblau, und es entstand eine Stimmung zwischen Meer und Himmel, die ich mit Worten schwer beschreiben kann. Die Augen nehmen es wahr, und die Ohren lauschen dem Rhythmus der Wellen, den Geräuschen eines An- und Abschwellens von Tönen. So verbinden sich Farben, Formen, Töne und Empfindungen der Haut miteinander. Der Wind wird manchmal auf der Haut registriert, und manchmal scheint man ihn zu vergessen, vielleicht auch deshalb, weil er plötzlich schwächer wird.

Je länger ich dort saß, desto mehr zogen sich die Gedanken zurück. Das Denken trat in den Hintergrund, und die Wahrnehmung über die Sinne gelangte in den Vordergrund. Es wurde mir bewusst, dass in den Momenten, in denen ich im Kopf die Gespräche rekapitulierte und mir darüber Gedanken machte, die Wahrnehmung in ihrer Intensität nachließ. Den Sinneseindrücken fehlte dann ein Stück. Es wurde mir klar, dass man entweder denkt – dann treten die Sinneserlebnisse zurück – oder seine Sinne öffnet – dann treten die Gedanken in den Hintergrund. Beides zugleich, in voller Intensität, scheint nicht möglich, zumindest sehr schwierig zu sein.

Ich ließ nach etwa 20 Minuten alle Gedanken los und überließ mich den geöffneten Sinnen. Dabei scheint es unter den Sinnen keine Priorität zu geben, wenn die Augen schauen können, die Ohren gleichzeitig hören und die Tastsinne Warmes und Kaltes, Feuchtes und Trockenes spüren. Das sensitive Erlebnis wird zu einer Einheit.

Die Augen sind gleich wach wie die Ohren und die Haut in ihrer Empfindsamkeit. Diese Offenheit der Sinne hat nichts mit Konzentration zu tun. Wenn ich einen Gedanken verfolge, muss sich der Geist konzentrieren, doch wenn sich die Sinne öffnen, muss er das nicht. Das Denken, auf das wir uns konzentrieren, blendet anderes aus, fokussiert. Es fällt sehr schwer, das in verständliche Worte zu fassen. Während ich mich auf Gedanken konzentriere, machen die Sinne dicht, damit ich nicht abgelenkt werde. Wenn sich die Sinne öffnen, treten die Gedanken zurück. Das ist keine Konzentration; ich nenne das Kontemplation und Meditation.

Wenn mit Konzentration die Gedanken ein Problem lösen, wenn Gedanken um ein Problem kreisen, dann ziehen sich die Sinne zurück. Doch wenn sich die Sinne öffnen, dann fokussieren sie nicht wie das Denken, sondern schweifen über alles hinweg und lassen die Außenwelt sozusagen hinein ... weniger in den Geist, sondern in die Seele. Das Denken folgt den Regeln der Logik, während die Sinne keiner Logik folgen, denn sie rekapitulieren auch nichts aus dem Gedächtnis. Über die Sinne kommt das Lebendige also stets neu hereingeströmt. Deshalb ist das Denken ein Vorgang, der regelrecht »alt« erscheint, denn zumeist bewegt es sich in der Vergangenheit. Selbst wenn es Pläne für die Zukunft skizziert, greift es auf Altes, Bekanntes zurück. Bei der Öffnung der Sinne gibt es keine Vergangenheit und Zukunft, gibt es nur den Augenblick. Es ist schwierig, das zu beschreiben, und doch versuche ich es in der Hoffnung, das nachvollziehbar zu machen. Die Sinne nehmen wahr, das Denken bewertet das, was wahrgenommen wird. Wenn ich etwas wieder erkenne, etwa einen Vogel, der vorbeifliegt, dann weiß ich das aufgrund der Erfahrung: Aha, ein Vogel! Das Wort stört aber nicht groß, weil die sinnliche Gegenwart ja weiter in meine Seele fließt. Der Verstand benennt mit Wörtern und wertet etwas als bekannt oder unbekannt, schön oder hässlich. So sind wir es gewohnt.

Der Verstand, das Denken also, ist aber meist so beschäftigt, dass wir nur peripher wahrnehmen. Deshalb sind wir oft von den intensiven seelischen Erlebnissen abgeschnitten, dreht sich oft alles im Kreis der Gedanken. Die sinnlich erfahrbare Realität ist im Augenblick gegenwärtig, und sie ist in diesem Moment neu. Das Denken dreht sich in den Kreisen des Bekannten. Freiheit als Erlebnis ist erst dann möglich, wenn sich die Sinne öffnen. Freiheit als seelisches Erlebnis bedarf also der Gegenwart. Freiheit als gedanklicher Begriff ist etwas Theoretisches, wird zum Ideal.

So ist seelische Freiheit nur erlebbar als Öffnung der Sinne, als Genuss im Augenblick. Erdachte Freiheit – als Gedanken an Freiheit – ist keine wirkliche Freiheit. Wir sollten außerdem unterscheiden zwischen Gedankenfreiheit, bei der jeder Gedanke unzensiert zugelassen wird, und Sinnenfreiheit, bei der wir offen sind für das, was in der Außenwelt geschieht. Beide Freiheiten sind wichtig. Ein Leben in Anpassung und Angst vor den eigenen Gedanken, Angst davor, sie auszusprechen, ist unangenehm. Aber ein Leben im Kreis der Gedanken und ohne Öffnung für die Sinnenfreiheit, für das, was um uns herum in der

Natur existiert (auch in der Kultur und der Zivilisation), das ist tragischer. Unsere Augen sind abgeschirmt, die Ohren sind verstopft, die Haut ist paralysiert. Deshalb brauchen viele Drogen, wie etwa Kokain, um die Sinne wieder zu öffnen für die Intensität der Wahrnehmung. Das kann natürlich über Chemie nur kurzfristig gelingen, weil der Verstand die Macht zurückerobert – spätestens dann, wenn die Chemie im Körper abgebaut ist.

Mein Lobgesang auf das intensive sinnliche Erleben ist kein Rückfall in eine romantische Naturphilosophie. Wir sind zu sehr auf das Denken als die angeblich höchste menschliche Seinsweise »abgefahren«. Es ist sehr bedauerlich, wenn wir darüber die Sensitivität zurücknehmen und verlieren. Durch die Überbewertung des Denkens haben wir die sinnliche Aufmerksamkeit eingebüßt und sind dadurch liebesunfähiger geworden. Wenn wir die sinnlichen Erfahrungen wieder in den Vordergrund stellen, dann heißt das überhaupt nicht, dass wir das Denken verurteilen würden. Das Denken und die Konzentration machen dann Sinn, wenn ein Denkproblem gelöst werden soll, es macht aber keinen Sinn, wenn man am Meer sitzt oder am Waldrand oder an einem Bach.

Denken ist ein Werkzeug, das man braucht, gar keine Frage, die Sinne aber zu öffnen und das Denken zurückzuschieben ist erforderlich, um das Leben auf dieser Welt seelisch intensiv genießen zu können. Das Denken ist nur ein Werkzeug, wie zum Beispiel ein Hammer, den man weglegt, wenn man keinen Nagel mehr in die Wand schlagen muss. So bringt uns auch das Denken allein nicht der Liebe näher. Nur durch die Öffnung unserer Sinne können wir sinnlich lieben. Das Denken kann man mit dem Willen zur Konzentration zwingen, die Kontemplation aber lässt sich nicht erzwingen.

Unfreiheit lässt sich mit dem Denken erzwingen, in dem wir uns den Richtlinien der anderen unterordnen. Freiheit aber lässt sich nicht erzwingen und verordnen. Wir alle suchen Liebe, wir wollen selbst lieben, aber auch geliebt werden. Liebe beginnt mit der Freiheit der Offenheit der Sinne. Jeder Zwang, jeder Gedanke nach Kontrolle schädigt sie, aber jede Öffnung der Sinne gibt ihr Luft zum Atmen. Offene Sensitivität ist die Nahrung, die Liebe braucht. Das Denken plant, die Sensitivität erlebt, das Denken ist konzentriert, die Kontemplation ist meditativ offen.

Das Denken übergeht den Augenblick, blendet ihn aus, während sich das Fühlen ihm öffnet und ihm Raum gibt. Den Widerstreit in uns erzeugt das Denken, denn es verengt auf Regeln, Begrenzungen und Bedingungen an die Liebe. Die sensitive Liebe aber ist unser Lehrmeister für alle Sensibilität, sofern wir bereit sind, das zuzulassen, denn viele versuchen das zu verdrängen, zu verleugnen und zu verurteilen. Sensitivität, diese Freiheit, ist ein Erlebnis, ein Gewinn, ein Sieg, eine große Sache, denn wir sehnen uns nach ihr. In Gedanken ist sie unerreichbar. Die Öffnung der Sinne aber lässt sie einströmen und vielleicht – weiß Gott nicht immer – ihre Energie entfalten, damit sie wenigstens für einige Stunden möglich ist und wir, sofern wir danach Worte zur Verfügung haben, davon schwärmen sollten.

DER REFRAIN DES LEBENS

Vor einiger Zeit rief mich ein ehemaliger Schulfreund an, der in Süddeutschland lebt. Er wollte mich in Köln treffen, um über einige »persönliche« Dinge mit mir zu reden, wie er sagte. Es war ein warmer Augustabend, als wir uns in einem Gartenrestaurant trafen. Zunächst verlief das Gespräch in der üblichen Weise. Er erkundigte sich nach meinem Befinden, erzählte von seinen Erfahrungen mit einer Obst- und Gemüsediät und äußerte seine Meinung über die politische Situation in Deutschland und Europa, über die Problematik der wachsenden Arbeitslosigkeit und bekundete seine Sorge über die Einführung des Euro. Schließlich kam er zum eigentlichen Thema...

»Mir steht jetzt«, begann er, »die dritte Scheidung in meinem Leben bevor. Seit einem halben Jahr leben Renate und ich getrennt. Ich habe mich bei dir seit einem Jahr nicht mehr gemeldet, weil meine Energie davon völlig absorbiert war. – Ich bin jetzt wieder frei, wie man so schön sagt.« Nach diesem Satz machte er eine kleine Pause, damit sich die Ironie in Verbindung mit seinem Lächeln entfalten konnte. Ich sagte nichts, sondern sah ihn mit neutraler Miene an. Das war ihm durchaus angenehm.

»Ich bin wieder frei«, wiederholte er. »Vor Jahren hätte ich noch hinzugefügt: ›... und bin wieder zu haben.‹ Ich weiß aber nicht, ob ich überhaupt noch dazu Lust haben werde, wieder zu haben zu sein. Seit einem halben Jahr lebe ich allein. Dieses Alleinsein macht mir plötzlich Probleme; deshalb wollte ich mit dir heute reden. Verstehe mich bitte nicht falsch; die Trennung von Renate ist absolut okay. Es ist besser so ...

Ich möchte nichts zurückdrehen. Die Scheidung soll durchgezogen werden. Das Alleinsein ist es – das macht mir Angst. Dennoch möchte ich im Moment gar keine neue Beziehung. Ich bin zwar frei, kann diese Freiheit aber nicht richtig genießen. – Was sagst du dazu?« Er nahm einen großen Schluck Weizenbier aus seinem Glas und rutschte auf seinem Stuhl unruhig hin und her.

Der Sommerabend war wirklich sehr mild. Eine Katze strich um unsere Beine und legte sich unter unseren Tisch. Die Gäste an den Nachbartischen, vorwiegend Pärchen, unterhielten sich leise mit gedämpfter Stimme. Es war etwa neun Uhr, und ein leichter, angenehm kühlender Wind kam auf.

»Ich freue mich sehr, dass wir uns heute wieder einmal sehen und in Ruhe reden können. – Ich verstehe deine Situation«, antwortete ich.

»Das ist das Schöne, dass du immer alles verstanden hast. Das war auch früher schon so.«

Ich setzte unser Gespräch fort: »Heute habe ich bei dem Schriftsteller Erich Maria Remarque den Satz gelesen: ›Allein sein, der ewige Refrain des Lebens.‹ Das sagt der Arzt Ravic in dem Emigrantenroman ›Arc de Triomphe‹, illegal in Paris 1939 ohne Pass und Aufenthaltserlaubnis lebend – das nur nebenbei bemerkt. Die Aussage: ›Allein sein, der ewige Refrain des Lebens‹ hat mich sehr berührt, und zwar wegen seiner Allgemeingültigkeit. Sind wir nicht alle, sobald wir den bürgerlichen Kreis der

Familie verlassen, aus welchen Gründen auch immer, wie Emigranten, die im Exil leben? Besondere Bedeutung erhielt der Begriff ›Emigration‹ zwar vor 60 Jahren durch die Flucht aus Nazideutschland in einer politischen Dimension, aber wer seinen Freundeskreis verlässt, seine Familie, seine Religion, wer seine politische Mitgliedschaft aufgibt, ist gleichfalls ein Emigrant aus seinem bisherigen Leben und seinem sozialen Umfeld. Der Satz: ›Allein sein, der ewige Refrain des Lebens‹ fasst es zusammen und bringt es auf den Punkt: Wenn wir Bindungen aller Art, auch partnerschaftliche, verlassen wollen oder müssen, sind wir erst einmal wieder allein.«

»Genau dieses Alleinsein aber«, sagte er, »macht mir jetzt große Probleme. Angst steigt in mir auf, und ich kann mich an meiner wiedergewonnenen Freiheit nicht erfreuen.«

»Da immer wieder allein zu sein der ewig wiederkehrende Refrain des Leben ist, wie Remarque Ravic sagen lässt, sind wir alle herausgefordert, darüber nachzudenken, ob das stimmt. Was bedeutet das Wort ›Refrain‹? Es ist eine Strophe in einem Gedicht, ist eine Melodie, die immer wiederkehrt, und es ist das Immerwiederkehrende des Lebens, dass wir wieder allein sein werden, zum Beispiel durch den Tod, der uns die Geliebte nimmt, oder durch eine politische Entwicklung (Krieg, Vertreibung), die uns die Heimat nimmt, oder auch durch die unaufhaltsam weiterschreitende Zeit, die jeden schönen Augenblick vorübergehen lässt. – Ich leite, wie du bemerkst, zum Generellen über …

Das Erleben ist ein ständiges intensives Hineinströmen von Ereignissen und sinnlichen Erfahrungen im Augenblick. Einen phantastischen Sonnenaufgang am Meer zu beobachten, das lässt dich die Zeit vergessen. Die Sonne steigt höher und höher, und plötzlich wird dir bewusst, dass du alleine dastehst, schaust und staunst. Dieses Erleben ist allerdings psychologisch nicht belastend; dieser ewige Refrain des Lebens wird positiv empfunden. Wenn dich aber ein Mensch verlässt, den du liebst, oder wenn du jemanden verlässt, der dich noch liebt, du ihn jedoch nicht mehr, bleiben beide allein zurück. Auch das ist ein ewiger Refrain des Lebens. Der Verlassene empfindet es als Tragödie, der Verlassende erlebt es als Befreiung. Der Refrain kann also positiv oder auch unangenehm sein. Beide Male ändert das nichts an dem ewig Wiederkehrenden, vergleichbar den Wellen des Meeres, die sich seit ewigen Zeiten am Strand im Sand ausbreiten, ihren Schaum zurücklassen und sich wieder zurückziehen...

Es ist der ewige Rhythmus des Lebens, dass du Kontakt aufnimmst, dich in Liebe verbindest und irgendwann wieder allein zurückbleibst, weil du verlassen wirst oder selbst verlässt. Man kann deshalb den Satz des Emigranten Ravic auch so formulieren: ›Zusammensein, sich lieben, der ewige Refrain des Lebens.‹ Auch diese Aussage hat Gültigkeit, auch sie ist wahr. Alleinsein oder Zusammensein, sich lieben oder sich trennen – das sind die beiden Refrains des Lebens. Wir müssen beides annehmen und sollten es nicht verurteilen – es bleibt uns ja auch nichts anderes übrig...

Das Pendel schwingt zwischen Annäherung, Liebe

und Alleinsein stets hin und her. Nach Liebe aber streben wir und wollen das Alleinsein auflösen und verdrängen. Die Erkenntnis liegt darin, dass sich das Alleinsein nie abschütteln lässt. Damit müssen wir uns befassen. Wir sollten uns auf das Alleinsein positiv einstellen, denn es ist ein natürlicher, also normaler Teil unseres Lebens; es ist kein Makel und kein Scheitern. Es wäre schön, wenn du erkennen könntest, was ich damit sagen möchte. So, wie wir Gemeinsamkeit genießen, weil sie sinnvoll und schön ist, genauso sollten wir wieder das Alleinsein genießen, weil auch das in Ordnung ist, denn es gehört zum ewigen Refrain des Lebens. Freiheit bedeutet also, zwischen beiden Polen, Alleinsein und Zusammensein, ohne Angst oder Depression hin und her zu schwingen. Beides ist der normale Refrain des Lebens.«

Es wurde nun doch kühler, und wir nahmen unsere Gläser, um uns einen Platz im Restaurant zu suchen.

Alleinsein gehört zur Freiheit

Wir setzten uns an einen Fensterplatz mit Blick auf die Wiese und den angrenzenden Wald. Auf dem Tisch flackerte eine Kerze, und es war schön, ab und zu mit einem Blick aus dem Fenster zu sehen, wie es draußen zunehmend dunkler wurde. Mein Freund setzte das Gespräch fort ...

»Du hast gesagt, dass beides zum Leben gehört: die Beziehung, die Liebe, die Kommunikation – und das Alleinsein.«

»Es sind Pendelschwünge«, warf ich ein. »Wir wollen es oft nicht akzeptieren, dass das Pendel wieder zurückschwingt. So machen wir daraus ein Problem, das gar keines ist. Alles Natürliche ist kein Problem, denn das Natürliche ist in Ordnung. Ich meine damit, dass die Natur geordnet ist, der Mensch aber erzeugt mit seinem Denken die Konfusion.«

»Ist es denn in Ordnung, dass ich jetzt wieder allein bin? Warum leide ich dann darunter?«

»Es gibt keinen natürlichen Grund zu leiden. Ich versuche das zu erklären: Es ist eine Grundgegebenheit, dass jedes Individuum allein ist, allein in der Welt stehend, abgesehen von einem siamesischen Zwilling. Allein zu sein, individuell zu sein innerhalb der sozialen Gemeinschaft ist eine Grundgegebenheit. Durch die Verbindung zu einem anderen in Liebe meinen wir, dass das Alleinsein damit aufgehoben würde. Aber das gilt doch nur, wenn überhaupt, unter der Voraussetzung, dass die Liebe weiter bestehen bleibt. – Wir sollten uns auf dieses Thema weiter einlassen, wenn du willst.«

»Ja, natürlich, deshalb sitzen wir doch zusammen«, sagte er. »Ich bin doch gespannt, worauf du hinaus willst.«

»Du machst täglich die Erfahrung, dass du allein bist. Wenn du im Beruf um Vorteile ringst, einen guten Geschäftsabschluss machen willst, bist du allein gegenüber einem Partner, der auch allein ist.«

»Ich mache aber Geschäfte mit Werbeagenturen. Das sind Firmen mit Teams, die machen Geschäfte mit mir, und hinter mir steht auch eine Firma mit vielen Mitarbeitern.«

»Du vertrittst eure Interessen, und sie vertreten ihre Interessen. Wenn du Familie hast, dann vertrittst du außerdem die Interessen deiner Familie – ein kleines Team. Ob nun zwei oder tausend hinter dir stehen, das spielt keine Rolle. Jeder Interessenvertreter eines Teams ist allein, und egal, wie viele hinter ihm stehen mögen – er muss allein verhandeln. Es kann dich stärken, wenn andere hinter dir stehen, es macht allerdings auch Angst, wenn du keinen Erfolg hast und die anderen dich hinterher kritisieren oder beschimpfen. – Entschuldige, wir kommen etwas vom Thema ab …

Wir versuchen dem Alleinsein zu entkommen, und zwar durch Einbindung in die soziale Gemeinschaft, in betriebliche, politische oder religiöse Teams. Davon unabhängig aber bist du als Individuum, also unabhängig von diesen Teams, letztlich allein. Dieses Alleinsein wird durch die Liebe relativiert, denn besonders Liebe verbindet, scheint das Alleinsein aufzuheben. Das ist das Faszinierende und Bezaubernde an der Liebe …

Jetzt aber, in deiner derzeitigen Situation, in der ihr euch scheiden lasst, die Liebe also verflogen ist, du in deiner Wohnung wieder allein lebst, fühlst du dich isoliert. Du bist frei und ungebunden, kannst es aber nicht genießen, weil jetzt das Alleinsein zu einem Isolationsgefühl führt. Das erzeugt natürlich auch Angst. Alleinsein ist aber der Genuss, in Freiheit über diese Freiheit jederzeit selbst souverän verfügen zu können.«

»Das ist eine treffende Definition«, warf er ein. »Ich kann über mich selbst und meine Freiheit nun völlig souverän verfügen. Das ist richtig. Aber warum kann ich es dann nicht als eine tolle Sache empfinden und auch genießen?«

»Weil du den Genuss des Alleinseins aufgegeben hattest zugunsten des ständigen Kontakts, weil du dich in deinem kleinen privaten Team bequem zurechtgerückt hattest. Jetzt bist du wieder frei, und darüber könntest du dich freuen. Nein, das kannst du aber leider nicht! Freiheit heißt auch, frei zu sein von deiner Vergangenheit und ihren Bindungen, bedeutet plötzlich, selbst zu entscheiden – und dein Leben allein zu genießen! Das ist völlig in Ordnung. Viele aber, die frei werden, verfallen in Lethargie und Angst vor einem Leben mit eigener Initiative...

Wir haben uns daran gewöhnt, die Initiative zu ergreifen, wenn wir andere im Rücken haben. Wenn du allein bist, also frei, hast du niemanden mehr im Rücken, der dich stärkt, aber auch niemanden mehr, der dich verurteilt oder kritisiert. War es aber im Team und für das Team wesentlich anders? Wir sollten uns beizeiten intensiv damit befassen, damit wir, wenn wir wieder allein sind – also frei – daraus etwas Kreatives machen können...

Im Alleinsein sind die Schönheiten des Lebens intensiv erlebbar. Wer sensitiv tief erleben will, sollte sich ständig mit sich und dem Alleinsein befassen. Die Liebe ist etwas Generelles, sie ist nicht auf eine ›Mann-Frau-Beziehung‹ beschränkt. Diese generelle Liebe kannst du vor allem allein erleben und erst danach mit jemandem teilen – der allerdings dazu bereit sein muss. Wenn du einen Waldspaziergang mit jemandem machst, der nicht bereit ist, sich sensitiv zu öffnen, der nur redet und redet und von einem Problem zum nächsten zu sprechen kommt, der also rational orientiert ist und sich nicht sensitiv öffnen kann, demjenigen kannst du sagen: ›Schaue dieses schöne Blatt, den Pilz im Moos, den Sonnenstrahl, riechst du die Luft? Es ist einfach wunderbar.‹ Er wird antworten: ›Ja, ja, sehr schön …‹ – und weiterreden, sich weiter im Kreis seiner Gedanken verbalisierend drehen. Nichts hat er wirklich gesehen, gehört und gerochen, denn er war nicht bereit dazu.«

… und es erhöht die Aufmerksamkeit

Die Kellnerin unterbrach mich, weil die Gläser leer waren. Sie wollte wissen, ob sie noch etwas bringen solle. Wir bejahten, und ich setzte meinen Gedanken fort: »Dann ist es doch wohl wirklich besser, allein zu wandern, nicht verpflichtet zu sein, den Problemen und Gedanken eines anderen Aufmerksamkeit zu schenken. Der intensive Genuss des Alleinseins in der Natur bedeutet ja darüber hinaus auch, dass man sich gar nicht allein fühlt, denn die Blätter, die Sonne, der Wind, die Pilze und das Moos sind ja als Energie da. Es besteht in dieser Offenheit doch keine kraftlose oder lieblose Leere! Leere gibt es nur hinter Gefängnismauern, wenn man in einer Zelle täglich dieselben Wände anstarren muss und der Blick aus dem Fenster, tagaus, tagein, auf eine 40 Meter entfernte Backsteinwand fällt. Nur das Licht verändert sich am Morgen, zur Mittagszeit und am

Abend an der Wand. Das ist Alleinsein, Isolation in Unfreiheit, das ist schrecklich! Alleinsein in Freiheit aber ist Abenteuer und Sensitivität pur. Dass du das aber jetzt nicht in vollen Zügen intensiv genießen kannst, zeigt doch, dass du durch deine Beziehungen, dein Denken und die Anpassung geschädigt bist.«

»Ich möchte das ja auch gerne ändern. – Aber wie?«

»Alleinsein ist etwas Positives. Es wird zu einem Genuss, wenn du bereit bist, diese Zusammenhänge zu sehen. Im Alleinsein bist du völlig frei von den vielen Erwartungen der Teams. Du bildest dir jetzt deine Meinung selbst, bist nicht abhängig von der Meinung der anderen, sei es nun ein berufliches, religiöses, politisches oder privates Team, um das es sich handelt. Im Alleinsein kannst du frei und offen sein, viel klarer sehen. Freiheit lässt das Neue zu. Unfreiheit bewegt sich im Bekannten ...

In Freiheit geschieht das Lebendige ohne Vorurteile, also unvoreingenommen. Der Grauschleier der Konventionen zieht sich zurück. Das erzeugt allerdings auch Angst. Du stehst in Freiheit für dich selbst und bist nicht mehr getragen von der Mehrheitsmeinung eines Teams. Bekannte Denkstrukturen werden plötzlich fragwürdig und zerbröckeln ...

Es ist das alte Denken, das in sich zusammenbricht, aber du bist nicht mehr geborgen im Team. Wenn das alte Denken zusammenbricht und Angst aufkommt, will man wieder zurückflüchten in die Geborgenheit und in die traditionelle Gedankenwelt der Gemeinschaften. Für diese Bindungen ist man bereit, die Freiheit kurz geschmeckt zu haben, aber schnell wieder aufzugeben und zurückzuflüchten. Es ist ja beruhigend, nicht allein zu sein, denn dann umschließt dich wieder das Alte und Bekannte wie ein schützender Kokon. Diese Beruhigung versuchst du dann festzuhalten. Das Leben fließt aber weiter, wie es auch die technische Entwicklung tut. Festhalten bleibt immer nur ein Versuch...

Wer einmal die Freiheit intensiv erlebt hat – und das wünsche ich jedem Menschen, ob in der Kindheit, der Jugend, ob als Student oder als junger Unternehmer –, der hat vor allem auch eines erfahren: Freiheit macht sehend. Für einen kurzen oder auch langen Zeitraum reißen die Verschleierungswolken auf. Freiheit lässt klar sehen – und in solchen Momenten sind wir naturally high. Dieses Erlebnis kennen fast alle. Vor allem in der Kindheit haben wir es oft, da wir hier präsent leben. Danach haben wir es in der Pubertät. Dann kehrt es mitunter im Erwachsenenalter wieder, und zwar in Krisenzeiten, in Stunden des Alleinseins...

Das Leben kehrt immer wieder zu uns zurück und klopft an! Dann bist du allein, fühlst dich dir selbst verbunden. Es entsteht eine Klarheit des Denkens und Fühlens – Merkmale, die sich dann miteinander verbinden. Daraus entsteht eine große Energie. Ich kann es schaffen, die Vorurteile und konventionellen Bindungen zu überwinden, kann meine Konditionierungen auflösen. Ich sehe klarer und bin liebesfähiger...

Liebe, verliebt zu sein fördert diese Energie und Kraft. Zu lieben ist ein Aufbruch, eine Revolution der Lebensenergie. Aber leider sind auch die Kräfte, die dagegenwirken, so stark, dass oft danach wieder alles in sich zusammenbricht. Die Liebe verschwindet, und nur noch die Verteidigung der Konventionen spielt dann eine Rolle, dann, wenn das Alleinsein wieder schrecklich schwierig erscheint...

Das Alleinsein, die Kraft, zu sich selbst zu stehen, allein zu leben und sich selbst zu akzeptieren – das ist der Weg, klarer und schärfer zu sehen. Dann könnte Freiheit sich voll und ganz entfalten – könnte, ja könnte. Warum das oft nicht realisiert wird, das ist der Sieg der Gesellschaft und der Teams. Wir fallen in ein Vakuum! Wir fühlen uns verlassen und verloren, wenn wir allein sind. Wir wollen uns der Angst nicht stellen, sondern flüchten vor ihr. Die Angst anzunehmen, sie zuzulassen, das aber wäre unsere größte Chance, weiter zur Freiheit vorzustoßen.

In Unfreiheit brauchen wir Drogen wie Alkohol, Kokain, Viagra, Psychopharmaka, das ganze Chemiegebräu gegen Depressionen, Angst und Schlaflosigkeit. Freiheit dagegen macht uns sehend. Wir lieben sensitiv die Natur, die uns umgibt, und werden von dieser Energie wiedergeliebt. Andere Menschen sind doch nur ein Teil unserer Umgebung.«

Gefahren von außen

Jetzt war es draußen dunkel geworden. Im Restaurant waren fast alle Tische besetzt. Mein Schulfreund bestellte sich noch ein Weizenbier und ein Glas Wein für mich.

Die Kerze bestrahlte seine Hände und sein Gesicht. Er sah nun jünger und entspannter aus als zu Beginn unseres Treffens.

»Ich knüpfe an deine Worte und Sätze an«, sagte er. »Sie sagen eine ganze Menge aus. Du wolltest mir zum Beispiel sagen, dass der Freie in einer Art Exil in der traditionellen Gesellschaft lebt, also in einer Art Emigrantendasein. Kann man denn so leben? Wir sind keine politischen Emigranten, wie es sie vor 60 Jahren gegeben hat, denn wir brauchen nicht vor der Gestapo einer Diktatur zu fliehen, denn wir werden heute nicht von einer Staatspolizei mit willkürlicher Verhaftung und Folter bedroht.«

»Völlig richtig. Es gibt im Moment glücklicherweise keine Bedrohungen dieser Art. Alles ist heute aber viel subtiler. Der britische Schriftsteller Frederick Forsyth sagte kürzlich in einem ›Spiegel‹-Interview [›Der Spiegel‹, 28/98, S. 18], dass die Regierungen in England und Deutschland Regierungen der Staatsdiener seien. Sie würden aber bald abgelöst durch eine Regierung der ›Staatsmeister‹. Bürokraten in Brüssel, Richter in Luxemburg, Bankiers in Frankfurt würden uns dann regieren ...

Und der amerikanische Schriftsteller Gore Vidal sagte in einem ›Focus‹-Interview [›Focus‹, 34/98, S. 234], dass der US-Präsident ein Schauspieler sei, der ›Vorsitzende eines Aufsichtsrates‹, denn die ›wahre Macht üben die Vorstände der Großkonzerne‹ aus ...

Darüber sollten wir nachdenken, denn Forsyth und Vidal sind als freie Autoren auch freie Betrachter, und Freiheit macht sehend, wie ich sagte. Sehend zu sein bedeutet nicht, selbst Macht zu haben. Beide Autoren konnten ihre Meinung in den Magazinen ›Spiegel‹ und ›Focus‹ frei äußern. Das ist heute sicher ein sehr großer Vorteil im Vergleich zur radikalen Pressezensur im Deutschland der dreißiger Jahre …

Mit ihrer freien Meinungsäußerung befinden sich die beiden Autoren aber im geistigen Exil. Ihre Statements werden nicht gerade großartig wahrgenommen in dem riesigen Mediendschungel, denn Bilder, Sensationsreportagen über Unfälle, Überfälle und Terroranschläge, Boy Groups, die sich trennen und wieder zusammenfinden, erhalten breiten Raum. Ihre Aussagen aber, die ich für sehr bedeutend halte, gehen in der Bilderflut und in den aufgebauschten verbalen Nebensächlichkeiten unter. Weder die eine noch die andere Stimme wird also kaum gehört …

So haben wir zwar Pressefreiheit und kaum Zensur, weil es keiner Zensur mehr bedarf, weil eh vom oberflächlichen Schaum alles übertüncht wird. Ein Starlet, das mit einem prominenten Schauspieler oder Popmusiker flirtet, erhält oft zehnfach mehr Papierraum oder Sendesekunden im TV als Statements von jener Qualität, wie sie Forsyth und Vidal abgegeben haben. Wir brüsten uns mit einer Pressefreiheit, die eigentlich keine ist. Banalitäten haben die Macht übernommen. Ein Samenfleck auf dem Kleid von Monica Lewinsky, der mittlerweile bekanntesten Praktikantin, die je das Weiße Haus betreten hat, wird mit großen Schlagzeilen auf einer halben Seite präsentiert. Aber die bedeutenden Sätze von Forsyth und Vidal gehen dagegen völlig unter, denn in den kurzen Interviews werden diese Sätze oft schnell überlesen und so in ihrer Bedeutung von vielen Lesern gar nicht registriert...

Deshalb leben Forsyth und Vidal, obwohl jeder von ihnen in seinem Heimatland auch sein Zuhause hat, in einem geistigen und politischen Exil. Die Mehrheit der Bevölkerung, die davon zwar in den respektablen Medien ›Spiegel‹ und ›Focus‹ etwas lesen konnte, geht daran vorbei. Es würde womöglich erst dann etwas angestoßen, wenn der Aufmacher auf der ersten Seite der ›Bild‹ lautete: ›Wir werden bald von Staatsmeistern regiert‹ oder hieße: ›Nicht die Politiker, die Großkonzerne haben die Macht‹. Solche Schlagzeilen könnten die Bevölkerung vielleicht wach machen, aber das will ja keiner. Wer das Exil der Freiheit wählt, lebt in Emigration im eigenen Land. Das darf uns beide aber nicht verunsichern oder beirren. Willst du dir dein Leben vermiesen lassen, nur weil du etwas erkennst, aber keine Macht hast? Das Nonplusultra ist nicht Macht, sondern die persönliche Freiheit. Im Moment wird sie dir nicht geraubt – und darauf kommt es zunächst einmal an!«

»Das kann sich aber ändern!«, warf er heftig ein.

»Du hast völlig Recht, sogar schlagartig kann sich das ändern. Freiheit ist etwas ganz Besonderes, das dir selbst bewusst wird – und nur du kannst sie voll und ganz genießen. Genieße sie also. Es ist eine Chance, näher bei dir zu sein. Vielleicht wird das bald durch wirtschaftliche und politische Änderungen sehr wichtig, nicht nur für dich, sondern auch für andere. Dann brauchen wir die Freien, die klarer sehen.«

SECHSTES KAPITEL

SIEBEN IMPULSE ZU FREIHEIT UND LEICHTIGKEIT

Am Schluss dieses Buches, in dem wir uns damit befasst haben, wie wir uns täglich selbst die Freiheit rauben, weil wir uns manipulieren lassen, möchte ich ein Gedicht von Khalil Gibran vorstellen und interpretieren. Der Autor und Maler Khalil Gibran wurde 1883 im Libanon geboren und starb 1931 in New York. Weltberühmt wurde er mit dem Buch »Der Prophet«, das 1923 erschienen ist und eine Vision der Menschlichkeit aufzeigt.

Wir haben, leider, in der Kindheit und Jugend – darauf bin ich besonders im ersten und zweiten Kapitel eingegangen – zu viel Kritik, Tadel, Angst und Strafe erlebt. Diese Kritik richtete sich vor allem gegen die Eigeninteressen der Erziehenden.

Das Gedicht von Khalil Gibran (»Ausgewählte Texte«, Goldmann-Verlag, München 1986) stellt sieben Tadel an die eigene Seele ins Zentrum, die nicht als Kritik zu verstehen sind, sondern als Fragen an uns selbst. Gibran war kein Moralist, Dogmatiker oder Erzieher, sondern ein Sehender, der andere sehend machen wollte ...

Sieben Tadel

Ich tadelte meine Seele siebenmal.

Das erste Mal, als ich versuchte, mich
auf Kosten der Schwachen zu erhöhen.

Das zweite Mal, als ich vor Verkrüppelten
zu hinken vorgab.

Das dritte Mal, als ich, vor die Wahl gestellt,
das Leichte dem Schweren vorzog.

Das vierte Mal, als ich einen Fehler beging
und mich mit den Fehlern der anderen tröstete.

Das fünfte Mal, als ich, aus Furcht gefügig geworden,
behauptete, groß in der Geduld zu sein.

Das sechste Mal, als ich meine Kleider hob,
um dem Schmutz des Lebens zu entgehen.

Das siebente Mal, als ich Gott mit Hymnen pries
und meinen Gesang für Tugend hielt.

Ich werde dieses Gedicht subjektiv interpretieren. In meinen Interpretationen soll nichts Moralisierendes enthalten sein. Ich lasse mich einfach nur von jedem Tadel inspirieren, und Sie können selbst entscheiden, was Sie davon halten, können auch versuchen, eigene Antworten auf die jeweiligen Fragen zu geben. Alleine im Erkennen dieser Fragen liegt schon ein wichtiges Energiepotenzial für unser Bewusstsein.

KANN ICH MICH AUF KOSTEN SCHWACHER ERHÖHEN?

Es ist so leicht, sich auf Kosten der Schwäche anderer zu erhöhen. Man sagt dieses Verhalten Lehrern, Psychotherapeuten, Theologen, Politikern und beruflich Erfolgreichen nach. Die Schwäche der anderen wird meine eigene Stärke: Wissen ist Stärke im Vergleich zu denjenigen, die nicht wissen. Geld und Besitz sind Stärke im Vergleich zu denjenigen, die nichts besitzen, gar Schulden haben. Informationen zu besitzen, die andere nicht haben, ist Stärke. Schönheit und Fitness zu haben ist eine Stärke, die ich ausspielen kann. Alles, so scheint es, ist ein Machtspiel, um sich auf Kosten der Nichthabenden und der Schwächeren zu erhöhen. Stärke erzeugt Arroganz, und die wird gnadenlos ausgespielt. Und sie ist eine Macht, die genossen werden kann. Der Stärkere triumphiert über den Schwächeren. Er neigt dazu, die Angst des Schwächeren zu genießen und seine erlebte Stärke zu benutzen, um die Schwächeren zu manipulieren. Erkennst du das Begehren des anderen, dann hast du ihn in der Hand, ist er Wachs in deiner Hand, und du kannst ihn dahin kriegen, wohin du ihn haben willst. Deshalb erscheint uns Schwäche als so fatal, und deshalb will keiner Schwäche zeigen, weil jede Schwäche von den Stärkeren leicht zu durchschauen ist.

Liebe ist noch die allerschönste »Schwäche«, obwohl sie ja keine Schwäche ist. Das versuchte ich bewusst zu machen. Auf Liebe darf man stolz sein – nur: Das haben wir nicht erkannt. Zu lieben ist das Schönste und

Stärkste, wenn sie von Sexualität, die Begehren ist, unabhängig ist, aber sie ist es meist nicht. Deshalb ist der Liebende über die Sexualität manipulierbar und erpressbar. Und deshalb ist Freiheit so wichtig. Nur der Freie, der sein Außenseiterdasein in dieser Welt wirklich erkannt und akzeptiert hat, kann auch Abschied nehmen und loslassen. Da wir aber gelernt haben, festzuhalten und zu fixieren, fühlen wir uns als die Schwächeren, wenn wir verlassen werden. Deshalb kann sich der Nichtliebende auf Kosten dieser Schwäche erhöhen.

Leider ist es so, dass Schwäche keine anerkannte übergeordnete Qualität zu haben scheint. Es gibt aber die gute Schwäche des Liebenden sowie die schlechte Schwäche des Betrügers, der Schuld auf sich geladen hat. Das sollte auseinander gehalten werden. Aber es geht im Alltag nicht um solche Differenzierungen, sondern einfach nur um die Thematik Stärke oder Schwäche. Und der jeweils Schwächere ordnet sich unter – leider viel zu schnell. Oft ist auch geistige Verwirrung die Ursache des Schwächegefühls. Der Betreffende weiß dann nicht mehr, was richtig und falsch ist, und sucht nicht selten einen Anwalt oder einen Psychotherapeuten auf. Der Anwalt klärt die Rechtsverhältnisse, der Psychotherapeut soll die seelischen Verhältnisse entwirren.

Sich auf Kosten Schwacher zu erhöhen ist eines der größten sozialen Probleme unserer Gesellschaft. Denn sich auf Kosten der Schwächeren, der Verlierer der Gesellschaft, zu erhöhen führt ja (vordergründig) zu Gewinn, den die Ehrgeizigen, die Ruhmsüchtigen haben, denn gerade dadurch, dass andere verlieren, wird ihre Stärke um so deutlicher und auch größer in den Augen der anderen.

Also sollte man frei davon sein, sich auf Kosten Schwacher zu erhöhen. Da derjenige aber, der sich auf Kosten Schwacher erhöhen möchte, nicht frei ist von diesem Konkurrenzdenken, kann sich nichts ändern. Die Starken wollen sich nach wie vor auf Kosten der Schwachen erhöhen, denn durch die Schwäche der anderen wird Stärke erst sichtbar. Nur dadurch, dass die Looser in Mietskasernen wohnen, wird die Villa im Park erst sichtbar als Erfolgssignal. Also scheint die Erhöhung auf Kosten der Schwachen ja genau das zu sein, worum es in der Leistungsgesellschaft eigentlich geht.

Sich nicht auf Kosten der Schwachen zu erhöhen ist schwer – und gerade deshalb eine Stärke. Schwäche braucht Hilfe und Unterstützung. Frei zu sein von Selbstlob und für andere, die schwächer sind, etwas zu tun – das ist wahre Stärke. Wenn wir das erkennen, dann sehen wir die Mitmenschen und uns selbst plötzlich in einem ganz anderen Licht.

SOLL ICH KÖRPERLICH BEHINDERTEN ETWAS VORMACHEN?

Diese zweite Frage, die wir jetzt untersuchen werden, scheint zunächst einmal in Widerspruch zur ersten zu stehen, ist aber dennoch in engem Zusammenhang mit ihr zu sehen. Wenn ich mich auf Kosten Schwacher erhöhe, dann werde ich doch nicht vor Verkrüppelten vorgeben zu hinken. Oder vielleicht doch?

Es ist, so habe ich festgestellt, allgemein üblich, dass sich die Starken auf Kosten der Schwachen erhöhen. Da ist die Thematik Statussymbole: Die eigene Stärke wird direkt oder auch indirekt sichtbar gemacht, denn der Schwache soll Respekt vor der Stärke haben, ja, er soll davon eingeschüchtert werden. Das ist Alltag in den meisten Firmen und Verwaltungen sowie in vielen Organisationen. Die christlichen Kirchen machen da keine Ausnahme, wie beispielsweise der Prunk zeigt, mit dem sich die katholische Kirche umgibt. Durch die vergangenen Jahrhunderte haben die Kirchenoberen ihre besondere Position optisch deutlich gemacht und die Gläubigen damit meist auch entsprechend fasziniert.

Soll man, wenn man erkannt hat, dass das falsch ist, nun in das andere Extrem verfallen und vor Verkrüppelten vorgeben, selbst zu hinken, um sie zu schonen? Sollen wir uns kleiner machen, als wir wirklich sind? Sollen wir die eigene Gesundheit und unsere Vitalität vor Kranken verbergen? Sollen Wissende vor Unwissenden Nichtwissen heucheln, damit Letztere nicht beunruhigt werden? Soll man sich also an ein vorgefundenes Niveau anpassen, um das eigene Niveau zu verleugnen? Das geschieht täglich, wenn andere Kummer und Probleme haben. Wir hören uns den Kummer an und antworten: »Ich verstehe deinen Kummer; auch ich habe meine Probleme. Jeder trägt sein Päckchen mit sich herum. Zur Zeit bist du unglücklich, doch ich bin auch nicht glücklich. Du wurdest ungerecht behandelt. Da ergeht es dir wie mir, denn ich werde hier und dort auch schlecht behandelt.« So wird auf simple, aber wirkungsvolle Art und Weise ein Kummer, ein Leid, eine Schwäche des anderen heruntergespielt. Gerade jetzt wäre es notwendig, die eigene Vitalität, die eigenen Lebenserfahrungen ins Spiel zu bringen, nicht, um uns auf Kosten Schwächerer selbst zu erhöhen, sondern von der eigenen Stärke, Kraft und Energie abzugeben: Wenn andere hinken, sollte man, symbolisch gesprochen, nicht auch hinken, sondern Energie abgeben und übertragen.

Wenn es jemandem schlecht geht (das Wort »verkrüppelt« ist ja nur eine Metapher) – wenn jemand also seelisch leidet, dann ist er angeschlagen und hinkt (im übertragenen Sinne). Sollten wir selbst keine Probleme haben, dann kann zum Beispiel der körperlich Kranke den seelisch Kranken annehmen und umgekehrt. Jeder sollte jedem seine Stärke geben und nicht seine eigene Schwäche in den Vordergrund stellen. Das bedeutet nicht, sich über den anderen zu erhöhen. Leider können wir, jeder für sich, jenes Erhöhen nicht selten bei uns selbst beobachten. Helfen wir, um uns selbst dadurch zu erhöhen, oder helfen wir nicht, weil wir uns kleiner machen, als wir wirklich sind? Diese Selbsterkenntnis ist von großer Bedeutung für unsere Reifung als Persönlichkeit.

Es ist so einfach, sich auf Kosten Schwacher stark zu fühlen. Und es ist einfach, den Schwächen anderer auszuweichen, indem wir eigene Schwächen und auch Angst vorschieben. So leben wir in der sozialen Gemeinschaft leider aneinander vorbei und haben unsere Rechtfertigungsgründe: Einmal sind wir stolz auf unsere Stärken und weiden uns am Neid unserer Nächsten, ein andermal sind wir klein und schwach, wenn wir noch Schwächeren begegnen, indem wir vor Verkrüppelten vorgeben, selbst auch zu hinken, uns also bewusst kleiner machen, als wir wirklich sind. Das ist ein raffiniertes Spiel auf der sozialen Bühne. Deshalb ist es so wichtig, die Sinne zu schärfen, um das Spiel zu durchschauen, unser eigenes Spiel und das der Mitmenschen. Wir sind nicht nur Player, wir sind auch Opfer der allgemein üblichen Spielstrategien.

In diesem Kräftespiel, das so verwirrend erscheint, muss eine Wahrheit verborgen sein. Daran appelliert Gibran mit seinem Tadel an die eigene Seele. Das Wort »Tadel« ist mir genauso suspekt wie das Wort »Tugend«, denn beide Wörter sind schon zu oft missbraucht worden, weshalb man sie kaum noch verwenden kann. Es ist schwer, nach Wörtern zu ringen, die noch unbelastet sind und in die Seele eindringen können.

Wir sollten die Frage mit der Reinheit des Herzens verstehen. Das falsche oder richtige Wort – dafür ist zwar das Gehirn zuständig, aber es ist unfrei. Das Herz ist als Sitz des Gefühls und der Seele leider schon lange Zeit disqualifiziert. Wie kann man also zur Wahrheit durchdringen? Die Rationalität des Denkens ist die eine Dimension, das Fühlen des Herzens die andere. Wir müssen unterscheiden zwischen der Rationalität des Denkens (dem Geist) und der Emotionalität des Herzens (der Seele). Das Ringen um Wörter macht es so schwer, damit das bewusst gemacht werden kann. Es gibt ein Bewusstwerden, das im Kontakt zwischen Geist und Seele geschieht. Dafür aber gibt es kein Wort. Wir sind mittlerweile so weit entfernt von der Lebendigkeit des Fühlens und Erkennens, dass wir das nicht anerkennen wollen, wofür es kein Wort und keinen Begriff gibt. Wenn es den Fachautoren so schwer fällt, die richtigen Wörter zu finden, wie sollen das dann beispielsweise die Protagonisten der TV-Branche bewerkstelligen, die doch angeblich für das Formulieren zuständig sind?

Wir sind vielleicht sprachlos, aber nicht gefühllos. So können wir uns zwar artikulieren, so weit die Worte tragen, und dennoch währt noch das Fühlen, bevor sie enden. Aber Emotionen ohne Benennung durch Worte scheinen in unserer Welt nicht zu existieren. Das ist falsch, aber dieses Falsche wird uns nicht bewusst, weil ihm die Worte fehlen. Bilder hingegen sprechen für sich selbst. Sie sind stark und treffen Emotionen. Soll ich vor Verkrüppelten vorgeben zu hinken? Dieses Bild ist sehr stark und lässt uns das Richtige auch ohne Worte fühlen.

SOLL ICH, VOR DIE WAHL GESTELLT, DAS LEICHTE DEM SCHWEREN VORZIEHEN?

Es ist eine Binsenweisheit, dass wir dazu neigen, den Weg des geringsten Widerstands zu suchen. Sicherlich ist es oft sinnvoll, wenn man sich anstehende Arbeit erleichtert, indem man etwa einen schweren Gegenstand auf Rollen befördert und nicht unbedingt trägt.

Khalil Gibran hebt die Frage aber auf eine andere Niveauebene. Er meint die Entwicklung und die Entfaltung unserer Persönlichkeit. Wenn wir Angst verdrängen und verleugnen und uns nicht mit deren Ursachen auseinander setzen, dann machen wir es uns zu leicht. Wenn wir uns anpassen und unsere eigene Individualität verleugnen, machen wir es uns ebenfalls zu leicht. Wenn in der Partnerbeziehung die Liebe vergangen ist und wir das nicht wahrhaben wollen und Liebe heucheln, um Konflikten auszuweichen, dann ziehen wir das im Moment Leichtere dem Schwereren vor. Wenn wir Angst um unseren Job haben und Kollegen mit Intrige und Rufschädigung mobben, dann erscheint das leichter, als die Problematik auszuhalten und nach konstruktiven Wegen zu suchen. Das Destruktive erscheint uns oft leichter als das Konstruktive. Außerdem scheint es leichter, an etwas festzuhalten, als es loszulassen.

In unserer Persönlichkeitsentwicklung sind wir täglich herausgefordert, zwischen dem Leichten und dem Schweren zu wählen. Ein oberflächliches Leben erscheint leichter als ein ernsthaftes Erleben. Spaß zu haben erscheint uns leichter als nachzudenken und tiefer zu forschen. Es scheint demnach viel leichter zu sein, die Wirklichkeit nicht so genau zu untersuchen, nicht weiter nachzufragen, sondern einfach nach traditionellen Mustern zu reagieren. Wir wollen deshalb einfache Rezepte haben, die wir schnell befolgen können, und patente Antworten auf unsere Fragen.

Auf die existenziell wichtigen Fragen gibt es aber keine leichten Antworten, die uns ein anderer geben könnte. Wir müssen auf diese Fragen eine Antwort mit Leidenschaft suchen, um sie selbst zu finden. In den für das Lebensglück entscheidenden Fragen gibt es viele leichte und oberflächliche Antworten. Wenn man erst einmal selbst geforscht und erkannt hat, ist die Lösung durchaus einfach. Da die meisten davor fliehen, sich den wirklich wichtigen Herausforderungen zu stellen, erscheinen sie ihnen zu kompliziert und zu verwirrend. Die wichtigen Fragen des Lebens drehen sich um Angst und Sicherheit, Liebe und Sexualität, Eifersucht und Neid, Wahrhaftigkeit und Selbsterkenntnis, um Menschenkenntnis, um Festhalten und Loslassen, um Lüge, Wahrheit und Freiheit.

Mit diesen elementaren Grundlagen des Lebens wird jeder konfrontiert. Es sind die großen Herausforderungen, bei denen wir das Leichte nicht dem Schweren vorziehen sollten. Die meisten tun das trotzdem; sie machen die Probleme und die Konflikte des Lebens dann schwerer als nötig. Und so kann niemand die schwierige Situation eines anderen entschärfen, also dessen Leben erleichtern, indem er ihm einen schnellen Rat gibt. Es ist zu leicht (und deshalb zu gefährlich), einen Rat zu bekommen und ihn blindlings zu befolgen, denn bei diesen Grundproblemen unseres Menschseins müssen wir für uns selbst herausfinden, was richtig oder falsch, gut oder schlecht ist.

Ein oberflächliches Leben schützt nicht vor Leid. Es sich leicht machen zu wollen, vertreibt nicht das Schwere.

Das Schwere kommt zurück, auf einer anderen Ebene; es lässt sich weder vertreiben noch vermeiden. Je früher man deshalb im Leben, vor eine Wahl in der Persönlichkeitsentwicklung gestellt, das Schwere angenommen hat und dem Leichten nicht den Vorzug gab, desto einfacher wird dann das Leben bei Konflikten verlaufen.

Der kurzfristige Erfolg des leicht erscheinenden Auswegs der Verdrängung und Verleugnung summiert sich von Jahr zu Jahr und wird zu etwas Schwererem, als es einmal war. Je länger wir Wahrheit und Wirklichkeit aufschieben, desto schmerzhafter wird es später, eine Lösung zu realisieren. Bei vielen Menschen, die verleugnen und verdrängen, nehmen die Schutzmechanismen so zu, dass sie aufgrund psychosomatischer Symptome und innerer Blockaden verhärten. Was einmal schwer erschien, das man leicht umgehen wollte, wird immer noch schwerer – und dann lässt es sich scheinbar überhaupt nicht mehr lösen: Der Schmerz der Problemlösung erscheint zu groß, so dass man glaubt, ihn nicht ertragen zu können.

Deshalb muß das Leid im Leben oft so immens werden, dass man den Schmerz überwinden und sich daraufhin stellen kann, um sich doch noch retten zu können. Somit sind Leid, Angst, Depression, sind psychosomatische Krankheiten, sind Einsamkeit und Verlassenwerden Impulse, die uns oft zwingen, mit dem Schweren wieder in Kontakt zu treten. Lebenskrisen sind deshalb eine Chance. Jetzt sind wir vielleicht bereit, uns dem Schweren zu stellen und das Leichte nicht mehr vorzuziehen. Deshalb empfehle ich: Wir sollten, vor die Wahl gestellt, rechtzeitig dem Schweren den Vorzug geben und nicht dem scheinbar Leichten, das heißt, uns mit Angst, Liebe und Freiheit befassen.

WENN ICH EINEN FEHLER BEGEHE, KANN ICH MICH DANN MIT DEN FEHLERN ANDERER TRÖSTEN?

Diese Frage wird von den meisten Menschen – wenn sie denn ehrlich sind – so beantwortet: »Ja, wenn ich einen Fehler begehe, dann tröste ich mich damit, dass viele den gleichen Fehler begangen haben und auch in Zukunft wieder begehen werden.« In der Schule wird diese Ausrede regelrecht anerzogen. Der Lehrer sagt vielleicht tröstend: »Wir machen alle Fehler, die anderen auch. Wir können aus unseren Fehlern lernen.« Er hat da durchaus Recht. Aus Fehlern lernen wir – Trial and Error, Versuch und Irrtum –, um richtige Lösungen zu finden, vorausgesetzt, wir erkennen die Fehler. Auf die Lernstoffe von Schule und Universität bezogen, ist das akzeptabel. Wenn wir in einer Unterrichtsstunde Fehler machen, können wir uns mit den Fehlern trösten, welche Mitschüler und Kommilitonen auch machen, denn wir alle sind ja Lernende, haben uns zum Beispiel mit den Gesetzmäßigkeiten der Sprache, der Mathematik, der Chemie und der Physik auseinander zu setzen.

Aber gilt dieser Trost auch für die privaten Lebensprobleme, wenn wir erwachsen werden? Kann es mich trösten, wenn meine Partnerschaft scheitert, dass Millionen anderer Partnerschaften auch scheitern? Wenn 50 Prozent aller Ehen geschieden werden und meine Ehe auch, ist dann alles halb so schlimm? Ich weiß, wir neigen dazu, uns auf solche Weise zu beruhigen. Deshalb stelle ich oft die provozierende Frage: »50 Prozent aller Ehen werden geschieden; trotzdem wird weiter geheiratet. Wenn 50 Prozent aller Flugzeuge abstürzen würden, würden Sie dann ein Flugzeug besteigen, um nach Mallorca zu fliegen?« Es ist interessant, dann in die verdutzten Gesichter zu schauen. Und wie aus der Pistole geschossen, kommt dann die Antwort: »Ja, aber…«

Ich lasse jetzt kein: »Ja, aber…« gelten, denn wenn ich den Fehler begehe, das Flugzeug trotzdem zu besteigen, dann kann ich mich nicht, wenn das Flugzeug abstürzt, mit dem Fehler der anderen trösten, denn dann bin ich nicht mehr. Wenn ich heirate und meine Partnerschaft scheitert, das also, was einmal als Liebe begonnen hat, keine Liebe mehr ist, ich fremdgehe, mein Partner fremdgeht, ich voller Zorn aus Eifersucht reagiere, mein Partner ebenso, ich mich in Arbeit, in ein Hobby, in Drogen flüchte, sich der Partner eine eigene Welt sucht, zu der ich keinen Bezug erhalte, uns nur noch die Wohnung, das Haus und die Kinder zusammenhalten, wir alle unglücklich sind, der Mann, die Frau und die Kinder… wenn das alles so ist: Kann ich mich dann ernsthaft mit den Fehlern anderer trösten, kann ich dann etwa sagen, die Ehe der Meyers ist genauso unglücklich? Kann das eine Entschuldigung sein? Eine Ausrede sicherlich.

Es ist doch sehr billig, sich auf diese Weise zu trösten. Solch ein Trost ist der leichte Weg. Es ist viel schwerer – und nur so kann es hilfreich sein –, wenn ich jetzt, vor die Wahl gestellt, nicht mehr das Leichte dem Schweren vorziehe, sondern das Schwere annehme und zum Beispiel der Liebe auf den Grund gehe.

Ich behaupte, es gibt beim ernsten Forschen gar keine Wahl zwischen dem Schweren und Leichten, denn es gibt nur das eine. Wer die Wirklichkeit des Lebens ernsthaft versteht, hat gar keine Wahl. Ich mache Fehler und lerne sofort daraus. Meine Fehler sind die Fehler, welche mich persönlich betreffen. Die anderen machen ihre Fehler und lernen vielleicht auch daraus. Die Fehler der anderen stellen jedoch nur einen oberflächlichen Trost dar.

Sicherlich, Millionen von Menschen leben angepasst; sie verdrängen ihre Ängste, sind in ihrer Vitalität beschnitten, begrenzt, streben nach Besitz und halten daran fest, haben angeblich aus Liebe geheiratet, aber die Liebe verloren. Soll ich mich mit ihnen vergleichen und mich mit ihrem Schicksal trösten? Überall – schauen Sie sich um – werden solche Vergleiche gemacht, die zum Trost führen sollen. »Glücklicherweise«, denken jetzt so manche Politiker, denn wenn es nicht so wäre und die Menschen aufwachen, aufstehen und sich wehren würden, dann wäre eine Energie entfaltet, die nicht mehr mit den üblichen Mitteln in den Griff zu bekommen wäre. Die meisten Menschen sind tatsächlich so entmutigt, dass sie bereit sind, sich mit den Fehlern anderer zu trösten. Und die anderen trösten sich ebenfalls mit dem Satz: »Denen geht es doch genauso!«

Dahinter schlummert ein ungeheures Aggressionspotenzial, das sich nach innen richtet, weshalb viele Menschen psychosomatisch krank werden. Darum sind auch die Gesundheitskosten in den vergangenen Jahrzehnten so explodiert. Die Mächtigen sind aber gerne bereit, diese Kosten zu subventionieren, damit die Bevölkerung weiter ruhig bleibt. So scheint alles, oberflächlich gesehen, in Ordnung zu sein. Aber wie lange noch? Warum dauert es vielleicht noch lange? Warum kann nicht schnell geschehen, was geschehen sollte, um Probleme, Leid und Konflikte zu verhindern? Es ist keine Institution daran interessiert, weder Parteien noch Unternehmertum, noch die Kirche, dass sich schnell etwas ändert. Wer sich mit den Fehlern anderer tröstet und sich damit selbst Sand in die Augen streut, bleibt ruhig, vorhersehbar und manipulierbar. Wer dagegen nicht mehr bereit ist, sich mit den Fehlern anderer zu beruhigen, beginnt nachzudenken, zu forschen und zu erwachen. Er geht den Fehlern auf den Grund – und er erkennt, dass er sein Leben ändern muß, um nicht immer wieder die gleichen Fehler zu produzieren.

WENN ICH AUS FURCHT GEFÜGIG WERDE, KANN ICH DANN BEHAUPTEN, GROSS IN GEDULD ZU SEIN?

Im zweiten Kapitel wurde das Thema Angst ausführlich angesprochen. Wir stellten fest, dass Angst etwas völlig Normales und absolut Natürliches ist. Deshalb verschwindet sie nie ganz aus unserem Leben, denn sie gehört dazu wie das körperliche Schmerzgefühl, das sich augenblicklich einstellt, wenn man beispielsweise mit dem Fuß in eine Glasscherbe tritt. Körperlicher Schmerz wie auch seelische Angst schützen uns, denn beide machen uns völlig zu Recht vorsichtig.

Ich möchte nun nicht in eine langweilige Begriffsdefinition zwischen Angst und Furcht einsteigen. Doch so viel sei gesagt: Ein kleiner Unterschied besteht darin, dass wir von Angst sprechen, sobald etwas Aktuelles für uns zur Bedrohung wird. Wenn wir Angst bereits erlebt haben, zum Beispiel dann, als wir des Nachts von einem Fremden verfolgt worden sind und daraufhin den Schritt beschleunigt haben, um schnell zu unserer Haustür zu gelangen, dann kann aus erlebter aktueller Angst Furcht werden. Der Begriff Furcht hat mit Befürchtung und befürchten zu tun. Wohl bei den meisten kommt Angst vor einer Kündigung auf, sobald sie zum Personalchef gerufen werden. Wenn wir das aufgrund der Entlassungen, die in der Vergangenheit stattgefunden haben, befürchten, empfinden wir Furcht vor dem Personalbüro. Das ist keine neurotische Reaktion, sondern völlig verständlich.

Aus Angst entsteht Furcht. In der Furcht ist die Angst enthalten. Bei aktueller Angst reagiere ich defensiv, hingegen werde ich aggressiv, falls ich eine Chance sehe, mich wehren zu können. Wenn aber bereits Furcht besteht, dann habe ich bereits angespannten Respekt vor dem, was mir aktuell seelisch Angst macht. Die Angst ist gerechtfertigt, und ich bin gleichzeitig furchtsam, dass das, was mich ängstigt, real geschehen könnte. So kommt jetzt auch der Begriff Ehrfurcht ins Spiel. Macht anderer beispielsweise erzeugt Furcht und gleichzeitig Ehrfurcht, das heißt, dass ich mich ehrerbietig unterwerfe und anpasse. Wenn ich aus aktueller Angst heraus flexibel reagiere und gefügig bin, dann ist Klugheit, Disziplin und Diplomatie im Spiel, wenn ich aber aus Furcht heraus gefügig bin, wird daraus eine Haltung, nämlich Anpassung und Unterordnung bis zur Unterwürfigkeit.

Wenn ich aus dieser Furcht heraus, die mit Ehrfurcht und Gefügigkeit Hand in Hand geht, mich selbst dabei mehr und mehr zurücknehme, vor Macht und Autorität defensiv zurückweiche, natürlich – das ist legitim – um mich zu schützen, kann ich dann behaupten, groß in Geduld zu sein?

In dieser Geduld ist ein Abwehrmechanismus enthalten, indem ich etwas herunterspiele und rationalisierend mich zu rechtfertigen versuche nach dem Motto: Ich passe mich an, ich rebelliere nicht, ich halte alle Wut im Zaum, ich zeige Geduld. So wird die Anpassung positiv aufgewertet. Mitunter ist Gelassenheit sehr wichtig, ja lebensrettend, ist also tatsächlich positiv zu werten. Angst und Furcht machen uns vorsichtig, konzentriert und hellwach. So soll es sein.

Gibran verwendet in seiner Frage das Wort »gefügig«. Wenn ich aus Furcht gefügig wurde, dann hat mich die Macht durch Furchterzeugung korrumpiert. Gefügig zu sein bedeutet eben mehr als nur diplomatisch vorzugehen. Anpassung an Verhältnisse beispielsweise ist Gefügigkeit. Dann stehe ich auch gefügig zur Verfügung, wenn ich gerufen werde, dann ringt die Furcht jeden Protest nieder, dann ziehe ich mich auf die

Zwangslage eines Befehls, einer Anordnung zurück, dann wird die Behauptung: »Ich war gefügig, weil ich groß in Geduld bin« zur Ausrede. Der positive Wert Geduld kann nicht mehr in Verbindung mit Furcht und Gefügigkeit voll anerkannt werden, denn der positive Wert Geduld wird in diesem Fall nur vorgeschoben, um jene Gefügigkeit zu kaschieren, die als Schwäche sichtbar wird. In diesem Zusammenhang möchte ich an die fatalen Zeiten der zwölfjährigen Nazidiktatur erinnern und auch an das Denunziantentum in der ehemaligen DDR. Hier wurde deutlich, wie Furcht gefügig machen kann, obwohl man im Nachhinein die Anpassung mit Geduld und Ohnmacht zu entschuldigen suchte.

Davon unabhängig, ist dieses Thema durchaus heute noch aktuell. Wenn etwa eine Frau in ihrer Ehe ausharrt, obwohl sie durch die Hölle der Angst gegangen ist, weil ihr Mann sie mit anderen Frauen betrügt und sie aufgrund seiner aggressiven Ausbrüche, bedingt durch seinen Alkoholismus, Furcht vor ihrem Mann entwickelt und sie sich in ihre Rolle als Partnerin sowie als Hüterin des Hauses gefügt hat, also gefügig geworden ist, dann ist ihre Anpassung und Unterordnung nur noch schwer zu verstehen. Oft kommt dann die Ausrede Liebe zur Ausrede Geduld hinzu.

Wir dürfen aber als freie Menschen – und jeder Mensch ist frei und den anderen ebenbürtig – Gefügigkeit nicht mit Geduld oder Liebe rechtfertigen. So wird Wahrheit verschleiert, und deshalb ist es so schwer, im Nachhinein aufzuklären, was wirklich geschehen ist. Zuerst war die Angst, dann kam die Furcht und danach die

Gefügigkeit. Mit der Tugend Geduld hat das nichts zu tun. So wird der Tugendbegriff zu einer Waffe, die sich gegen uns alle richtet. Geduld ist sinnvoll, wenn man zum Beispiel als Wissenschaftler Tiere in freier Wildbahn beobachtet, Geduld ist aber keine wertvolle Tugend, wenn wir damit Anpassung rechtfertigen wollen.

Wenn ich aus Furcht gefügig wurde, sollte ich nicht behaupten, geduldig zu sein, sondern sollte mich der Furcht stellen und aktiv nach Auswegen suchen, um jedweder Macht, die Furcht und Ehrfurcht erzeugt, schnellstmöglich zu entkommen. Dann geht es um Auswege und Ausbrüche aus der Gefügigkeit und nicht um ein Ausharren. Geduld wird für andere Aufgaben gebraucht. Jede Stunde, die aus Furcht gefügig verbracht wird, ist verlorene Lebenszeit.

KANN ICH DURCH ANHEBEN MEINER KLEIDER DEM SCHMUTZ DES LEBENS ENTGEHEN?

Diese Frage scheint schnell beantwortbar: Durch das Anheben meiner Kleider kann ich dem Schmutz auf der Straße entgehen, ähnlich wie ich mit einem Schirm dem Regenwasser entgehen kann. Der Schirm ist Regenschutz, das Anheben der Kleider ist ein Schutz vor dem Schmutz der Straße. Khalil Gibran spricht aber in seiner Frage nicht den Staub und den Dreck auf dem Boden an, sondern den »Schmutz des Lebens«. Was meint er mit Schmutz des Lebens?

Wir neigen dazu, das Leben zu glorifizieren. Es gilt als schön, auf dieser Welt zu sein und das Leben und die Lebensfreude zu genießen. So ist es ja von Anfang an gedacht: Die Eltern erziehen ihre Kinder, die Schule vermittelt ihnen Wissen, die Kinder werden groß, absolvieren eine Ausbildung oder ein Studium, um dann einen Arbeitsplatz zu finden, zu heiraten und selbst Kinder zu bekommen. Das ist der übliche Kreislauf. Was meint Gibran also mit dem Schmutz des Lebens? Das Leben erscheint doch als eine klare und eindeutige Sache. Wo ist denn nun Schmutz vorhanden?

Wir glauben, wenn wir selbst rechtschaffen und redlich unseren Weg gehen würden, dann wäre daran nichts Schmutziges. Also kann uns das Thema doch nicht berühren, oder? Das biologische Leben selbst ist nicht schmutzig. Lebendigkeit ist geordnet; sie unterliegt den Gesetzen von Wachstum, Reifung, Blühen, Welken und Sterben. Das kann er also nicht als Schmutz des Lebens meinen.

Meint er vielleicht den Müll, den wir in den Großstädten produzieren, die Autos, welche mit ihren Abgasen die Luft verseuchen, und die technischen Anlagen, die Gase freigeben, welche die Ozonschicht zerstören? Durch einfaches Anheben der Kleider kann man dem tatsächlich nicht beikommen. Gibran wusste aber in den Zwanzigerjahren von diesen Umweltproblemen noch nichts – also muss er etwas anderes gemeint haben.

Er meint das geistige und seelische Leben der Menschen, nicht die direkten und messbaren Auswirkungen von Technik und Chemie. Kann man diesem Schmutz entrinnen, indem man die Kleider anhebt und darüber hinweggeht? Man kann es versuchen. Die in der Gesellschaft Erfolgreichen, die viel Geld verdienen in ihren gehobenen Positionen, die Häuser und Villen kaufen, scheinen mit dem Schmutz des Lebens nichts zu tun zu haben. Sie pflegen ihre Gärten und entsorgen alles Unkraut – auch Naturpflanzen, weil es sich hier nicht um »Kulturpflanzen« handelt (so sagen es ihnen zumindest die Gärtner, die Naturpflanzen eliminiert sehen wollen, um ihre Pflanzen anbieten zu können, wobei es ihnen nicht um ein Erhalten und Pflegen geht, sondern ums Verkaufen, also darum, das Bestehende zurückzudrängen, um das Gezüchtete zu verkaufen, verkaufen, verkaufen … denn nur durch Verkaufen kann man Geld verdienen). Am Erhalten des Alten könnte man natürlich auch Geld verdienen, aber nicht genug, so dass sich das nicht rechnet. Einen Rasen zu »pflegen«, der völlig unkrautfrei ist, wobei der Gärtner den Begriff »Unkraut« definiert, daran wird mehr verdient als an einem naturbelassenen Rasen. Das ist nur ein kleines Beispiel in Bezug auf den Schmutz des Lebens.

Ein gewichtigeres Beispiel liefert da schon eine andere Thematik. So können wir in einer genormten Lebensstruktur schnell schuldig werden, wenn wir gegen sie verstoßen. Ist aber Schuld Schmutz des Lebens? Es kommt darauf an: Wer andere belügt, um sich einen Vorteil zu verschaffen, der gilt einerseits als clever, macht sich aber dennoch schuldig. Wenn einer den anderen durch Lüge zu übervorteilen versucht, dann ist das Schmutz des Lebens. Wenn ein Mann seine Frau hintergeht und sie nach einem Kongress mit einer Mitarbeiterin in seinem Hotelzimmer sexuell betrügt, ist das dann auch der Schmutz des Lebens?

Wenn wir ein Fazit ziehen, müssen wir erkennen, dass niemand durch das einfache Anheben seiner Kleider dem Leben durch eine Art Abheben entgehen kann. Ob es nun schmutzig ist oder nicht – wir können uns oft nicht distanzieren. Jeder Distanzversuch durch ein Anheben der Kleider bringt keinen Erfolg. Das Problem, der Konflikt, die Krise, die Lüge – das alles besteht weiter. Sich davon distanzieren zu wollen mag verständlich sein. Aber kann ich dadurch dem Leben, seinen Schönheiten wie seinem Schmutz, entgehen? Es gibt für niemanden ein Entrinnen, selbst wenn die Kleider symbolisch noch so hoch angehoben würden.

WENN ICH GOTT PREISE, KANN ICH DAS FÜR TUGEND HALTEN?

Mit dieser letzten Frage kommen wir zur Thematik Religion. Ich habe bisher in meinen Büchern vermieden, auf Religionen näher einzugehen, weil für mich Religionsfreiheit etwas Selbstverständliches ist. Für mich ist auch nichts dagegen einzuwenden, wenn jemand sagt, dass er keiner Religion angehört und nicht an Gott glaubt, auch nichts, dass er nicht in die Kirche geht, aber trotzdem an Gott glaubt.

Leider besitzen viele diese Toleranz nicht. Die einzelnen Religionen rivalisieren untereinander, vor allem der Islam und das Christentum. Das war in der Historie so und ist heute leider aktueller denn je (was unter anderem die Gefahr gewaltsamer Auseinandersetzungen zwischen arabischen sowie europäischen Ländern und den USA verschärft). Nicht nur deshalb ist die Frage sehr wichtig, ob Gott gepriesen werden solle und ob das eine Tugend sei. Wenn wir an den einen Gott glauben, scheint es mir recht unbedeutend zu sein, ob dieser Gott seinen Sohn Jesus vor 2000 Jahren auf die Welt geschickt oder ob er dem Propheten Mohammed die Suren des Korans diktiert hat. Hierüber sollte eine Verständigung möglich sein. Sie ist auch dringend geraten, denn der Spezies Mensch steht nun mal nur dieser eine Globus zum Leben zur Verfügung.

Alle menschlichen Rassen und Hautfarben auf dieser Welt sind gleich wertvoll, also gleichwertig. Wir sollten damit aufhören, uns durch Kultur und Geschichte, Sitten und Religionen voneinander zu trennen. Diese Trennung geschieht aus dem Denken heraus, liegt nicht in der Sache der Natur. Wenn ich den Gott meiner Religion preise, wenn ich sage: »Das ist mein christlicher Gott« oder: »Das ist mein islamischer Allah«, dann stellt das eine Tugend innerhalb der jeweiligen Religionsgemeinschaft dar, aber keine Tugend für die gesamte Menschheit.

Wenn es Gott gibt, was ja Atheisten bezweifeln, brauche ich ihn nicht zu preisen, vor allem nicht vor anderen, und ich brauche ihn auch nicht zu verteidigen, um ihm zur Anerkennung zu verhelfen. Wenn Gott Schöpfer der Erde, unseres Sonnensystems und des gesamten Universums ist, dann braucht er keine »Public Relations«. Die Schöpfung, die unter anderem ihren Ausdruck findet in

Bergen und Tälern, Flüssen und Meeren, Menschen und Tieren, im Mondaufgang am Abend und im Sonnenaufgang am Morgen - diese Schöpfung preist ihn! Wer schauen will, der sieht, und wer lauschen will, der hört. Deshalb sollte ich es nicht für eine Tugend halten, Gott zu preisen - nicht durch Worte, durch Kirchen und Moscheen, schon gar nicht durch Kriege.

Die Schöpfung ist für uns täglich allgegenwärtig, und wir selbst sind als Geschöpfe ein lebendiger Teil davon. Alle preisen wir Gott durch unser eigenes Dasein. Offenbar trauen die institutionellen Religionen der Sache nicht so recht. Im Christentum ist Gott die Liebe, und sein Sohn Jesu predigte die Botschaft der Liebe: die Liebe als Mitgefühl und Solidarität mit allen anderen Geschöpfen auf dieser Erde.

Ich muß wirklich nicht genauer darauf eingehen, welches Leid das Christentum jahrhundertelang mit Folter und Verbrennung, mit Psychoterror und Zensur sowie mit der Verstoßung aus der Christengemeinschaft über die Menschheit gebracht hat. Die Akten der Inquisition, die in circa 4500 Bänden einen Großteil dieser brutalen Menschenverachtung dokumentieren, sollen vom Vatikan jetzt öffentlich gemacht werden. Immerhin sind allein durch die Inquisition fünf Jahrhunderte lang etwa fünf bis zehn Millionen Menschen, so die Schätzungen, ermordet worden, wobei sie überwiegend bei lebendigem Leib verbrannt worden sind.

Das Geheimarchiv der Akten des Vatikans wurde am 22. Januar 1998 von Kardinal Ratzinger den Historikern zugänglich gemacht. Das ist eine erstaunliche und bewundernswerte Tat des Papstes Johannes Paul II., die ich mir nur so erklären kann, dass die persönlichen Erfahrungen des Karol Wojtyla mit dem kommunistischen Totalitarismus dabei eine Rolle spielen, denn Gestapo, KGB und Stasi waren, wenn man so will, Nachfahren der Inquisition. Der ehemalige Erzbischof von Krakau hat damit einen historisch bedeutsamen Schritt vollzogen, da dieses umfangreiche wie ungeheure Material sowohl Historiker wie Religionswissenschaftler als auch Psychologen wie Psychotherapeuten (und natürlich die Medien) noch bis weit ins 3. Jahrtausend hinein beschäftigen wird.

Der christliche Gott ist die Liebe. Jesus lehrte die Menschen sogar, ihre Feinde zu lieben. Die letzte Hinrichtung einer Hexe – sie wurde geköpft – geschah 1782 im Schweizer Kanton Klarus, und erst 1992 räumte die katholische Kirche offiziell ein, dass dem Naturwissenschaftler Galileo Galilei 1633 (also knapp 360 Jahre später) in seinem Prozess vor einem Inquisitionsgericht Unrecht geschehen war, weil er die Meinung vertreten hatte, die Erde drehe sich um die Sonne, und diese Meinung nicht mit dem dogmatischen Verständnis der katholischen Kirche seinerzeit in Einklang stand. Erst als er vor einem Inquisitionsgericht in Rom dieser Meinung abschwor, entkam er der Folter – und rettete so sein Leben.

Als ob das von Bedeutung in der Lehre Christi gewesen wäre! Wenn die Kirche Gott als Schöpfer verstanden hätte, dann wäre begrüßt worden, seine Schöpfung noch deutlicher zu erkennen. Die Mächtigen der Institution Kirche priesen Gott – und forderten das von allen, nicht nur von ihren Mitgliedern. Das aber war keine Tugend. Die Schöpfung zu erkennen und zu lieben, das wäre Tugend. Es geht hier nicht um »unseren Gott« oder »euren Gott«, denn es gibt nur einen Gott. Ihn zu erkennen, darum sollte es gehen. Je mehr die Wissenschaft, ob nun Biologie oder Zoologie, Medizin oder Psychologie, ob nun Astronomie oder Geologie, über die Gesetze der Natur erfährt, je mehr wir über Menschen, Pflanzen und Tiere, über Klima und Gezeiten, Meere und Flüsse, über Wälder und Gebirge wissen, desto mehr sollten wir diese Schöpfung bewundern, schätzen – und lieben.

Das Wort »Schöpfung« birgt in sich die Begriffe »schöpfen« und »Geschöpf«. Mit »schöpfen« wird das Kreative dieses Wortes umrissen. Einen Computer wie ein Telefax wird wohl niemand zur Schöpfung zählen, obwohl in diesen Geräten sehr viel technischer und physikalischer Erfindergeist enthalten ist. Jedenfalls wird kaum jemand auf die Idee kommen, darin Gott zu suchen – glücklicherweise, denn soviel Ehrfurcht vor der Natur haben wir. Schöpfung ist eben mehr als technische Kreativität.

Vielleicht beten wir ehrerbietig zu Gott, er möge uns in allem helfen wie auch in bestimmten Situationen beistehen. Aber wird er uns erhören? Die Schöpfung zu begreifen, damit wir sie respektieren und nicht ständig bekämpfen – das ist sozusagen das elfte Gebot. Ohnehin hätte jeder Kampf gegen die Schöpfung keine Chance, weil sie stärker ist. Selbst wenn wir die Schöpfung preisen, nimmt sie auf dieses Lob keine Rücksicht, sondern folgt weiter ihren eigenen Gesetzen – die wir erforschen können, über die wir uns aber nicht erheben sollten, weil wir letztlich keine Macht über sie haben. Man kann versuchen, sich gegen sie zu stemmen, aber am Ende wird diese Schöpfung, die reine Liebe ist, siegen.

Wer gegen die angesprochenen Gesetze verstößt, kann dennoch erfolgreich, ja steinreich werden und sich das schönste Haus am Pazifik bauen lassen, dabei Gott preisen mit den herrlichsten Worten, durch Künstler seiner Zeit die Musik, Tanz und Wort vereinen. Er wird vielleicht erreichen, in den Medien aller Welt erwähnt zu werden, doch letztlich wäre alle Anstrengung vergebens, würde seine Energie wie eine Sternschnuppe über dem Meer erlöschen. Gott muß nicht gepriesen werden. Es ist schon ein trauriges Phänomen, dass viele es dennoch versuchen, weil sie hoffen, für diese Tugend belohnt zu werden. Wenn Belohnung erwartet wird, ist das aber keine Tugend, sondern Berechnung.

An dieser Stelle möchte ich zum »Thomas-Evangelium« noch etwas ausführen (K.O. Schmidt: »Das Thomas-Evangelium«, Drei Eichen Verlag, 6. Auflage, Hammelburg 1996). Ägyptische Bauern fanden 1945 in einem Grab auf einem antiken Friedhof einen Krug, der alte koptische Handschriften enthielt. Es handelte sich um 14 teilweise in Leder gebundene Papyrusbände, die glücklicherweise ins Museum von Kairo gelangten und deren Entstehung Oskar Cullmann, Professor an der Pariser Sorbonne, dem 2. nachchristlichen Jahrhundert zuschrieb. Die Funde enthielten außerdem Apokalypsen des Jacobus, des Paulus und des Petrus.

Der Galiläer Thomas war einer der zwölf Jünger Jesu. Die in seinem Evangelium wiedergegebenen Worte

Christi gehen auf schriftliche und mündliche Quellen aus der Zeit nach der Kreuzigung zurück. Viele Worte Jesu im »Thomas-Evangelium« stimmen mit den bei Matthäus und Lukas aufgeführten überein, viele aber waren bisher unbekannt. Das Interessante ist, dass hier nicht von den Taten Jesu berichtet wird, sondern Worte zur Thematik Wandlung und Erneuerung des Menschen im Vordergrund stehen.

Seine Worte kommen pur und rein als Zitate zum Ausdruck, so etwa, wenn es heißt: »Jesus sprach: Wer das All erkennt und sich selbst verfehlt, verfehlt das Ganze.« Diese Aussage weist darauf hin, dass für Jesus Selbsterkenntnis noch viel wichtiger ist als die Erforschung der Natur und des Kosmos.

Jesus spricht im »Thomas-Evangelium« auch die folgenden interessanten Worte: »Werdet Vorübergehende.« Damit wird angesprochen, sich an keinen Besitz zu klammern, nichts festhalten zu wollen. Er soll auch gesagt haben: »Selig der Mensch, der gelitten hat. Er hat das Leben gefunden.« Ein Hinweis darauf, dass Erkenntnis durch Leiden gefördert wird. Der für mich wichtigste und nachdenkenswerteste Satz in diesem Evangelium lautet: »Jesus sprach: Spaltet das Holz, und ich bin da. Hebt den Stein auf – und ihr werdet mich dort finden.«

Das heißt, dass ich Gott nicht direkt preisen muss – das zu tun wäre keine Tugend. Wenn ich aber Holz spalte und einen Stein aufhebe, dann werde ich dort Jesus finden. Das bedeutet, dass Jesus überall in der Natur anwesend ist – ob ich nun einen Stein betrachte oder ob eine Pflanze blüht oder verblüht, ob nun Regentropfen an einer Blüte hängen oder Schmetterlinge auf einer Blüte ihre Flügel zusammenschlagen. Ich brauche mich jedoch nicht in der Betrachtung der Natur zu verlieren, denn sogar dort, wo ich selbst bin, in diesem Moment in mir selbst – auch dort ist er. Wie gesagt: »Wer sich selbst verfehlt, verfehlt das Ganze.«

Deshalb braucht Gott nicht mit Worten gepriesen zu werden, denn viel wichtiger ist es, ihn zu erkennen. Gott ist dann nicht mein Gott oder dein Gott, denn unter einem Stein oder in einem gespaltenen Holz kann es nicht einen »christlichen« Gott oder einen »islamischen«, einen »indonesischen« oder »afrikanischen« Gott geben, da es nur eine Schöpfung gibt – und keine Schöpfungen, die je nach Landstrich, Region oder Erdteil miteinander im Widerstreit stehen.

Über allem steht der Kosmos, und so viele Milchstraßen und Sonnensysteme es auch geben mag – sie brauchen nicht zerteilt zu werden. Erkenne, dass Gott in dir selbst vorhanden und wirksam ist – wie unter jedem Stein, wie in jedem gespaltenen Holz. So ist Gott auch in jedem Steinschlag, der weiteres Geröll mit sich führt und den Bergsteiger unter sich begräbt, in jedem Blitz, der in einen Baum fährt und den schutzsuchenden Wanderer erschlägt, in jedem Hai, der einen Taucher anfällt und ihn tötet, so wie Gott in jedem Geparden ist, der über die afrikanische Savanne jagt und mit seiner Sprungkraft einen Hasen hetzt und ihn tötet. So grausam uns das auch erscheint: In all dem ist Gott. Er ist bei der Geburt eines neuen Lebens, und er ist beim Tod eines Hasen im Abendlicht der Serengeti.

Die Schönheit des Regenbogens und der roten Strahlen der Sonne, die sich in Seen und Flüssen spiegeln, spielen keine Rolle in der menschlichen Wertung; auch der Bussard nicht, der in der Abendluft über dem Wiesengelände kreist und plötzlich im Steilflug herunterstößt, die Maus mit seinem Schnabel tötet, sie packt und mit ihr zu seinem Horst davonfliegt; auch nicht der Raubfisch, der, gut getarnt, seiner Umgebung angepasst, zwischen Korallenarmen plötzlich hervorschnellt, um einen kleinen Fisch zu schnappen und aufzufressen; auch nicht die Schlange, die im Gebüsch lauert, um im nächsten Augenblick ihre Giftzähne in ihre Beute zu schlagen, sie zu lähmen und schließlich zu verschlingen. Auch dort ist Gott. Deshalb ist Gott jenseits aller menschlichen Moral. Wir können nicht für gut oder nicht gut halten, was da geschieht. Es gibt nichts zu preisen und nichts zu verurteilen.

Ich weiß, dieses Erkennen läuft uns sehr zuwider. Wir suchen nach einem Anhaltspunkt, aber dieser liegt nicht in einer vom Denken geschaffenen Moral. Der Gepard, der den Hasen reißt, ist nicht unmoralisch; er verhält sich gottgewollt, weil sich in der Natur Tiere voneinander ernähren müssen. Auch die Pflanzen, die eine gerodete Lichtung in einem Wald zurückerobern, um sich dort auszubreiten, verhalten sich nicht unmoralisch, obwohl das uns Menschen nicht gefällt. Sie sind Schöpfung.

Gott zu preisen ist keine Tugend, weil jedes Bewerten Interessen vertritt. Gott ist die Freiheit und die Liebe. Und sowohl das eine wie das andere sind frei von jeglichen Interessen und frei von Institutionen.

EPILOG

Meine Bücher sind in den Buchhandlungen meist unter den Sparten »Lebenshilfe« oder »Psychologische Ratgeber« zu finden. Als Autor kann ich mich nur teilweise mit diesen Etikettierungen anfreunden. So gefällt mir das Wort »Lebenshilfe« nicht, weil dadurch der Eindruck entsteht, dass jemand Hilfe braucht. Das irritiert und wirkt auf viele nicht gerade anziehend. Besser würde mir da schon das Wort »Lebensstärkung« gefallen, obwohl es auch nicht ganz den Kern der Sache trifft.

»Psychologischer Ratgeber«, nun ja, das trifft zumindest auf dieses Buch nicht zu. Ich will Ihnen keine Ratschläge erteilen, wie Sie Ihr Leben leben sollen. Ratschläge haben immer etwas Besserwisserisches, etwas, das aus einer gewissen Distanz heraus belehrend wirkt, also etwas, das von oben herab erfolgt. Ich jedenfalls werde immer skeptisch, wenn jemand gönnerhaft sagt: »Ich möchte dir einen guten Rat geben: Mache das so ...«

Als Psychologe ist es mir schlicht und einfach unmöglich, »Ratgeber für die Seele« zu schreiben, vergleichbar etwa solchen Büchern, die beispielsweise Gartengestaltung, Kochen und Urlaub zum Thema haben. So liest man etwa bei einem Kochbuch, dass man ein Kilogramm Mehl und zwei Prisen Salz und einen Liter Wasser zu nehmen habe. Hier wird einfach praktisches Wissen vermittelt, und das ist auch so in Ordnung. Bei seelischen Dingen ist das nicht so unkompliziert. Ich kann niemandem etwas vorschreiben, denn menschliche Seelen lassen sich nicht so simpel auf Grundgegebenheiten wie Backen und Kochen reduzieren. Meine Aufgabe als Autor sehe ich deshalb darin, seelische und geistige Vorgänge bewusst zu machen. Es wird mehr erreicht, wenn Fragen aufgeworfen werden, über die man nachdenken kann – wenn man denn will.

Ein Küchenrezept kann autoritär abgefasst sein. Über Liebe und Angst, Schuldgefühle und Freiheit, Depression und Aggression, Neid und Eifersucht, Einsamkeit und Ehrgeiz – darüber kann man nicht autoritär befinden. Was man jedoch kann, ist, zum Nachdenken und Einfühlen anzuregen. So ist es auch mein erstes Anliegen, dass sich meine Leser selbst Fragen stellen und in sich fühlen, was die jeweiligen Fragen auslösen. Auch deshalb gebe ich keine rezeptartigen Ratschläge, wie das für andere Ratgeber auf ihrem betreffenden Gebiet durchaus legitim ist.

Es geht nicht darum, mit autoritärem Zeigefinger darauf hinzuweisen, was zu tun und wie zu handeln sei, sondern darum, bewusst zu machen, wie wir handeln sollten, um dann selbst zu erkennen, was richtig und falsch ist. Freiheit ist keine Einbahnstraße. Um frei zu werden, sind wir geradezu gezwungen, viel Falsches fallen zu lassen. Freiheit lässt sich auch nicht einfach verordnen. Als Autor kann ich lediglich Hinweise darauf geben, wie es möglich sein könnte, Schutt wegzuräumen, damit die Sehnsucht nach Freiheit Raum gewinnt und Platz hat.

Wenn wir die Angst akzeptieren, wenn wir unsere Sinne öffnen, wenn wir uns selbst widmen, weil wir uns das wert sind, wenn wir Fragen stellen, nachdenken, zu unserer inneren Energie Kontakt aufnehmen, dann ist das schon sehr viel für die Weiterentwicklung. Freiheit ist die Sache eines jeden Einzelnen. Sie kann nur gelingen, wenn wir sie wirklich wollen, und kann niemals eintreten, wenn ein anderer beispielsweise sagt: »Werde endlich frei.«

Für politische, religiöse und gesellschaftliche Veränderungen muss die Zeit reif sein, denn sonst bewegt sich nichts – im Gegenteil. Auch für eine seelischgeistige Reifung und die daraus resultierende Wandlung muss die Zeit reif sein. Als Autor kann ich lediglich dabei mithelfen, der Zeit ein wenig unter die Arme zu greifen, damit es – hoffentlich – nicht zu lange dauert. Die Reifung geschieht dann letztlich in jedem selbst, und zwar aufgrund der Impulse von außen, jedoch nur, wenn die Bereitschaft da ist, sich mit den entsprechenden Signalen auseinander zu setzen. Dann bedarf es weder irgendwelcher Ratschläge noch irgendwelchen »Bedienungsanleitungen«.

ANHANG

GEDANKENAUSTAUSCH

Durch Leserbriefe, die ich täglich erhalte, weiß ich, wie viele einen Gedankenaustausch mit Gleichgesinnten in ihrer Umwelt vermissen. So kam ich auf die Idee, einen *Briefclub* für Interessierte zu gründen. Deshalb habe ich eine Adresskarte für Leserinnen und Leser dieses Buches entwickelt, die mit anderen Lesern gerne in einen Gedankenaustausch treten wollen.

Dass ein Bedürfnis danach besteht, ist aus den zahlreichen Leserbriefen zu ersehen. Ich war sehr überrascht, wie viele Leser malen, Gedichte schreiben und eigene kreative Ideen entwickeln. Sie leiden oft darunter, dass sie im Alltag selten Gesprächspartner finden, weil viele eine Scheu davor haben, sich zu offenbaren. Es gibt nicht wenige Menschen, die sich in unserer normierten Anpassungsgesellschaft ein eigenständiges Seelenleben bewahrt haben und weiter bewahren wollen. Darüber in Kommunikation zu treten und sich auszudrücken sollte auf jeden Fall gefördert werden, und zwar auch durch diesen für die Leserinnen und Leser meiner Bücher schon vor sechs Jahren ins Leben gerufenen Service.

Die Adressen werden von meinem Sekretariat gespeichert und jedem Interessenten zur Kontaktaufnahme als Liste zugesandt, nach männlich/weiblich und nach Wohngebiet (Bundesland bzw. Postleitzahl) geordnet. Der Empfang der Adressen verpflichtet Sie natürlich zu nichts. So können Sie Ihre Daten selbstverständlich jederzeit wieder löschen lassen und sind auch nicht verpflichtet, alle Kontaktinteressenten anzuschreiben oder auf Briefe, die Sie erhalten, zu antworten, denn der Gedankenaustausch sollte völlig frei sein und keine Verpflichtung einschließen.

Wenn Sie interessiert sein sollten, kopieren Sie bitte die auf der nächsten Seite folgende Adresskarte und senden Sie sie mit einem einmaligen Beitrag für die Organisationskosten (50-DM-Schein oder Scheck im Brief) an das

Sekretariat der Praxis P. Lauster,
Usambarastraße 2,
50733 Köln.

Es wäre schön, wenn durch diese Aktion ein Netz geistiger Verbundenheit vieler Menschen entstehen könnte und wenn Sie uns über Ihre gemachten Erfahrungen gelegentlich etwas schreiben würden.

Vorname:

Name:

Straße:

PLZ: Ort:

Geburtsjahr:

Hobby(s):

Interessengebiete:

Ich bin damit einverstanden, dass meine Adresskarte an LeserInnen weitergegeben wird, die an einem Gedankenaustausch interessiert sind.

Datum:

Unterschrift:

RESONANZ

Alle eingehenden Resonanzfragebögen werden vom Autor vertraulich behandelt und statistisch ausgewertet. Sie dienen der weiteren wissenschaftlichen Arbeit und geben Ihnen die Möglichkeit, Ihre Meinung zu sagen, aber auch Kritik zu üben.

1. Hat Sie die Lektüre dieses Buches angeregt, Ihre Selbsterkenntnis zu verbessern?
   ○ ja ○ teilweise ○ nein

2. Glauben Sie, dass Sie einige Erkenntnisse gewonnen haben, die Ihnen im Beziehungsalltag helfen werden?
   ○ ja ○ teilweise ○ nein

3. Worüber hätten Sie gerne mehr gelesen?
   ○ Meditation
   ○ Sexualität
   ○ Gesellschaftsstruktur
   ○ Minderwertigkeitskomplexe
   ○ Neurosen
   ○ Sinn des Lebens
   ○ Liebesfähigkeit
   ○ Selbstbehauptung
   ○ Konfliktbewältigung
   ○ Motive menschlichen Verhaltens

Eigene Vorschläge:

4. Welches individuelle Problem oder welcher seelische Konflikt beschäftigt Sie besonders?

Vorname: ______________________________

Name: ______________________________

Straße: ______________________________

PLZ: __________ Ort: ______________________________

Beruf: ______________________________

Alter: ______________________________

Senden Sie eine Kopie des ausgefüllten
Fragebogens bitte an das

Sekretariat der Praxis P. Lauster,
Usambarastraße 2,
50733 Köln.

KONTAKT ZUM AUTOR

Sie können mit Peter Lauster auch im Internet Kontakt aufnehmen. Sie erreichen ihn unter:

http://www.denkraeume.de/peterlauster
E-Mail-Adresse: p.lauster@user.pce.de

Praxis Peter Lauster
Usambarastraße 2
50733 Köln
Telefon: (02 21) 7 60 13 76
Telefax: (02 21) 7 60 58 95

LITERATURHINWEISE

Weitere Bücher von Peter Lauster, die mit dem Thema in Verbindung stehen:

Stark sein in Beziehungskrisen. Bergisch Gladbach 1997, 287 Seiten

Ausbruch zur inneren Freiheit – Mut, eigene Wege zu gehen. Düsseldorf 1995, 208 Seiten

Liebeskummer als Weg der Reifung. Düsseldorf 1991, 21 Aquarelle, 143 Seiten

Die sieben Irrtümer der Männer. Düsseldorf 1987, 200 Seiten

Flügelschlag der Liebe. Gedanken und Aquarelle. Düsseldorf 1986, Neuauflage 1994, 32 vierfarbige Aquarelle, 112 Seiten

Wege zur Gelassenheit. Düsseldorf 1984, 208 Seiten

Die Liebe – Psychologie eines Phänomens. Düsseldorf 1980, 240 Seiten

Der tägliche Kleinkrieg im Geschlechterkampf mit enttäuschten Hoffnungen, Frustrationen und wechselseitigen Vorwürfen kann jede Partnerschaft in eine Krise stürzen. Doch es ist schwer, einen Ausweg aus dem Teufelskreis der Enttäuschungen, der gegenseitigen Vorwürfe und der seelischen Verletzungen zu finden.
Wie konnte es dazu kommen? Hat nicht jede Beziehung einmal harmonisch und voller Liebe angefangen? Aber ob eine Beziehung stabil bleibt oder nicht – dafür gibt es vielerlei Gründe, bewusste und unbewusste.
Der bekannte Psychologe Peter Lauster hilft Ihnen, die verborgenen Gründe Ihrer Partnerschaftsprobleme zu erkennen – mit einer Vielzahl von oft überraschenden Beispielen aus seiner therapeutischen Praxis. Sie erfahren, wie und warum Ihre Probleme entstanden sind und – wie Sie sie lösen können.

ISBN 3-404-66377-2

BASTEI LÜBBE